KB040995

한글세대를 위한 금강경

한글세대를 위한 금강경

풀이 : 감　산
역주 : 오진탁

서광사

한글세대를 위한 금강경

풀이 감산
역주 오진탁

펴낸이 | 김신혁, 이숙
펴낸곳 | 도서출판 서광사
출판등록일 | 1977. 6. 30.
출판등록번호 | 제 406-2006-000010호

(10881) 경기도 파주시 회동길 77-12 (문발동)
대표전화 (031) 955-4331 팩시밀리 (031) 955-4336
E-mail : phil6161@chol.com
http : //www.seokwangsa.co.kr | http : //www.seokwangsa.kr

제1판 제1쇄 펴낸날 ─ 2016년 9월 30일

ISBN 978-89-306-2944-7   93150

《금강경》은 인도에서 중시되었고, 중국 선불교에서도 5조 홍인과 6조 혜능 이후 소의경전으로 중요시되었다. 《금강경》은 우리 불교에서도 가장 많이 읽히고 있는 경전이다. 천도재를 지낼 때, 가장 많이 독송하는 경전이 바로 《금강경》이다. 《금강경》 원문에 충실하면서 독자가 한글 번역 문장만 읽더라도 그 의미를 충분히 이해할 수 있도록 하기 위해, 또 우리말에 충실한 《금강경》이 크게 부족한 현실을 감안하고 "한글세대를 위한 금강경"이란 책 제목에 충실하기 위해 가능한 한 일상적인 우리말을 사용했다.

"한글세대를 위한 금강경"이 되기 위해서는, 부처님 말씀의 의미, 한문 원문의 어법을 정확하게 파악해 한글로 간단명료하게 표현하고, 또 한글세대가 읽기 편하게 편집되어야 한다. 기존의 번역서 중에서 이와 같은 원칙을 제대로 지킨 책을 찾아보기 힘들다. 한글 어법에 맞는 문장을 사용하지 못한 번역서가 많아 한글세대가 읽기 쉽지 않다. 특히 《금강경》 특유의 어법, '즉비시명'(卽非是名) 사유의 경우 너욱 그러하다. '즉비시명' 사유를 정확하게 이해하는 것이 바로 이 경전 이해의 관건이다. '즉비시명'은 《금강경》에서 80여 번 이상 사용될 정도로 핵심 내용으로, '즉비시명'에 대한 정확한 이해 없이《금강경》가르침을 제시하기는 어렵다.

하지만 이미 간행된 다양한 경전 번역서와 해설서는 '즉비시명'의 논리를 분명하게 제시하지 못했고, '즉비시명'이 포함된 한문 문장을 한글로 간단명료하게 옮기지도 못했다. 우리말 번역문을 읽을 경우, 무엇을 말하고 있는지 전달되지도 않는다. "A는 A가 아니므로, 이를 A라고 이름한다." '즉비시명'의 이런 어법은 상식적으로 이해하기 어렵다. 부처님께서는 상식에 맞지 않는 말씀을 왜 반복하시는 것인지 분명하게 설명되어야 한다. 따라서 '즉비시명'의 어법을 정확하게 이해하고, 한글로 간단명료하게 표현하는 것이 무엇보다 중요하다. 옮긴이는《금강》에서 중요한 구절의 경우, 한문 표현과 함께 산스크리트 원본과 구마라집의 한역본을 살펴보았고, 다른 번역서도 검토해 역주를 자세히 붙였다. 부처님 가르침을 정확한 우리말로 간단명료하게 표현해 독자가 우리말을 읽으면, 누구든지 곧바로 이해할 수 있도록 했다.

중국 선불교를 대표하는 중봉에 따르면, 부처님께서는 현상을 타파해 이치를 드러내기 위해 '즉비'를 말씀하셨고, 일에 나아가 이치를 나타내기 위해 '시명'을 제시하셨다. 모든 경우에 단지 '즉비시명'으로만 말했으므로, 바로 '즉비시명'이 이 경전의 핵심 사상이라는 것이다. 감산도 다음과 같이 말한다. "무릇 '그것은 곧 그것이 아니라는 부정'(즉비)과 '그것은 바로 그것이라는 긍정'(시명)은 수보리가 잘못된 소견에 빠지는 허물을 막기 위함이다. 단지 중생의 미혹을 타파하고 잘못된 소견을 일으키지 않도록 하기 위해, 중생의 이런저런 집착과 어디에든지 머물려는 습기를 씻어 내고자 했을 따름이다."

이 경전의 핵심 '즉비시명'의 논리는 중국 선불교에서 보다 유연한 표현으로 탈바꿈한다. "보살은 마땅히 어디에도 집착함이 없이 보시를 해야 한다." 이 문장은 《금강경》 가르침의 상징으로, '즉비시명'의 사유를 있는 그대로 드러내고 있다. '즉비시명' 논리로 바꿔 말하면 다음 같다. "보시는 보시가 아니므로, 이를 보시라고 이름한다." 보시할 때, 어디에도 머무름 없이 보시하라는 뜻이다. 정형화된 딱딱한 '즉비시명' 논리를 구마라집이 이처럼 유려하게 표현하고 있어서 '즉비시명'과의 관련성을 그냥 지나치기 쉽다. 이 경전의 기본 사상을 "해제 1. 《금강경》의 핵심 – 즉비시명"에서 집중 검토한다.

부처님께서 이 세상에 나오자, 일상에서의 행동 하나하나가 사람과 같지 않고 말씀도 행동도 달랐으므로, 사람마다 의혹을 품었다. 부처님께서 설법하실 때 공(空)이라고 했다가 유(有)라고도 했고, 어느 때는 옳다고 했으나 다른 때는 틀리다고 하는 등 일정하게 말씀하지 않으셨다. 부처님께서 세상에 나와 법을 전하신 지 20여 년이 지난 뒤에도 제자들은 여전히 의심을 풀지 않았다. 어느 날 수보리가 무언가를 본 게 있어 세존을 찬탄하였다. 이에 세존께서는 의심을 풀어 주기 위해 이 경전을 설법하시게 되었다.

《금강경》의 전개 방식은 부정으로 일관하는 지극히 단순한 구조로 되어 있다. 세존과 수보리 사이에 주고받는 대화 속에 담긴 긴박감을 읽는 사람이 포착하기란 쉽지 않다. 그래서 감산은 그때그때마다 제자의 마음속에 솟구치는 의문을 집어내어 하나하나 세시했다. 널리 사용되는 소명 태자의 장 구분과 장 제목은 대화 속에 담긴 의문과 해소에 적합하지 않는 대목이 많이 발견된다. 또한 우리말 번역 《금강경》을 보면, 소명 태자의 장 구분과 장 제목이 부처님과 수보리 간의 대화와 함께 조화를 이루지 못하고, 제각기 따로 떨어져 있어서《금강경》이해에 별 도움이 되지 못하고 있다.

감산은 인도 천친 보살이 제시한 27가지 의심을 바탕으로, 부처님과 수보리의 대화 가운데 나타난 수보리의 의심을 자세히 제시하고, 이에 대한 부처님의 답변을 일목요연하게 해설하고 있다. "마음을 어디에 머무르게 해야 합니까? 마음을 어떻게 다스려야 합니까?" 수보리의 이 질문을 중심으로 이 경전 말씀이 전개되고 있다. 부처님께서 수보리와의 대화를 통해 제시하신 가르침을 충분히 이해하기 위해서는, 부처님과 수보리의 대화를 읽기 전에 먼저 수보리의 의심을 파악하고, 이어서 부처님과 수보리의 대화를 보는 게 중요하다. 이 문제는 "해제 2. 36장 구분과 장 제목 – 수보리의 의심과 부처님의 답변"에서 자세히 다룬다.

이 경전을 풀이한 감산(1546년–1623년)이 살았던 명나라 말기에는 혜능이 주석한 중국의 조계산은 황폐해졌다. 어느 날 꿈에 감산은 혜능으로부터 조계의 선풍(禪風)을 진작시키라는 부촉을 받고 선불교의 중흥에 전력을 다하게 되었다. 그래서 감산은 그 당시 조계산의 중흥조라는 명망을 얻게 되었다. 혜능이 열반한 이후에도 육신이 부패되지 않은 것과 마찬가지로, 감산의 육신 또한 살았을 때 그 모습과 조금도 다름이 없었다고 한다. 두 선지식의 육신은 조계산의 보림사(寶林寺)에 함께 보전되어 있다. 따라서 두 인물은 "죽음은 죽음이 아니다"라는《금강경》의 '즉비'(卽非) 논리가 단지 말뿐이지는 않음을 몸으로 웅변하고 있다. 이 경전이 제시한 반야 사상은 단순히 언어 문자의 차원에 불과한 것이 결코 아니다. 이론의 나열을 극구 배격하는 선불교에서도 근본 마음자리를 명쾌하게 제시한 경전으로 《금강경》을 존숭한 것으로 보아, 80평생을 참선 수행으로 시종일관했고 또 죽어서까지도 선(禪)의 진리를 몸으로 보여 준 감산이야말로 이 경전 해석의 적임자라고 할 수 있다.

따라서 옮긴이가 1992년 《감산의 금강경풀이》를 옮긴 데 이어서 2016년에 제목까지 바꾸어서 《한글세대를 위한 금강경》을 다시 새롭게 우리말로 펴내는 것은 3가지 이유가 있다. 첫째는 보다 완성된 형태로 '한글 금강경'을 펴내는 일이고, 둘째는 이 경전의 근본 사상인 '즉비시명'의 어법을 분명하게 정립하는 것이며, 셋째는 수보리의 의심과 부처님의 말씀을 수미일관하게 제시하는 것이다. 물론 옮긴이가 제시한 3가지 과제가 충분히 달성되었다고 볼 수는 없을 것이다. 부족한 점이 있겠지만, 이 경전의 한글 작업은 한 사람이 두 번 출판했다고 해서 마무리될 일도 아니고, 세월의 흐름과 함께 계속 지속되어야 할 과제일 것이다. 이 책의 출판을 위해 애써 준 철학 전문 출판사 서광사 김신혁 사장, 이숙 부사장, 김찬우 상무를 비롯 편집부에도 고마움을 표하고 독자 여러분의 채찍질을 기대하겠다.

2016년 8월 봉의산 밑에서
옮긴이 오진탁

⊕ 감산 서문

반야(般若)란 부처를 이루게 하는 근원으로, 보살은 이에 의지해 수행한다. 반야는 중생에 있어서는 불성(佛性)이 되고, 삼라만상에 있어서는 그 근본을 이루고 있다. 반야를 지향하느냐 혹은 어긋나느냐에 따라 성인과 일반인의 차이가 생기게 된다. 일상생활의 움직임 하나하나가 모두 반야의 지혜 광명에 의거하고 있음에도, 중생은 이를 믿지 않는다. 그러므로 여래의 지혜 바다는 오직 믿음에 의해서만 들어갈 수 있다고 말하는 것이다.

영산회상(靈山會上)에서 비록 생사를 벗어난 석가모니의 제자라 하더라도, 만일 이 진리를 믿지 않는다면 성불하지 못할 것이다. 세존께서는 여러 가지 방편을 사용하여 갖가지 의심을 뿌리 뽑으려 하셨지만, 지혜가 부족한 중생은 갈수록 의혹만 키우면서 자신이 알 바가 아니라고 체념했다. 의심이 녹지 않은 까닭에 근본 지혜가 현현하지 못하게 된 것이다.

그래서 반야회상에 이르러 세존께서는 금강의 지혜를 휘둘러 성인과 일반인이 차별은 사라지게 하고, 삶과 죽음에 대한 분별을 소진시켜 본래의 지혜 광명이 드러나도록 했다. 그런 뒤에야 비로소 제자들은 자기 마음의 청정함을 굳게 믿어 어느 것도 그 광명을 더럽힐 수 없음을 확

신하게 되었던 것이다.

하지만 이 금강반야 법문은 의심의 뿌리를 송두리째 제거하기 위해 최상승의 근기를 대상으로 설법한 것이어서 천박한 지식인과 덕 없는 사람은 이 도리를 이해할 수 없다. 이런 이유로 중국의 다섯 번째 조사 홍인(弘忍) 선사는 이 《금강경》을 마음의 근본(心印)으로 삼았던 것이다. 왜냐하면 선문(禪門)에서는 이 경전에서 밝힌 바대로 어느 하나도 세울 수 없기 때문(一法不立)이다.

예전에 인도의 천친(天親) 대사는 이 경전을 설명하기 위해 27가지 의문을 제시한 바 있다. 이 과제는 언어 문자를 초월한 까닭에 언어에 집착한 중국의 연구가들은 실제 의미를 얻지 못했고, 문자를 통해 그 뜻을 포착한 인물은 지극히 드물었다.

나도 어려서부터 이 경전을 암송했지만 성장해서도 그 의미를 마음에 얻지는 못했다. 혜능(慧能) 대사는 "어디에도 집착하지 말고 자기 마음을 쓰라"는 이 경전의 가르침을 우연히 한번 듣자마자 그 자리에서 단숨에 깨달았다(頓悟)고 한다. 하지만 왜 세상 사람들은 혜능 대사처럼 단번에 깨닫지 못하는지를 나는 깊이 되새겨 보았다. 이는 다름이 아니라 '지혜의 바른 눈'(正眼)이 열리지 않아 본성이 가리워져 있기 때문이다.

혜능 대사가 주석했던 조계산(曹溪山)에서 내가 머물던 어느 날, 여러 사람에게 이 경전을 설명하면서 황홀하게 얻은 바가 있어 언어를 초월한 그 과제가 순식간에 풀렸다. 실로 이 진리는 언어 문자를 벗어나 있어 결코 사람의 분별로는 헤아릴 수 없다. 그러므로 나는 《금강경》을 통해 여래의 가르침을 널리 전하고자 하는 것이다.

나는 목판 인쇄로 《감산의 금강경 풀이》를 처음에는 영남(嶺南), 두 번째는 오운(五雲), 남악(南嶽)에서 간행했다. 나의 제자 방옥(方玉)이

이 주석서를 읽고 깊이 신봉해 또다시 오문(吳門)에서 발간하기도 했다. 이 책을 읽는 사람이라면 누구나 '금강과 같은 바른 눈'(金剛正眼)이 열리고 자기 마음을 확고하게 믿어 성불의 바른 인연을 성취하기를 발원한다.

1616년 여름
중국의 조계산(曹溪山)에서

차
례

역자 서문   5

감산 서문   11

일러두기   16

해제   17

1. 《금강경》의 핵심 – 즉비시명   19

2. 36장 구분과 장 제목 – 수보리의 의심과 부처님의 답변   51

금강경   69

1. 제1부: 1장 – 18장   75

2. 제2부: 19장 – 36장   165

부록   239

1. 독송을 위한 한글 금강경   241

2. 독송을 위한 한문 금강경   269

찾아보기   299

❖ 일러두기 ❖

- 수보리의 의심을 중심으로, '거친 번뇌'를 다루고 있는 1부, '미세한 번뇌'를 다루고 있는 2부로 나누었다. 1부는 1장에서 18장까지이고, 2부는 19장에서 36장까지이다.

- 각 장은 1) 수보리의 의심, 2) 한글 금강경, 3) 한문 금강경(한글 음 병기), 4) 역주, 5) 감산 풀이 순으로 되어 있다. 먼저 제시된 '수보리의 의심'을 통해 각 장에 제시된 수보리의 질문을 파악하고, 이어 '한글 금강경'과 '한문 금강경'에서 부처님께서 어떻게 수보리의 의심을 해소하시고 있는지 살펴보면 된다.

- 감산의 금강경 해석은 반야의 핵심 원리를 밝혀 주고 있기는 하지만, 선의 도리로 일관하고 있어서 불교에 대한 이해가 깊지 못한 독자가 그 의미를 포착하기란 쉽지 않다. 그래서 옮긴이는 혜능의 《금강경》 주석서를 비롯하여 일반적인 불교 교리를 중심으로 옮긴이의 역주를 첨가했다. 또한 역주에서는 이 경전 특유의 어법, '즉비시명'의 논리에 대한 설명을 덧붙였다. 따라서 한글 번역문과 함께 옮긴이의 역주를 읽고, 선불교식으로 해설한 감산 풀이를 보면 이해하기가 보다 쉬울 것이다.

- 《금강경》은 단순한 불교 이론서가 아니라 수행을 강조하는 경전이므로, 한글과 한문으로 독송할 수 있도록 했다. 한글 독송할 수 있도록 한글 번역문을 일상 언어로 알기 쉽게 다듬었다. 또 한문 독송을 원하는 분들을 위해 한문 원문 띄어쓰기도 읽기 편하도록 했고 한글 음도 붙였다. '독송을 위한 한글 금강경'과 '독송을 위한 한문 금강경'을 뒤에 부록으로 덧붙였다.

- 일본속장경(日本續藏經)에 수록된 《금강경결의》(金剛經決疑)를 저본으로 사용했고, 《금강경》 원문은 감산을 좇아 구마라집 번역본을 썼다.

- 역주 작업을 하면서 주로 참고한 자료는 다음과 같다.
  무비 강의, 《금강경 이야기》, 운주사, 2007년
  석진오 역해, 《금강경 연구》, 고려원, 1990년
  전재성 역주, 《금강경》, 한국빠알리성전협회, 2003년
  이기영 역해, 《금강경》, 한국불교연구원, 1987년
  무비 역해, 《금강경오가해》, 불광출판사, 1992년
  송암 편역, 《금강경》, 도반, 2009년
  Edward Conze, *The Diamond Sutra*, George Allen & Unwin, 1970

해제

1. 《금강경》의 핵심
– 즉비시명

《금강경》은 많은 반야 계통 경전 중에서 〈반야심경〉과 함께 가장 많이 읽히고 있다. 《금강경》은 이미 인도에서 중시되었고, 중국에서도 중시되었다. 중국 산동성 태산에는 육조(六朝) 시대 때 이 경전 전문이 새겨지기도 했다. 중국 선불교에서는 5조 홍인 이래 특히 중요시되었다. 《금강경》은 죽은 사람의 영전에 독송함으로써 돌아가신 분의 영혼을 위로하여 저승으로 천도할 수 있고, 남아 있는 사람들도 편안하게 이끌어 주는 그런 힘을 지닌 경전이다. 천도재를 지낼 때, 가장 많이 독송하는 경전이 바로 《금강경》이다.

《금강경》의 성립 과정을 살펴보면, 이기영 교수는 일본의 나까무라 하지메(中村元) 교수 주장을 이어받아 다음과 같은 근거에 의거해, 《금강경》이 대승불교의 사상이 정형화·고정화되기 이전에 성립된 경전이라고 주장한다. 《금강경》은 공(空) 사상을 제시하고 있음에도, 경전 가운데 공이란 용어를 사용하고 있지 않다. 아마도 공이란 용어가 확립되지 않은 시기에 성립된 경전이기 때문이라고 추정된다. 이 경전에는 소승과 대승의 구분 역시 명확하지 않다. 소승과 대승이란 용어를 사용하고 있지도 않다. 대승불교 특유의 술이도 보이지 않는다. 따라서 후세에 대승과 소승 두 개념의 대립이 성립되기 이전 초기에 형성된 경전이 분명해 보인다. 경전의 형식은 지극히 간결하고 오래된 형태를 보여 주고 있다. 후기 대승 경전과 같은 현학적인 표현이 눈에 띄지 않는다. 대승 경전에서는 법회 장소에 모인 청중을 열거하고 이에 대해 상세히 묘사하는 게 일반적 관례인데, 《금강경》에서는 아주 간략하게 제시하고 있을 뿐이다. 경전의 형식은 지극히 간략해 《아함경》과 흡사하다. 따라서 대승 사상이 정형화·고정화되기 이전 청신하고도 생명력 넘치는 초기 대승 경전에 속한다고 이 교수는 추정한다.

하지만 다른 의견도 있다. 《금강경》이 속하는 40여 반야부 경전이 성립된 것은 기원전 1세기경부터라는 것이 그것이다. 기원후 1세기경부터 많은 반야 계통 경전이 쏟아져 나와 혼란스러운 상황이 전개되다가 기원후 300년에서 500년 사이에 정리되기 시작했다고 에드워드 콘즈(Edward Conze)는 말한다. 무착(310년-390년)과 세친(320년-400년) 형제의 정교한 철학적 주석을 통해 《금강경》이 얼마나 정교한 대승 이론을 전개하고 있는지 그는 감탄했다. 《금강경》이 제시하는 정교한 대승불교 이론을 근거로 해서 이 경전은 초기에 성립된 반야부 경전이 아니라는 것이다. 반야부 후기 경전에서는 집착을 타파하기 위해 제시된 공을 자주 활용하고 있지만, 이 경전에서는 공을 거론하지 않고 공의 이치를 제시하고 있다. 따라서 콘즈는 《금강경》을 반야부 경전 중 비교적 후기에 속하는 경전으로 간주하면서, 기원후 300년경 《팔천송반야경》 같은 수많은 반야 경전의 사상이 정리되었을 때, 대중이 읽기 쉽게 요약 정리하는 과정에서 성립되었으리라 추정한다.

 따라서 반야부 경전 중에서 초기에 성립되어 서기 150년경이나 200
년경 사이에 성립되었는지, 서기 1세기 이후 많은 반야 경전이 쏟아져
나와 대중들이 읽기 쉽게 요약하는 과정에서 300년 이후에 성립되었는
지, 《금강경》이 쓰인 연대를 분명하게 단정하기는 쉽지 않다. 중국 불
교에서 보면, 이 경전은 구마라집이 401년 중국 장안에 들어온 이후 번
역되었으므로, 401년 이전 이 경전이 성립된 사실은 더 이상 의심의 여
지가 없다. 또 《금강경》 성립 시기를 추정할 수 있는 근거가 있다. 이
경전은 무착(310년–390년)과 세친(320년–400년) 형제에 의해 연구되
어 주석 작업이 진행된 사실 역시 명백하므로, 형제가 주석 작업을 했
을 때, 《금강경》이 현재 형태로 존재하고 있었다는 것은 하등 의심할
바가 없다. 또한 《대품반야경》(大品般若經)을 번역한 축법호가 289년
번역한 《난후시여경》을 보면, 이 경전의 두 번째 게송과 같은 취지의
문장이 발견된다. 따라서 이런 사실에 입각해 추정해 보면, 이 경전의
성립은 기원후 200년을 넘지 않을 것이라고 석진오는 추정한다.

 《금강경》은 게송으로 따지면 300송 분량이므로, 후세에 《팔천송반야
경》과 비교하여 '삼백송반야경' 으로 불리기도 했다. 모든 대승 경전 중
가장 간략하고 제일 심오하며 가장 정교한 경전 중 하나였다. 중국에
들어와 선불교의 형성과 더불어 대승 경전 가운데 으뜸으로 부각되었
다. 《금강경》의 공덕에 대해 부처님께서는 다음과 같이 말씀하셨다.

 "선남자와 선여인이 《금강경》에서 4구게 등을 지니고서 다른 사람에게 말
 해 준다면, 이 복덕은 재물 보시를 통해 얻는 복덕보다 훨씬 뛰어날 것이

다. 또한 수보리여!《금강경》에서 4구게만이라도 다른 사람에게 전해 준다면, 그가 있는 곳은 모든 세상의 하늘, 사람, 아수라들이 마치 부처님의 탑과 사찰처럼 봉양할 것이다. 하물며 어떤 사람이 이 경전을 곁에 지니고 독송하는 경우에 있어서는 두말할 나위도 없지 않은가! 수보리여! 그는 세상에서 드문 최상의 진리를 성취할 것이다. 이 경전이 갖춰진 곳이 바로 부처님과 그의 존경받는 제자가 있는 곳이기 때문이다." (13장)

"어떤 사람이 말세에《금강경》을 지니고 독송하면, 그의 공덕에 내가 부처님께 공양한 공덕은 백 분의 일에도 미치지 못하고, 천 분의 일, 만 분의 일에도 미치지 못한다. 더욱이 아무리 계산을 잘하고 비유를 잘하더라도, 거기에 미칠 수 없다. 수보리여! 선남자와 선여인이 말세에《금강경》을 곁에 지니고 독송할 경우, 그 공덕을 상세히 말하면, 듣는 사람은 마음이 어지러워 믿기 어려울 것이다. 수보리여! 이 경전은 이치도 불가사의하고, 과보 또한 불가사의하다." (19장)

"수보리여! 삼천대천세계에 있는 여러 수미산을 합쳐 놓은 것만큼 7가지 보배를 쌓아 놓고서 보시하더라도, 어느 누가《금강경》혹은 4구게 등을 지니고 독송하고 다른 사람에게 알려 준다면, 그 공덕에 보배 보시는 백 분의 일에도 미치지 못하고, 천 분의 일, 만 분의 일, 억 분의 일, 혹은 어떤 계산이나 어떤 비유로도 미치지 못한다." (29장)

'즉비시명'의 사유

"한글세대를 위한 금강경"이 되기 위해서는 다음 4가지 원칙이 필요하다. (1) 부처님 말씀의 정확한 의미 파악, (2) 한문 원문의 정확한 어법 파악, (3) 간단명료한 한글 표현, (4) 한글세대가 읽기 편한 편집. 기존의《금강경》번역서들은 이와 같은 4가지 원칙을 제대로 지키고 있을까. 한글 번역서를 읽으면, 무엇을 말하고 있는지 전문가가 읽어도 의미 전달이 잘 안 된다. 번역자가 그 말뜻을 이해하지 못한 상태에서 번역했거나, 아니면 한글을 어법에 맞게 제대로 사용하지 못하는 게 아닌지 의심하게 된다. 차라리 한글 번역문을 보지 않고 한문 원문만 읽는 게 차라리 나은 경우가 많다. 특히 《금강경》의 '즉비시명'(卽非是名)이 포함된 구절을 읽으면 전문가가 읽어 보아도 무슨 뜻인지 잘 전달되지 않는다.

《금강경》 이해에서 중요한 사유 구조가 바로 '즉비시명'의 사유이다. '즉비시명'은 《금강경》에서 80여 번 이상 사용될 정도로 핵심 내용이므로, '즉비시명'에 대한 정확한 이해 없이 《금강경》 가르침을 제시하기는 어렵다. 그러면 《금강경》에서 '즉비시명'의 사유 틀이 왜 중요한지, 어떤 의미가 있는지, 중국 선불교의 거장, 중봉의 입을 빌려 검토해 보자.

"'즉비'란 곧 '현상을 타파해 이치를 드러냄'(破相顯理)이고, '시명'이란 '직접 일에 나아가 이치를 나타냄'(就事顯理)이다 … 공으로 일체상을 타파했으므로, 모든 경우에서 단지 '즉비시명'으로만 말했다. 바로 이것이 《금강경》의 핵심 사상이다. 오직 구체적인 현상을 꿰뚫어 그 이치를 발현함에는 '즉비'만 한 것이 없다. 또한 현상과 이치는 둘이 아니므로, '시명'에로 나아가지 않을 수 없다. 비유컨대 세간의 삼라만상이 모두 반야를 갖추기는 했지만, 반야의 이치를 제대로 드러내고 있지 못하므로, 그것은 곧 그것이 아니다, 이에 '즉비'라고 말한 것이다. 하지만 능히 반야의 이치를 발현할 수 있다면, 그것은 바로 그것이다. 이에 '시명'이라고 말한 것이다 … 따라서 '즉비시명'은 2가지이기는 해도 실은 하나로 귀결된다."

중봉은 원나라 선불교를 대표하는 선지식이다. 이 경전에서는 현상을 타파해 이치를 드러내기 위해 '즉비'를 제시했고, 일에 나아가 이치를 나타내기 위해 '시명'을 제시했다. 모든 경우에서 단지 '즉비시명'으로만 말했으므로, 바로 '즉비시명'이 이 경전의 핵심 사상이라고 중봉은 강조한다. 따라서 이 경전에서 '즉비시명'이 무엇을 의미하는지, 이 틀을 통해 부처님께서는 무엇을 제시하시고자 했는지, 정확하게 이해하는 게 다른 무엇보다 중요하다.

독자로 하여금 '즉비시명'의 틀을 제대로 이해하도록 하기 위해서는, 한문 문장에 대한 정확한 이해를 바탕으로 간단명료하게 한글 문장으로 표현해야 할 것이다. "A는 A가 아니므로, 이를 A라고 이름한다." '즉비시명' 사유의 이런 어법은 상식적으로 이해하기 어렵다. 부처님께서는 왜 이런 식으로 상식에 맞지 않는 말씀을 이 경전에서 반복하시는 것인지, 분명하게 설명되어야 한다. 앞서 말했다시피 기존의 간행된 다양한《금강경》번역서와 해설서는 '즉비시명'의 사유 틀을 알기 쉽게, 일목요연하게 설명하고 있지 못하다. 정확하게 이해하지 못하고 번역한 한글 문장을 일반인이 읽을 경우, 어떻게 이해할 수 있을까. 이러한《금강경》을 한글세대는 읽지 않는다. 그러니까 불교가 이해하기 어렵다는 오해를 받고 젊은 세대와 호흡을 함께하지 못하는 게 아닐까.

이 책은 "한글세대를 위한 금강경"을 표방하고 있으므로, 한글 문장만 읽어도 한글세대가 이해할 수 있도록 했다.《금강경》한문 원문에 익숙하지 않은 한글세대에게 맞는《금강경》이 필요하다.

도대체, 왜 '즉비'인가

"나는 이와 같이 모든 중생을 구제하기는 해도, 실은 어느 한 중생도 구한 게 없다(즉비). 어째서 그러한가? 수보리여! 보살이 자기, 사람, 중생, 영혼에 대한 집착이 조금이라도 남아 있다고 한다면, 그는 보살이 아니기 때문이다(즉비)."(3장)

　"어떤 보살이 '자기', '사람', '중생', '영혼'에 대한 집착이 조금이라도 남아 있다면, 그는 보살이라고 할 수 없기 때문이다(즉비)."(19장)

　"'보살이 모든 중생을 열반에 들게 하겠다'고 하면, 그는 보살이라고 말할 수 없다(즉비)."(22장)

　《금강경》에서는 부정의 표현, '즉비'(即非)가 핵심 용어이다. 그렇다면 도대체, 왜 '즉비'인가. 부처님 말씀을 '즉비'로 바꿔 말하면 다음과 같다. "중생 구제는 중생 구제가 아니다."(3장) "보살은 보살이 아니다."(3장, 19장) 왜냐하면 "보살이 자기, 사람, 중생, 영혼에 대한 집착이 조금이라도 남아 있다고 한다면, 그는 보살이 아니기 때문이다."(3장) '즉비' 가르침을 따르지 않으면 어떻게 되는가. "만일 여래가 중생을 제도한다고 한다면, 여래는 자기, 사람, 중생, 영혼에 대한 집착이 남아 있는 셈이다."(30장) "'보살이 모든 중생을 열반에 들게 하겠다'고 하면, 그는 보살이라고 말할 수 없다."(22장) 따라서 중생을 구제한다고 생각하면, 그는 여래의 가르침을 따르지 않는 것이나 다름없다. 이 경전은 일체에 대한 집착을 다스리는 가르침을 제시하고 있다. 중생이 '4가지 번뇌'(四相)에서 벗어나도록 하기 위해 부처님께서는 '즉비'를 말씀하신 것이다.

　"모든 것에서 떠나야 한다."(즉비, 15장)
　"보살은 마땅히 모든 것을 떠나야 한다."(즉비, 16장)
　"아무것도 얻은 바가 없다."(즉비, 11장)

"깨달음의 수기를 받은 적이 없다."(즉비, 20장)

부처님께서는 '즉비'를 통해 중생들이 상병(相病), 형상 혹은 집착에서 벗어날 것을 강조하신다. "모든 것에서 떠나야 한다."(15장, 16장) 그러므로 부처님과 보살은 모든 것에서 떠났으므로, "아무것도 얻은 바가 없다"(11장, 20장)고 말씀하심으로써 깨달음마저도 부정하신다. 깨달음에 머물지 말라는 뜻이다. 금이 아무리 소중해도 금가루가 눈에 들어가면 병이 되듯이, 깨달음에 머물면 역시 장애가 되기 때문이다. 깨달음을 포함해 어디에도 머물지 말라는 것이다.

> "보살은 마땅히 어디에도 집착함이 없이(즉비) 보시를 해야 한다 … 보살은 마땅히 이와 같이 보시하여 어떤 것에도 집착하지 말아야 한다."(4장)
> "보살은 복덕을 짓기는 하지만, 복덕을 탐내지도 않고 애착하지도 않으므로, 복덕을 받지 않는다고 말하는 것이다."(즉비, 32장)
> "어디에도 집착함이 없이(즉비) 보시하면, 그 복 또한 허공과 마찬가지로 상상할 수 없을 만큼 크다."(5장)
> "보살이 '불국토를 장엄한다'고 말하면, 그는 보살이라고 할 수 없다."(즉비, 22장)

그러므로 보살이 무언가에 머무르면, 여전히 집착이 남아 있는 것이다. "보살은 마땅히 어디에도 집착함이 없이(즉비) 보시를 해야 한다 … 보살은 마땅히 이와 같이 보시하여 어떤 것에도 집착하지 말아야 한다."(즉비, 4장) 보살은 복덕에도 집착하지 말아야 한다. "보살은 복덕을 짓기는 하지만, 복덕을 탐내지도 않고 애착하지도 않으므로, 복덕을 받지 않는다고 말하는 것이다."(즉비, 32장) 복덕은 복덕이 아니기 때문이다.(즉비) "어디에도 집착함이 없이(즉비) 보시하면, 그 복은 상상할 수 없을 만큼 크다."(5장) 또한 불국토를 장엄한다고 생각해서도 안 된다. "보살이 '불국토를 장엄한다'고 말하면, 그는 보살이라고 할 수 없다."(즉비, 22장) 불국토 장엄은 불국토 장엄이 아니기 때문이다(즉비). 불국토를 장엄한다고 생각하면, 불국토 장엄에 머무는 것이 된다. 복덕, 불국토 장엄 등 어디에도 집착해서는 안 된다.

> "그대들은 나의 설법을 비유컨대 '강을 건너는 뗏목'으로 알고 강을 건넜으면, 응당 뗏목을 버려야 할 것이다. 진리마저도 버려야 하거늘, 하물며 '진리 아닌 것'이야 두말할 나위도 없지 않은가!"(즉비, 7장)
>
> "여래께서는 단 한마디도 말씀하신 일이 없다."(즉비, 13장)
>
> "'여래가 설법한다'고 어떤 사람이 말하면, 그는 여래를 비방한 것이 되기 때문이다. 그는 내 말뜻을 제대로 파악하지 못했기 때문에, 그렇게 말하는 것일 뿐이다."(26장)

부처님께서는 49년간 설법하셨으면서 도대체 왜 설법한 적이 없다고 말씀하시는 것일까. 강을 건넌 다음에 뗏목은 더 이상 필요가 없다(즉비). 강을 건넌 다음에도 여전히 뗏목을 잡고 있을 필요가 없듯이, 여래의 설법을 들은 다음에는 여래의 설법도 버리라고 부처님께서 말씀하셨다(즉비, 7장). 그래서 부처님께서는 단 한마디도 설법한 적이 없다고 말씀하시는 것이다(13장). 설법은 설법이 아니라는 뜻(즉비)이다. "어떤 사람이 '여래가 설법한다'고 말하면, 그는 여래를 비방한 것이다. 그는 나의 말뜻을 제대로 파악하지 못했기 때문에, 그렇게 말하는 것일 뿐이다."(26장) 이와 같이 "진리마저도 버려야 하거늘, 하물며 '진리 아닌 것'이야 두말할 나위도 없지 않은가!"(즉비, 7장) 그러므로 부처님 가르침은 바로 무(無) 한 글자 – 무상(無相), 무주(無住), 무득(無得), 곧 '즉비'에 있다. '즉비'를 제외하고 불교를 말할 수 없다.

"만일 형상에서 여래를 보거나,
소리에서 여래를 구하려 한다면,
그는 삿된 짓을 행하는 것이니,
결코 여래를 보지 못하리라."(즉비, 31장)
"중생이 하는 모든 행위는
꿈, 환상, 물거품, 그림자 같고
이슬 같고 또한 번갯불 같나니(즉비)
마땅히 이와 같이 보아야 하느니라."(36장)

《금강경》에서 유명한 4구게도 바로 '즉비' 논리를 바탕으로 하고 있다. 첫 번째 4구게의 경우, 여래를 형상에서 찾거나 소리에서 구하지 말라(즉비, 31장)고 했다. 여래는 형상이나 소리에 있지 않기 때문이다. 두 번째 4구게에서도 모든 것은 꿈, 환상, 물거품, 그림자 같고, 이슬이나 번갯불이나 다름없다(즉비, 36장)고 했다.

'즉비시명' – 정확한 의미분석

그러면 '즉비'(卽非)에 '시명'(是名)을 덧붙인 '즉비시명'을 검토하자. 원문을 제외하고 '즉비시명'이 포함된 한문 번역서의 한글 문장만 읽으면, 한글 어법에도 맞지 않는 경우가 많아 무엇을 말하고 있는지 전문가가 읽어도 의미 전달이 잘 안 된다. 차라리 한글 번역문을 보지 않고 한문 원문만 읽는 게 낫지 않을까. 이 책은 "한글세대를 위한 금강경"을 표방하고 있으므로, 한글 문장만 읽어도 한글세대가 충분히 이해할 수 있도록 노력했다. '즉비시명' 사유가 무엇을 말하고 있는지 다음 구절을 통해 자세히 살펴보기로 한다.

"장엄불토자, 즉비장엄, 시명장엄"(12장)

"莊嚴佛土者, 卽非莊嚴, 是名莊嚴."

1 (이기영, 한문 번역)

"왜냐하면 불국토를 장엄한다는 것은, 곧 장엄이 아니며, 그 이름이 장엄이기 때문이다."

2 (이기영, 산스크리트어 번역)

"왜냐하면 수보리여, 국토의 건설, 국토의 건설은 건설이 아니라고 설하기 때문이다. 그렇기 때문에 바로 국토의 건설이라고 불리어지는 것이다."

3 (무비, 한문 번역)

"왜냐하면 보살이 세상을 장엄한다는 것은 곧 장엄이 아니며, 그 이름이 장엄일 뿐이기 때문입니다."

4 (송강, 한문 번역)

"부처님의 나라를 건설한다고 함은 곧 건설 아닌 것을 말씀하심이며, 그 표현이 건설한다는 것이기 때문입니다."

5 (석진오, 한문 번역)

"왜냐하면 불국토를 장엄하는 것은 곧 장엄이 아니요, 이 이름이 장엄이기 때문이다."

6 (석진오, 산스크리트어 번역)

"왜냐하면 국토 장엄이라는 것은 수보리여, 즉 장엄이 아니라고 여래가 말했기 때문이다. 그러므로 국토 장엄이라고 말해지는 것이다."

7 (전재성, 산스크리트어 번역)

"여래께서 '불국토의 장엄, 불국토의 장엄'에 대해 말씀하신 것은 '장엄이 아닌 것'이라고 가르치신 것입니다. 그러한 까닭으로 그것을 '불국토의 장엄'이라고 말합니다."

인용분들은 도대체 무엇을 말하고 있는지 종잡을 수 없다. 산스크리트나 한문 원문을 옮긴 우리말 표현이 서투르다는 느낌을 지울 수 없다. 석진오와 전재성의 산스크리트 번역은 의미하는 바를 어느 정도 이해할 수 있지만, 이런 산스크리트 번역만으로 부처님께서 무엇을 전하려 하시는지 판단내리기 어렵기는 마찬가지다. 어떻게 해야 부처님께서 무엇을 말씀하시고 있는지 정확하게 파악할 수 있을까. 그 단서를 《금강경》원문, 부처님 말씀 가운데 찾을 수 있지 않을까. 《금강경》을 주의 깊게 살펴보면, '즉비시명'의 어법을 활용한 구절 중에서 보다 기본적인 방식으로, 보다 일반적인 어법으로 표현된 문장이 발견된다.

1) "복덕은 곧 복덕이 아니므로, 복덕이 많다고 여래께서는 말씀하신 바 있다." (9장)

   "是福德, 卽非福德性, 是故, 如來說, 福德多."

2) "실상이란 곧 실상이 아니므로, 이를 실상이라고 여래께서 말씀하신 다." (15장)

   "是實相者, 卽非實相, 是故, 如來, 說名實相."

3) "일체법은 곧 일체법이 아니므로, 이를 일체법이라 일컫는다." (21장)

   "一切法者, 卽非一切法, 是故, 名一切法."

4) "복덕이 실제로 있다고 하면, 여래는 복덕이 많다고 말하지 않는다. 복덕이 없는 까닭에, 여래는 복덕이 많다고 말하는 것이다." (24장)

"若福德, 有實, 如來不說, 得福德多. 以福德, 無故, 如來說, 得福德多."

5) "중생은 중생이 아니므로, 그들을 중생이라 일컫는다고 여래는 말하기

　　때문이다." (27장)

　　"衆生衆生者, 如來說, 非衆生, 是名衆生."

　5가지 인용문은 '즉비시명'이란 용어를 그대로 사용하고 있지는 않다. '즉비시명'으로 정형화된 표현은 아니지만, 기본적으로 '즉비시명'과 같은 의미를 전하고 있음을 어렵지 않게 추정할 수 있다. 인용된 한자 원문을 살펴보자. 1) 2) 3)의 경우 '즉비'는 그대로 사용했지만, '시명' 대신 다른 유사한 표현을 사용했다. 1) "따라서 …라고 말한다."(是故…說) 2) "따라서 …라고 말한다."(是故…說名) 3) "따라서 …라고 일컫는다."(是故, 名) 이와 같이 한문 표현은 약간씩 다르게 했지만, 우리말로 옮기면 아무런 차이가 없고 '시명' 표현과 다른 점이 발견되지도 않는다. 따라서 '시명'은 위의 3가지 한문식 표현을 보다 간략히 정형화한 것으로 파악된다. 또 4)의 경우 '즉비' 대신 '불설'(不說)이라 했고, '시명' 대신 다른 표현을 사용했다. "따라서 …라고 말한다."(故…說) 또 5)의 경우도 '즉비'라고 하지 않고 간단히 '비'(非)라고만 했고, '시명'은 그대로 사용했다. 따라서 '불설'과 '비', 2가지 한문 문구와 '즉비'는 부정을 뜻한다는 점에서 아무런 차이가 없다. '시명'의 경우도 4)는 의미상 차이가 없고, 5)는 '시명'을 그대로 사용했다.

　그러므로 인용된 5가지 표현은 '즉비시명'과 표현만 달리했지, 전하고자 하는 의미에서는 어떤 차이도 발견되지 않는다. 인용된 5가지 표현은 보나 일반적인 표현이다. 이와 같이 보다 일반적인 표현이 정형화 과정을 거쳐 간단하게 '즉비시명'이란 용어로 정착된 것으로 판단된다. 이상의 논의를 종합해 보면, '즉비시명'은 다음 같이 알기 쉬운 우

리말로 옮길 수 있을 것이다. "A는 A가 아니므로(즉비), 이를 A라고 이름한다(시명)" 그러므로 앞에서 인용한 12장의 문장 "장엄불토자, 즉비장엄, 시명장엄"을 일상어로 간단명료하게 옮기면 다음과 같다.

"불국토 장엄은 곧 불국토 장엄이 아니므로, 이를 불국토 장엄이라 이름한다."(12장)

"A는 A가 아니므로, 이를 A라고 이름한다." 이렇게 해서 '즉비시명'의 어법이 알기 쉬운 우리말로 옮겨졌다. 그렇다면 이와 같은 '즉비시명'의 논리가 과연 무엇을 의미하는지,《금강경》의 부처님 말씀에서 '즉비시명'이란《금강경》특유의 표현이 정확하게 무엇을 의미하는지, 자세히 검토해 보자.

"수보리여! 인욕바라밀은 인욕바라밀이 아니므로, 이를 인욕바라밀이라 여래는 이름한다."(16장)

도대체 무엇이 인욕바라밀이고, 도대체 무엇이 인욕바라밀이 아니라는 말인가. 부처님께서 말씀하신 깊은 뜻은 어디에 있는가. 이에 대해 부처님께서는 '즉비시명'을 알기 쉽게 설명하기 위해 당신이 직접 겪은 일화를 말씀하신다. 부처님께서 지난날 가리왕에 의해 몸이 갈기갈기 찢어져도 그때 부처님께서는 '자기', '사람', '중생', '영혼'에 대한 집착이 조금도 남아 있지 않으셨다. 왜냐하면 지난날 몸이 갈기갈기 찢어질 때, '자기', '사람', '중생', '영혼'에 대한 집착이 추호라도 남아 있었다고 한다면, 마땅히 성내고 원한을 품으셨을 것이기 때문이다. 그러므로 '자기에 대한 애착'이 남아 있어 원한을 품었다면, 인욕바라밀은 인욕바라밀이 아니라고 말한 것이다.

여래께서 옛날 오백 생 동안 인욕선인이었던 당시를 회상하시건대, 그때 '자기', '사람', '중생', '영혼'에 대한 집착의 흔적을 조금도 찾아볼 수 없었다. 이에 인욕바라밀은 인욕바라밀이라고 여래께서는 이름하셨다. '4가지 번뇌'가 아직 남아 있어 성내고 원한을 품는다면, 인욕바라밀은 인욕바라밀이 아니다. 4가지 분별의 흔적이 조금도 남아 있지 않다면, 인욕바라밀은 인욕바라밀이라고 이름한다.

따라서 번뇌가 남아 있으면, 다시 말해 어딘가에 집착하면, A는 곧 A가 아니다(즉비). 번뇌가 조금도 남아 있지 않다면, 혹은 어디에도 집착하지 않는다면, A는 곧 A이다(시명). 그러므로 《금강경》에서는 "마땅히 어디에도 집착하지 않고(즉비), 마음을 쓰라(시명)"고 말했다.

'즉비시명' 사용 – 모두 25번

제1부

"부처님 가르침은 곧 부처님 가르침이 아니므로, 이를 부처님 가르침이라 이름한다."(9장)

"불국토를 장엄한다는 것은 곧 장엄함이 아니므로, 이를 장엄한다고 말한다."(12장)

"왜냐하면 광대한 몸은 곧 광대한 몸이 아니므로, 이를 광대한 몸이라 한다고 부처님께서 말씀하시기 때문이다."(13장)

"반야바라밀은 곧 반야바라밀이 아니므로, 이를 반야바라밀이라 일컫는다고 부처가 말하기 때문이다."(13장)

"모든 티끌은 티끌이 아니므로, 이를 티끌이라고 여래는 일컫는다."(14장)

"세계는 세계가 아니므로, 이를 세계라 여래는 부른다."(14장)

"32상은 곧 32상이 아니므로, 이를 32상이라 여래께서 일컬으시기 때문이다." (15장)

"제일바라밀은 곧 제일바라밀이 아니므로, 이를 제일바라밀이라 여래는 일컫기 때문이다." (15장)

"실상이란 곧 실상이 아니므로, 이를 실상이라고 여래께서 말씀하신다." (15장)

"인욕바라밀은 인욕바라밀이 아니므로, 이를 인욕바라밀이라 여래는 이름한다." (16장)

제2부

"일체법은 곧 일체법이 아니므로, 이를 일체법이라 일컫는 것이다." (21장)

"키가 큰 사람은 곧 키가 크지 않으므로, 그를 키가 크다고 이름한다고 여래께서 말씀하신다." (21장)

"불국토를 장엄하는 것은 곧 장엄이 아니므로, 이를 불국토 장엄이라 이름한다고 여래는 말하기 때문이다." (22장)

"모든 중생의 마음은 마음이 아니므로, 이를 마음이라 이름한다고 여래는 말한다." (23장)

"복덕이 실제로 있다고 하면, 여래는 복덕이 많다고 말하지 않는다. 복덕이 없는 까닭에, 여래는 복덕이 많다고 말하는 것이다." (24장)

"육신을 잘 갖춘 것은 육신을 잘 갖춘 것이 아니므로, 이를 육신을 잘 갖추었다고 여래께서는 말씀하시기 때문이다." (25장)

"모든 상호를 갖춘 것은 곧 모든 상호를 갖춘 것이 아니므로, 이를 모든 상호를 갖추었다고 일컫기 때문이다." (25장)

"중생은 중생이 아니므로, 그들을 중생이라 일컫는다고 여래는 말하기 때문이다." (27장)

"선법이란 선법이 아니기에, 이를 선법이라 일컫는다고 여래는 말한다."(28장)

"범부는 곧 범부가 아니므로, 그를 범부라고 여래는 말한다."(30장)

"티끌은 곧 티끌이 아니므로, 이를 티끌이라 이름한다고 부처님께서는 말씀하시기 때문이다."(33장)

"삼천대천세계도 곧 세계가 아니므로, 이를 세계라 일컫는다."(33장)

"화합하여 하나로 성립된 것은 곧 화합하여 성립된 것이 아니므로, 이를 화합하여 하나로 성립되었다고 부처님께서 이름하신다."(33장)

"자기, 사람, 중생, 영혼에 대한 집착은 곧 자기, 사람, 중생, 영혼에 대한 집착이 아니므로, 이를 자기, 사람, 중생, 영혼에 대한 집착이라고 이름한다고 세존께서는 말씀하시기 때문이다."(34장)

"진리는 곧 진리가 아니므로, 이를 진리라 여래는 일컫는다."(34장)

그렇다면, 왜 '즉비시명'인가

그러면 《금강경》에서는 왜 '즉비시명' 표현을 자주 사용했을까. '즉비'로 충분하지 않은가. '즉비'에 의한 부정만으로는 부족했을까. '즉비시명' 표현으로 부처님께서 제시하고자 하신 바는 무엇일까. '즉비시명'의 틀에 맞춘 문장보다, 이 사유를 활용한 다양한 표현을 자세히 분석하면, '즉비시명'의 의미가 보다 분명해진다.

"응당 어디에도 집착함이 없이(즉비) 마음을 내야 한다(시명)."(12장)

"모든 것에서 떠나야(즉비) 곧 부처라 이름하기 때문이다(시명)."(15장)

"응당 어떤 형상에도 집착하는 마음을 일으키지도 말아야 하고(즉비), 소리, 냄새, 맛, 감촉, 의식의 대상에 집착하는 마음을 내지도 말아야 하며

(즉비), 마땅히 어디에도 집착하지 않고(즉비) 마음을 내야 한다(시명). 마음이 어딘가에 머무르게 되면, 이는 참되지 못하다. 그러므로 부처님께 서는 마음을 어디에라도 머무르면서 보시를 해서는 안 된다고 보살에게 가르치신다."(16장)

"어떤 보살이 마음을 어딘가에 머물면서 보시한다면, 어두운 곳에 있는 사 람이 아무것도 보지 못함과 같을 것이다. 보살이 어디에도 집착함이 없이 (즉비) 보시하면(시명), 눈 밝은 사람이 햇빛 아래서 갖가지 물건을 보는 것과 같으리라."(18장)

"응당 어디에도 집착함이 없이 마음을 내라."(즉비시명, 12장) "모든 것에서 떠나야 곧 부처라 이름한다.(즉비시명, 15장)" 바로 이것이 무 심, 무념이다. 어딘가에 머무는 것, 마음에 무언가 앙금이 남아 있는 것 은 뭔가에 집착해 벗어나지 못한다는 뜻이다. 무언가에 집착하면, 무언 가 흔적이 남아 있다면, 자유롭지 못하게 된다. 우리는 재물, 명예, 권 력 등 무언가에 애착한다. 무언가 집착하는 게 있으면, 그것이 곧 약점 이 된다. 우리에게는 무언가 빈틈이 있다. 재물, 명예, 권력 등을 구하 고 있으므로, 거기에 끌려다니게 되는 것이다. 심지어 불교 가르침도 버리고, 불교 가르침 아닌 것도 버리라고 부처님께서는 말씀하셨다. 어 디에도 머무는 바가 없으면, 다시 말해 어디에도 집착하지 않으면, 아 무런 걸림 없이 자유롭게 된다. 이와 같은 《금강경》 가르침은 불립문자 (不立文字)를 근간으로 하는 선종에서도 5조(五祖) 홍인(弘忍) 이래 중 시되어 핵심 경전으로 존중받았다. 예컨대 중국적 선불교를 실질적으 로 개창(開創)한 6조(六祖) 혜능(慧能)도 바로 이 구절, "어디에도 머물 지 말고 자기 마음을 쓰라"는 《금강경》 가르침을 우연히 한번 듣자마자 그 자리에서 깨달았다고 한다.

따라서 부처님께서는 '즉비'에만 머물지 않고, 한 단계 더 나아가 '시명'을 함께 제시하면서, 부정한 것을 다시 한 번 부정할 것을 요구하셨다. "마땅히 어디에도 집착하지 않고(즉비) 마음을 내야 한다(시명)."(16장) 그러므로 '즉비시명'을 통해 모든 것에서 벗어나 어디에도 머물지 말고 그 마음을 쓰라고 말씀하신 것이다. 부처님께서는 세상에서 벗어나라고, 어디에도 집착하지 말라고, '즉비'만 가르치신 것은 아니다. '즉비'를 통해 세상에 집착하는 마음을 버리게 하고, '시명'으로 '즉비'를 또 한 번 부정하셨다. 다시 말해 '즉비시명'을 통해 어디에도 머무는 바 없는 그런 마음으로 세상을 살라고 하신 것이다. 따라서 부처님 가르침의 핵심은 '즉비'의 부정에 있는 게 아니라 바로 '시명'에 있다. "보살이 부처의 가르침에 집착함이 없이(즉비) 보시하면(시명), 눈 밝은 사람이 햇빛 아래서 갖가지 물건을 보는 것과 같다."(18장) 이와 같이 '즉비시명'을 통해 새로운 긍정 세계가 창출된다. 세상에서 벗어날 것만을 도모해서는 안 된다. 불교는 세간의 삶을 일방적으로 부정하기만 하지는 않는다. '즉비'를 통해 세상에서 벗어나고, 또다시 '시명'을 통해 입세간(入世間), 다시 세간으로 들어갈 것을 강조한다. 바로 여기에 '즉비시명' 사유의 진면목이 있다.

"무릇 형상이 있는 것은
모두 다 허망하나니,
모든 형상이 원래 형상이 아님을 알면,
그는 곧 여래를 보게 되리라."(6장)

여기 인용된 게송에도 《금강경》 가르침의 핵심, '즉비시명'의 사유가 담겨 있다. 형상만을 보거나 혹은 형상이 아닌 것만 보지 말고, 형상이 형상 아닌 줄 알면(즉비), 곧 여래를 보는 것이라고(시명) 한다. 모든 것에서 벗어나야(즉비) 부처라 일컬을 수 있다(시명)는 것이다(15장). 그러면 '즉비시명' 사유와 관련해 10장을 자세히 검토해 보자.

> "수다원이란 편안한 흐름에 들어갔다는 뜻이기는 하지만, 어디에도 들어간 바 없기 때문입니다. 형상, 소리, 냄새, 맛, 감촉, 의식의 대상 6가지에 들어가지 않았으므로(즉비), 수다원이라 일컫는 것입니다(시명)."
>
> "사다함이란 한 번 오고 간다는 의미이기는 하지만, 오고 감이 없으므로(즉비), 이를 사다함이라 이름한 것입니다(시명)."
>
> "아나함이란 오는 것이 없다는 뜻이기는 해도, 오지 않음도 없으므로(즉비), 이를 아나함이라 이름합니다(시명)."
>
> "저(아라한)는 아무것도 증득한 바 없으므로(즉비), '다툼 없는 삼매'를 즐긴다고 일컬어지고 있습니다(시명)."

앞에서 어떤 법도 없고 부처마저 부정했으니 둘 다 얻을 수 없다. 세존께서는 지난날 제자가 성문(聲聞)의 경지에 있을 때 '4가지 성스런 진리'(四聖諦)를 말씀하셨으니, 이는 곧 법, 부처님 가르침에 해당된다. 제자들은 이 가르침에 의지해 수행하여 그 과보를 얻은 것이다. 따라서 제자들은 열반을 구해 머물렀던 것이다. 부처님 가르침대로 열반을 얻었는데, 세존께서는 왜 "모두 틀렸다"(一切皆非)고 힐책하셨을까. 왜냐하면 그 자리에서 부처님 말씀을 듣는 제자들이 열반에 대해 분별을 일으켜 성문이 얻은 과보에 머물렀기 때문이다.

여기 《금강경》 법회에서는 부처님 가르침에도 머물지 말라고 부처님께서는 말씀하신다. 부처님께서는 깨달은 이후, 먼저 아함부를 12년, 방등부 8년, 그렇게 20년 동안 설법하셨다. 이어서 《금강경》을 비롯한 반야 계통 경전을 21년 동안 가르치셨다. 또 《법화경》과 《열반경》을 8년 동안 가르쳐 부처님께서는 모두 49년 동안 설법하셨다. 아함부에서 소승 4과를 가르쳤지만, 여기 《금강경》 법회에서는 소승 4과에 머물지 말라고 말씀하셨다. 그러므로 세존께서는 보다 잘 이해할 수 있도록 하기 위해, 소승이 얻는 작은 과보를 수보리에게 되물음으로써 이런 의심을 풀어 주고자 하신다. 소승 4과는 수다원, 사다함, 아나함, 아라한을 말한다.

수다원이란 '흐름을 거슬러 올라감'이다. 생사의 흐름을 거슬러 올라가 6가지 티끌(六塵)에 오염되지 않고 무루업(無漏業)을 닦아 거친 번뇌가 생기지 않게 되어 다시는 지옥, 축생, 아수라에 떨어지지 않는 수다원의 과보를 얻게 된다. "수다원이란 편안한 흐름에 들어갔다는 뜻이기는 하지만, 어디에도 들어간 바 없기 때문이다. 형상, 소리, 냄새, 맛, 감촉, 의식의 대상 6가지에 들어가지 않았으므로(즉비), 수다원이라 일컫는다(시명)." 소승이 얻는 과보, 수다원에 머물지 않았기에, 수다원이라 일컬을 수 있다는 것이다.

사다함이란 '한 번 왕래함'(一往來)이다. 사다함을 한 번 왕래함이라 말함은 인간으로 죽어 하늘에서 태어났다가 하늘로부터 다시 인간으로 태어남을 의미한다. 이에 마침내 생사에서 벗어나 3계의 업이 다한 까닭에, 사다함이라 일컬어지는 것이다. 여기 《금강경》 법회에서 부처님의 질문에 수보리는 이렇게 답한다. "사다함이란 한 번 오고 간다는 의미이기는 하지만, 오고 감이 없으므로(즉비), 이를 사다함이라 이름한 것입니다(시명)." 사다함이란 과보에 머무르지 않으므로, 사다함이라 이름한다는 뜻이다.

아라한이란 '다툼이 없음'(無諍)을 뜻한다. 그 무엇과도 다투지 않는 인물은 끊어야 할 번뇌도 없고, 벗어나야 할 탐욕과 분노도 없으며, 좋

고 싫은 감정도 사라져 마음과 경계가 함께 공(空)해지고 안팎이 항상
고요해진다(즉비). 그러므로 이런 인물을 아라한이라 이름한다(시명).

"수보리여! 그대는 어떻게 보느냐? 아라한의 경지를 증득한 인물이 '자기
가 아라한의 과보를 얻었다'고 생각하겠느냐?"
수보리가 말했다. "아닙니다, 세존이시여! 왜냐하면 아라한이라 일컬을 것
이 전혀 없기 때문입니다. 세존이시여! 어떤 아라한이 '자신은 아라한의
도를 증득했다'고 분별하면, 곧 자기, 사람, 중생, 영혼에 대한 집착이 남
아 있는 셈입니다. 세존이시여! 부처님께서는 다음과 같이 말씀하신 적이
있습니다. '수보리는 '다툼이 없는 삼매'를 얻은 사람 가운데 으뜸이다. 욕
심을 떠난 제일 뛰어난 아라한이다.'
세존이시여! 하지만 저는 '자신이 욕심을 떠난 아라한'이라 생각하지 않습
니다. 세존이시여! 만일 '제가 아라한의 경계를 얻었다'고 분별한다면, 세
존께서는 '수보리가 다툼 없는 삼매를 얻었다'고 말씀하시지 않았을 것입
니다. 저는 아무것도 증득한 바 없으므로(즉비), '다툼 없는 삼매'를 즐긴
다(시명)고 일컬어지고 있습니다." (10장)

부처님께서는 "수보리가 다툼 없는 삼매를 얻었다"고 말씀하신 적이
있다. 그러나 수보리는 '자신이 욕심을 떠난 아라한'이라 생각하지 않
는다. 만일 수보리가 '아라한의 경계를 얻었다'고 분별한다면, 세존께
서는 수보리가 '다툼 없는 삼매'를 얻었다고 말씀하시지 않았을 것이
다. 수보리는 실로 아무것도 증득한 바 없기에(즉비), '다툼 없는 삼
매'를 즐긴다(시명)고 부처님께서는 말씀하신 것이다.

"복덕이 실제로 있다고 하면, 여래는 복덕이 많다고 말하지 않는다. 복덕

이 없는 까닭에(즉비), 여래는 복덕이 많다고 말하는 것이다(시명)."(24
장)

"설법은 어느 하나도 말할 바가 없기에(즉비), 이를 설법이라 이름하는 것
이다(시명)."(26장)

"나는 최상의 올바른 깨달음을 조금도 얻은 바가 없으므로(즉비), 이를 최
상의 올바른 깨달음이라 이름한다(시명)."(28장)

여기 인용된 문장들은 '즉비시명'이란 표현을 사용하지는 않았지만,
'즉비시명'의 사유를 활용하고 있다. 24장 인용문을 '즉비시명' 방식
으로 바꾸면 다음과 같다. "복덕은 복덕이 아니므로, 이를 복덕이 많다
고 말한다." 그 의미하는 바는 '즉비시명'과 다르지 않지만, 구마라집
이 표현 방식을 조금 바꿔 표현한 것이다. 26장 인용문이 의미하는 바
도 '즉비시명'과 다르지 않다. "설법은 설법이 아니므로, 이를 설법이
라 이름한다." 여래는 설법을 통해 한마디도 말한 바가 없다. 따라서
이를 설법이라 일컫는다. 28장 인용문이 의미하는 바도 다음과 같다.
"최상의 올바른 깨달음은 깨달음이 아니므로, 이를 최상의 올바른 깨
달음이라 이름한다."

그때 혜명 수보리가 부처님께 말씀을 올렸다. "세존이시여! 중생이 미래
에 이 가르침을 듣고 믿음을 낼 수 있겠습니까?"

부처님께서 말씀하셨다. "수보리여! 그들은 중생이 아니며(즉비), 중생이 아
닌 것도 아니다(시명). 어째서 그럴까? 수보리여! 중생은 중생이 아니므로
(즉비), 그들을 중생이라 일컫는다고 여래는 말하기 때문이다(시명)."(27장)

혜명 수보리 질문에 대해, 부처님께서는 "그들은 중생이 아니며, 중

생이 아닌 것도 아니다"라고 답하셨다. 또 부처님께서 그 근거로 "중생은 중생이 아니므로, 그들을 중생이라 일컫는다"라는 설명을 덧붙이셨다. "그들은 중생이 아니며, 중생 아닌 것도 아니다"라는 문장을 조금 깊이 살펴보면, '즉비시명'을 조금 다르게 표현한 문장일 따름이다. "그들은 중생이 아니며"는 '즉비'에 해당되고, "중생 아닌 것도 아니다"는 '시명'을 말하고 있는 것이다. 이와 같은 새로운 표현 방식은 '즉비시명' 논리 이해에 도움이 된다. '즉비'를 통해 부정하고, '시명'을 통해 부정한 것을 다시 한 번 부정함으로써 차원 높은 긍정의 세계가 열리게 된다. 구마라집은 자신이 한문으로 번역한《금강경》에서 '즉비시명' 표현만 반복하면 단조로우니까, '즉비시명' 사유를 분명하게 제시하고, 이를 바탕으로 다양하게 표현하고 있는 것이다.

부처님께서는 이와 같이 《금강경》에서 '즉비시명' 사유를 일관되게 제시하셨다. '즉비시명' 논리를 제시한 까닭을 감산은 다음과 같이 요약한다.

"무릇 '그것은 곧 그것이 아니라는 부정'(즉비)과 '그것은 바로 그것이라는 긍정'(시명)은 수보리가 잘못된 소견에 빠지는 허물을 막기 위한 말씀이다. 여래께서는 옳다 그르다는 시비의 소견에 제자들이 떨어질까 염려하여 왼쪽이든 오른쪽이든 모두 부정하고 타파하신다. 따라서 여래께서는 무엇 하나라도 말씀할 것이 없지만, 단지 중생의 미혹을 타파하고 잘못된 소견을 일으키지 않도록 하기 위해, 중생의 이런저런 집착과 어디에든지 머물려는 습기를 씻어 내고자 했을 따름이다. 그러므로 배우는 사람은 부처님의 이런 간곡함을 유념해야 한다."(25장)

부처님께서 '즉비시명'을 통해 다양하게 말씀하신 것은 한마디로 중생의 미혹을 타파하고 잘못된 소견을 일으키지 않기 위함이라는 것이다. 이 경전을 풀이한 감산(1546년~1623년)이 살았던 명나라 말기에 혜능이 주석한 중국의 조계산은 황폐해졌는데, 어느 날 꿈에 감산은 혜능으로부터 조계의 선풍(禪風)을 진작시키라는 부촉을 받고 선불교의 중흥에 전력을 다하게 되었다. 그래서 감산은 그 당시 조계산의 중흥조라는 명망을 얻게 되었다. 혜능이 열반한 이후에도 육신이 부패되지 않은 것과 마찬가지로, 감산의 육신 또한 살았을 때 그 모습과 조금도 다름이 없었는데, 두 선지식의 육신은 조계산의 보림사(寶林寺)에 함께 보전되어 있다. 따라서 두 인물은 "죽음은 죽음이 아니다. 따라서 이를 죽음이라 이름한다"는 《금강경》의 '즉비시명' 논리가 단지 말뿐이지 않음을 몸으로 웅변하고 있다. 이 경전이 제시한 반야 사상은 단순히 언어 문자의 차원에 불과한 것이 결코 아니다. 이론의 나열을 극구 배격하는 선불교에서도 근본 마음자리를 명쾌하게 제시한 경전으로 《금강경》을 존숭했다. 80평생을 참선 수행으로 시종일관했고 또 죽어서까지도 선(禪)의 진리, 즉 '즉비시명'의 가르침을 몸으로 보여 준 감산은 이 경전 해석의 적임자라고 할 수 있다.

금강경과 선불교

"반야바라밀은 곧 반야바라밀이 아니므로, 이를 반야바라밀이라 일컫는다."(13장)

이 문장은 《금강경》의 근간을 이루는 '즉비시명'의 논리다. 이는 곧 선의 논리이기도 하다. '반야바라밀' 이외에 다른 문자를 넣어도 상관이 없다. 산을 보면 산이라 하고, 물을 보면 물이라 말하는 것이 우리의 상식이다. 반야 경전에서 보면, "산은 산이 아니고, 물은 물이 아니다. 따라서 산은 산이고, 물은 물이다"라고 말하게 된다. 일반인의 사고방식으로는 매우 비상식적이다. 반야 논리는 부정을 매개로 하여 비로소 긍정으로 되돌아오는 것이 진실한 견해라고 말한다. 반야의 논리는 상식과는 크게 다르다. 지식은 상식이나 과학에 의해 형성되는 것이지만, 반야의 지혜는 상식을 부정한다. "산은 산이고, 물은 물이다"라고 하면, 충분하지 않은가, 라고 반문할 수 있을 것이다. "산은 산이 아니고, 물은 물이 아니다"라고 말하는 것이 오히려 평지에 풍파를 일으키는 일이 아니냐고 의심할 수 있다.

그러나 이런 혼란은 본래 우리 자신으로부터 생긴 것으로, 애초에는 어떤 혼란도 없었다. 평지에 풍파를 일으킨 것은, 바로 우리 자신에게 있는 것이다. 부처님 가르침에 따르면 우리는 처음부터 태어남도 죽음도 없는데, 태어나고 죽고 다시 태어나기를 반복하는 것이 아닌가. 이 것이야말로 불가사의한 일이 아니겠는가! 처음부터 태어남도 죽음도 없는데, 우리는 언제까지나 살고 싶고, 죽고 싶지 않다고 말하고 있다. 이런 기대가 풍파를 일으킨 것이다

싯다르타 왕자가 왕궁을 버리고 출가하여 수행의 길에 들어선 목적은 죽음의 문제를 풀기 위한 것이었다. 출가를 만류하는 부왕에게 "죽음이 없는 길을 알려 주면 출가하지 않겠다"고 싯다르타는 말하기도 했다. 출가한 이후 오랫동안 진리를 추구했던 그는 어느 날 진리를 찾을 때까지 결코 일어서지 않겠다는 결심을 하고 나무 밑에 계속 앉아 있었다. 해질 무렵 미혹으로 말미암는 온갖 어리석음을 떨쳐 버릴 수 있었다. 다음 날 이른 아침 동트는 하늘에서 샛별이 반짝일 때, 깨달음

을 성취함으로써 오랜 인내와 수행이 결실을 맺었다.

오랜 정진 끝에 어느 날 새벽 마침내 깨달음을 얻고 외친 첫 마디가 "나는 불사(不死, Amrta)를 얻었다"는 말이었다. 불사의 산스크리트 원어 '아므르따'는 한문 불교권에서 불사로 번역했지만, 무사(無死), 비사(非死)로 옮길 수도 있다. 부처님께서는 보리수 나무 아래 앉아 "죽음은 죽음이 아니다(非死)" "죽음은 없다(無死)"라는 사실을 깨달았다. "죽음은 죽음이 아니다"는 '즉비' 논리가 바로 부처님 깨달음에서부터 시작된 것이다. 보리수 나무 아래 앉기 전까지 고민하게 만들었던 죽음이 알고 보니 실재하는 게 아니라 우리 의식이 만들어 낸 허구에 불과했다. 죽음의 순간 우리가 맞을 죽음은 우리가 생각했던 그런 식의 죽음이 아니다(非死). 다시 말해 그런 죽음은 없다(無死)는 뜻이다. 죽음이 있다는 착각에 지금 살아 있다는 생각을 떠올리게 되고, 지금 살아 있다고 착각하는 순간 죽음이 있다고 생각하게 되는 것이다. 그러나 삶과 죽음은 인연의 결과일 뿐, 실재하는 것은 아니라고 부처님께서는 말씀하신다. 부처님께서는 깨달음을 얻은 다음 "나는 죽지 않는다(不死), 죽음은 죽음이 아니다(非死), 죽음은 없다(無死)"고 외친 것은, 삶과 죽음이 우리 의식이 꾸며 낸 허구, 인연에 따른 일시적인 결합에 불과하다는 선언이었다.

부처님께서는 이와 같이 불생(不生)의 이치를 통해 원래 태어남도 없고 죽음도 없음을 천명하셨다. "사람들이 그렇게 피하려고만 하는 생사가 어디에 있는가? 죽음에서 벗어나고 싶다고 하는 속박은 어디에 있는가? 누가 그대들을 묶고 있는가? 누가 그대들을 움직이지 못하게 하는가?" 산은 산이 아니고, 물은 물이 아니라고 말하는 것은 불합리하다고 사람들은 생각한다. 태어남도 없고 죽음이 없는 불생을 사람들은 받아들이지 않는다. 원래 태어남도 없고 죽음도 없건만, 불생의 이법 위에서 태어나고 죽는다고 생각하는 것이야말로 어처구니없는 짓이라고 부처님께서는 한탄하셨다. 사람들이 생각하는 그런 죽음은 없다(즉비). 따라서 이를 죽음이라 이름한다(시명). 죽음은 본래 없지만(즉비), 인연 따라 태어났다가 죽을 따름이다(시명). 그러므로 '즉비시명'의 사유가 바로 부처님 출가 동기에서부터 싹이 텄다가 부처님 깨달음에서 마무리되었다고 할 수 있다.

그런데 '즉비시명'의 논리는 인도적 사유 방식이다. 반야 경전이 중국으로 건너와서 독특한 방식으로 발전했다. "반야는 반야가 아니므로, 이를 반야라 이름한다." 이런 개념적인 사유는 중국 선불교에서 보다 유연한 표현으로 탈바꿈한다. 중국 선불교의 실질적인 기점으로 평가되는 혜능 대사가 "어디에도 머무름 없이 마음을 쓰라"는 《금강경》의 부처님 말씀을 듣고 깨달음을 얻은 일화도 중국식 선불교의 전개와 《금강경》의 역할에 어떤 시사하는 바가 있다.

어떤 선승이 죽비를 집어 들고 "이것을 죽비라 해도 저촉되고, 죽비가 아니라고 해도 어긋난다. 그러면 어떻게 표현해야 하는가?" 바로 이것이 선종의 공안이다. 죽비라고 하는 것은 긍정이고, 죽비가 아니라고 하는 것은 부정이다. 죽비라고 긍정도 하지 않고, 부정도 하지 않으면서, 즉 긍정과 부정을 떠나서, 죽비가 눈앞에 당당하게 드러나 있듯이, 죽비가 죽비인 까닭을 말하라는 것이다. 《금강경》에서 반야는 반야가 아니므로, 이를 반야라고 한다는 인도식 사유가 중국에서 이런 식으로 발전해 선불교가 꽃을 피운 것이다. 긍정과 부정은 본래 서로 허용하지 않는 모순의 관계이다. 모순을 사실 위에서 해소하려는 것이 선이 노리는 점이다.

또 《금강경》에 "과거의 마음을 찾을 수 없고, 현재의 마음도 구할 수 없으며, 미래의 마음 또한 얻을 수 없다"는 문장이 나온다. 중국 선불교에 이와 관련해 유명한 일화가 있다. 당나라 때 덕산(780년-865년)은 어릴 적 출가하여 불교에 조예가 깊었고, 특히 《금강경》을 전문적으로 연구해 자신감을 가지고 있었다. 당시 사람들은 주씨인 그를 '주금강'이라 불렀을 정도였다. 방망이를 활용하여 많은 중생을 제도하였기에, 그의 교화 방식인 '덕산의 방망이'는 유명하다. 어느 날 그는 남방에서 선종이 크게 유행한다는 소리를 들었다. 이에 그는 "선종은 직지인심(直指人心), 견성성불(見性成佛)이라 하는데, 당치도 않은 소리다. 몇천 겁 태어나고 죽고 다시 태어나는 등 오랫동안 정진해야 비로소 부처가 되는 것이다. 성불은 그렇게 쉬운 일이 아니다"라고 말했다. 그가 남쪽 지방으로 가던 중 점심을 먹기 위해 식당의 노파에게 주문을 했더니, 노파가 말했다. "우선 질문에 답해 주시면, 점심을 공양해도 좋습니다." 덕산이 좋다고 하자, 노파가 물었다. "당신 등에 지고 있는 것이 무엇입니까?" 《금강경》입니다." "그렇다면 《금강경》에 대해 묻겠습니다. '과거의 마음을 찾을 수 없고, 현재의 마음도 구할 수 없으며, 미래의 마음 또한 얻을 수 없다'는 문장이 나옵니다. 당신은 점심을 먹고 싶다고 했는데, 어느 마음으로 점심을 먹겠습니까?" 노파의 질문에 덕산은 아무 대답도 할 수 없었다.

《금강경》을 포함해 모든 언어 문자는 단지 달을 가리키는 손가락에 불과하다. 달을 가리키는 손가락은 그저 손가락일 뿐이지 달이 아니다.

이와 마찬가지로 경전의 언어 문자 자체는 진리가 아니다. 경전 가르침에 입각해 진리를 취해야 한다. 그래서 이 경전에서는 "설법은 설법이 아니다"(즉비)라고 한 것이다. 경전의 문장은 육안으로 볼 수 있지만, 진리는 '지혜의 눈'(慧眼)이 있어야 볼 수 있다. 따라서 "이를 설법이라 이름한다"(시명)고 했다. '지혜의 눈'이 없으면 단지 경전의 문구만 읽을 수 있을 뿐, 진리는 보이지 않기 때문이다.

불교 공부는 이론과 실천을 병행해야 한다. 입으로만 말하면(口說), 곧 틀리게 된다(즉비). 마음으로 진리에 계합하면(心行), 곧바로 정곡을 찌르게 된다(시명). 아무리 많은 법문을 기억해도, 선정을 닦아 진리에 계합하는 것과 비교할 수 없다. 총명한 아난존자(阿難尊者)는 부처님 말씀을 기억하기만 할 뿐이었다. 그래서 부처님께서 말씀하셨다. "아난은 언어 문자만 기억했고 나는 선정을 닦았다. 선정을 닦는 것은 밥을 먹는 것이지만, 언어 문자를 기억하는 것은 밥을 말하는 것일 뿐이니, 어찌 배가 부를 수 있겠는가!"

'즉비시명'의 논리로 말하면, 달을 가리키는 손가락을 보면 '즉비'이고, 손가락으로 가리키는 달을 보면 바로 '시명'이다. 경전의 언어 문자는 '즉비'이고, 언어 문자를 통해 진리에 계합하면 '시명'에 해당된다. "입으로만 《금강경》을 말하는 것"도 곧 '즉비'에 해당된다. 부처님께서는 "과거의 마음을 찾을 수 없고, 현재의 마음도 구할 수 없으며, 미래의 마음 또한 얻을 수 없다"고 말씀하셨다. 《금강경》 가르침을 바탕으로 노파는 "도대체 어느 마음으로 점심을 먹겠는가?"라고 질문을 던졌다. 이 질문은 언어 문자를 떠난 질문이었다. 어떤 이론이나 설명으로 답할 수 있는 물음이 아니다. 팔만대장경을 다 외워도 대답할 수 없다. 마음이 밝아지지 않으면, 안목이 열리지 않으면 답할 수 없다. 이 질문을 통해 노파는 덕산에게 다음과 같이 물은 것이다. "《금강경》을 입으로만 외우겠는가? 아니면 손가락이 가리키는 달, 즉 진리에 계합한 그 마음으로 답하겠는가?"

대답을 하지 못해 쩔쩔매는 덕산을 향해 노파는 용담(龍潭) 스님을 소개했다. 용담이 머물고 있는 절에 가서 덕산은 말했다. "일찍이 용담 스님 이야기를 듣고 내가 여기 찾아왔는데, 용(용담의 용자)도 없고 물(용담의 담자가 연못 담자)도 없다. 용도 없고 물도 없으니, 이게 어찌 된 영문인가?" 용담이 병풍 뒤에 있다가 나타나 말했다. "그래, 진짜 용담에 당신이 잘 찾아왔다." 덕산의 눈에는 용도 안 보이고, 물도 안 보이지만, 용담에 제대로 찾아왔다고 용담이 말한 것이다. 덕산은 용담과 밤늦게까지 이야기를 나누었다. 용담이 안 돌아가냐고 하자, 덕산이 발을 걷고 나갔더니, 밖이 캄캄했다. 다시 용담에게 와서 "밖이 어둡습니다. 신발을 찾게 불을 켜 주세요"라고 말했다. 용담이 덕산에게 초에 불을 붙여 덕산에게 주었다. 덕산이 촛불을 받자마자, 용담이 입으로 확 불어서 꺼 버렸다. 다시 갑자기 캄캄해졌다. 그 순간 덕산이 크게 깨달았다. 용담께 덕산이 예배를 올렸다. 덕산이 말했다. "마음이 바로 부처입니다(即心是佛). 남방 대선사님의 말씀, 절대 의심하지 않겠습니다." 용담 밑에 수백 명의 제자가 있었지만, 덕산이 법을 받았다. 덕산은 《금강경》 관련 연구서들을 장작더미 위에 올려놓고 말했다. "진리를 지금까지 말했는데, 그런 이론들은 설사 안다 해도, 털끝 하나를 하늘에 날리는 것처럼 허망하다. 그동안 마음속에 소중하게 여겼던 진리들이 깨닫고 보니, 보잘것없는 것이라면서 불로 태워 버렸다.

2. 36장 구분과 장 제목
- 수보리의 의심과 부처님의 답변

반야란 부처의 마음, 부처의 지혜를 의미한다. 세존께서 세상에 나와 중생을 교화하신 것은 오로지 이 마음에 의해서였다. 그러나 부처의 마음은 중생의 그것과 크게 다르다. 어느 누구도 부처님을 알지 못했다. 일상생활에서 세존의 행동 하나하나가 중생과 같지 않았고 말씀도 달랐다.

제자 가운데 가섭 같은 뛰어난 제자마저도 의심을 품었다. 왜냐하면 세존께서 설법하실 때 공(空)이라고도 했다가 유(有)라고도 했고, 어느 때는 옳다고 했으나 다른 때는 틀리다고 했으며, 혹 칭찬하기도 했다가 혹 비판하기도 했고, 한번은 권장했지만 다른 때는 힐책하기도 하는 등 부처님께서는 일정하게 말씀을 하지 않으셨기 때문이다. 부처님께서 세상에 나와 법을 전하신 지 20여 년이 지난 어느 날 수보리가 무언가를 본 게 있어 세존을 찬탄하였다. 이에 세존께서는 그 의심을 풀어 주기 위해 이 경전을 설법하시어 자신의 금강심(金剛心)을 드러내셨다. 의심에는 3가지가 있다고 감산은 말한다. 첫째는 진리를 말하는 세존에 대한 의심(疑人), 둘째는 진리에 대한 의심(疑法), 셋째는 자기 자신에 대한 의심(疑己)이다.

"첫째 의심은 사람들이 제대로 알지 못하고 있기 때문에 생긴다. 예를 들
면 세존이 말하는 색신(色身), 법신(法身), 보신(報身), 화신(化身), 대신
(大身), 소신(小身) 가운데 어떤 것이 참다운 부처인지 모르는 것이다 …
둘째 의심은 세존께서 설법하실 때 유(有)를 말씀하셨다가 다시 공(空)을
말씀하시기도 하고, 공을 강조하는 듯하시다가 다시금 불공(不空)을 말씀
하시는 등 한결같지 않으시자 의심을 일으키는 것이다 … 셋째 의심은 세
존의 가르침을 듣고 믿음을 내어 진리는 의심하지 않기는 하지만, 진리의
위대함을 보고서 자기 자신은 협소해 이를 감당할 수 없다 하여 수행하지
않는 것이다 … 이 경전에는 3가지 의심이 제기되어 있는데, 부처님께서
는 수보리가 이와 같은 의심을 일으킬 때마다 곧 타파하시어 단숨에 뿌리
뽑아 버리신다."(73쪽, 74쪽)

그런데 《금강경》의 전개 방식은 부정으로 일관하는 지극히 단순한
구조로 되어 있고 반야 사상은 사실 이해하기가 쉽지 않아, 세존과 수
보리가 주고받는 대화 속에 담긴 긴박감을 읽는 사람이 포착하기란 쉽
지 않다. 그래서 감산은 그때그때마다 제자의 마음속에 솟구치는 의문
을 집어내어 하나하나 제시함으로써, 단순히 부정과 부정으로 일관되
는 부처님의 가르침에 담긴 맥락을 미리 독자에게 밝혀 주고 있다. 왜
냐하면 《금강경》을 풀이함에서 무엇보다 먼저 수보리의 의심이 명백히
제시되어야만, 이런 의문점을 낱낱이 타파하고자 하는 세존의 가르침
이 보다 명료해질 수 있기 때문이라고 감산은 지적한다.

"《금강경》을 풀이한 사람은 지극히 많았지만 모두 부처님의 뜻에 부합되

지는 못했다. 오직 서역의 천친(天親) 보살만이 27가지 의심으로 이 경전을 풀이하였는데, 이는 세존의 뜻에 지극히 계합한다. 부처님께서 이 경전을 말씀하셨고 천친 보살이 세존의 뜻에 맞게 풀이했으나, 중국에 전해져 번역 능력이 상이한 사람들에 의해 옮겨질 때 제대로 그 뜻이 표출되지 못했다. 한문 문장을 읽으면 도리어 의심만 북돋을 뿐 배우는 이가 제대로 이해할 수 없었다 …

따라서 이 경전을 풀이함에서 먼저 해야 할 것은, 수보리가 지닌 의심을 무엇보다 먼저 제시하는 일이다. 그의 의혹이 있는 그대로 노출된다면 수보리의 의심을 해소하시는 부처님의 가르침은 저절로 명백해질 것이다. 그러므로 이 책에서는 본문을 해설하기에 앞서 수보리의 의혹을 제시하고 각 장마다 그 의심의 자취를 집어내어 깨뜨리고자 한다. 그러므로 이 책의 독자는 언어 문자를 떠나 그 깊은 뜻을 포착하여 마땅히 근본에 계합해야 할 것이다." (74쪽)

《금강경》 장 구분과 장 제목에 많이 사용되는 게 바로 소명 태자(昭明太子)의 작업이다.

1장 법회의 인연(法會因由分)

2장 수보리의 질문(善現起請分)

3장 대승의 뜻(大乘正宗分)

4장 오묘한 행위, 어디에도 머물지 않는다(妙行無住分)

5장 여래를 본다(如理實見分)

6장 바른 믿음(正信希有分)

7장 깨달음도 없고 설법도 없다(無得無說分)

8장 진리에 의해 태어난다(法出生分)

 9장 하나의 형상은 본래 형상이 아니다(一相無相分)

10장 불국토 장엄(莊嚴淨土分)

11장 무위법의 뛰어남(無爲福勝分)

12장 바른 가르침(尊重正教分)

13장 이 경전을 받드는 법(如法受持分)

14장 형상에서 벗어난 적멸(離相寂滅分)

15장 이 경전 수지의 공덕(持經功德分)

16장 업을 청정하게 하는 법(能淨業障分)

17장 무아의 가르침(究竟無我分)

18장 일체를 하나로 꿰뚫는다(一體同觀分)

19장 법계를 교화한다(法界通化分)

20장 물질과 형상에서 벗어난다(離色離相分)

21장 설법 아닌 설법(非說所說分)

22장 진리는 얻는 게 아니다(無法可得分)

23장 청정심으로 선을 행한다(淨心行善分)

24장 경전 수지가 최고의 공덕(福智無比分)

25장 중생 제도는 중생 제도가 아니다(化無所化分)

26장 법신은 형상이 없다(法身非相分)

27장 소멸도 아니고 단멸도 아니다(無斷無滅分)

28장 복덕을 받지도 집착하지도 않는다(不受不貪分)

29장 여래의 위엄, 고요하고 평온하다(威儀寂靜分)

30장 하나로 합한 이치(一合理相分)

31장 지견을 일으키지 않는다(知見不生分)

32장 응신과 화신은 참이 아니다(應化非眞分)

《금강경》을 제대로 이해시키기 위해서는 부처님과 수보리가 주고받는 대화의 긴박감을 잘 드러내는 게 무엇보다 중요하다. 이에 맞게 장을 구분하고 장 제목을 붙여야 한다. 많이 사용되는 소명 태자의 장 구분과 장 제목에서는 대화 속에 담긴 의문과 해소에 적합하지 않는 대목이 많이 발견된다. 또한 우리말 번역 《금강경》을 보면, 소명 태자의 장 구분과 장 제목이 부처님과 수보리 간의 대화와 함께 어우러지지 못하고 제각기 따로 떨어져 있어서 《금강경》 이해에 별 도움이 되지 못하고 있다. 따라서 감산이 제시하는 수보리의 의심, 이런 의문을 해소하는 부처님의 말씀에 따라 다음과 같이 제1부와 제2부로 나누어 36장으로 구분하고 장 제목을 붙였다.

제1부

제1부는 처음 1장부터 18장까지, 제2부는 19장부터 마지막 36장까지이다. 《금강경》 법회는 수보리가 부처님께 다음 질문을 드리면서 시작된다. "어디에 마음을 머무르게 해야 합니까? 어떻게 마음을 다스려야 합니까?" 이 질문이 두 번 나온다. 제1부와 제2부는 이 질문을 기점으로 해서 나뉜다. 처음 나오는 질문(2장)은 2가지 번뇌 중 '거친 번뇌'와 관계된다. 제1부는 이 질문에 대한 부처님의 답변이다. 두 번째 나오는 똑같은 질문(19장)은 2가지 번뇌 중 '미세한 번뇌'에 관한 질문이다.

1장. 법회 인연

【수보리의 의심】 불교 경전은 일반적으로 "이와 같이 나는 들었다"는 말로 시작하면서, 법회가 열린 장소와 참석자를 먼저 소개한다. 부처님께서 공양을 위해 직접 걸식하고 공양을 마친 다음, 자리에 앉아 법문을 준비하신다.

2장. 수보리, 가르침을 청하다

【수보리의 의심】 이 경전의 중심인물, 수보리는 부처님 10대 제자 중
한 명으로, 공을 잘 이해하는 제자이다. 부처님께서 생활하시는 모습이
제자들과 다른 점이 있으셨지만, 제자들은 이를 알지 못하다가, 갑자기
수보리가 알아차렸다. 수보리가 이를 발견하고서 "희유하십니다"라고
찬탄했다. 수보리의 찬탄을 통해 부처님의 《금강경》 법회가 열리게 되
었다. 여기서 수보리는 2가지 질문을 제기한다. "최상의 올바른 깨달음
을 얻고자 하는 보리심을 일으키면, 마땅히 어디에 마음을 머무르게 해
야 합니까? 어떻게 마음을 다스려야 합니까?"

3장. 마음을 편하게 하는 법

【수보리의 의심】 앞에서 수보리는 2가지 질문, 어디에 마음을 머무르
게 하고, 어떻게 마음을 다스리는가를 여쭈었다. 이 질문에 대해 부처
님께서는 이 장에서 마음을 편하게 하는 법을 곧바로 제시하신다.

4장. 중생이 본래 있지 않다면, 도대체 누가 구제를 받는 것인가

【수보리의 의심】 보살이 중생을 구제할 때, 보시를 그 근본으로 삼고,
보시를 받는 것이 바로 중생이라고 부처님께서 가르치셨다. 하지만 중
생이 본래 있지 않다고 한다면, 보시를 대체 어느 누가 받는 것일까. 부
처님께서 말씀하셨다. "보살이 보시할 때, 중생이라는 헛된 망상에 집
착해서는 안 된다."

5장. 중생이 본래 있지 않다면, 어떻게 복을 받을 수 있는가

【수보리의 의심】 만일 그 어디에도 머무르지 않는다면, 어떻게 복을
받을 수 있을까. 이렇게 수보리는 의심한다. 이에 부처님께서는 어디에

도 집착하지 않는다면, 이를 통해 얻는 복은 그 무엇보다 크다고 강조하신다.

6장. '형상에서 벗어난 수행'으로, 어떻게 '형상 있는 과보'를 구할 수 있는가

【수보리의 의심】보시함으로써 복을 짓고 중생을 두루 교화하는 것은 위로 부처의 과보(果報)를 구하기 위함이라고 말한다. 하지만 중생이 본래 공(空)하여 보시하는 사람, 보시받는 사람, 보시되는 물건 3가지가 있지 않으니, 수행의 인(因)이 허깨비라고 부처님께서 말씀하셨다. 그렇다면 '형상에서 벗어난 수행'(無相之因)으로 어찌 '형상 있는 과보'(有相之果)를 구할 수 있겠는가. 하물며 여래의 몸은 그 모습이 수보리의 눈앞에 완연하거늘, 형상 없는 것으로 어찌 얻을 수 있겠는가. 이런 의문은 수보리가 여래를 형상으로 보기 때문이다. 부처님께서는 이런 의문을 해소하신다.

7장. '형상에서 벗어난 수행'으로, 어떻게 '형상에서 벗어난 과보'에 계합할 수 있을까

【수보리의 의심】만일 '형상에서 벗어난 수행'으로, '형상에서 벗어난 과보'에 계합한다고 하면, 이는 매우 심오해 믿기도 쉽지 않고 이해하기도 어렵다. 그래서 수보리는 의문을 또다시 제기한다.

8장. 부처도 없고 진리도 없다면, 어떻게 부처님이 세상에 출현해 깨달음을 성취해 가르침을 베푸는 것인가

【수보리의 의심】여래는 형상에서 벗어나 있고, 진리 또한 취하기 말라는 가르침을 듣고서 수보리는 다음과 같이 마음속으로 의심한다. 만일 부처와 진리 둘 다 형상이 없다고 했으니, 곧 부처도 없고 진리도 없

거늘, 어떻게 부처님께서는 이 세상에 나와 깨달음을 성취해 가르침을 베푸시는 것일까. 어째서 부처도 없고 진리도 없다는 것일까. 이와 같이 부처님 말씀에는 모순이 있지 않느냐고 수보리는 의심한다. 그래서 부처님께서는 그의 의심을 근본적으로 해소하신다.

9장. '형상에서 벗어난 복덕'이 어떻게 7가지 보배 보시보다 뛰어날 수 있는가
【수보리의 의심】 수보리는 부처도 없고 진리도 없다는 것을 이미 이해 했지만, 조금도 거짓 없는 그 자리에 계합한 사람이 어떻게 뛰어난 복덕을 얻는지는 알지 못한다. 그래서 부처님께서는 형상에서 벗어나는 것을 가르치신다.

10장. 부처님께서 지난날 성문이 되면 열반에 머문다고 하셨으니, 머물 수 있는 진리와 과보가 있는 게 아닌가. 지금 여기에서는 왜 갑자기 진리와 과보를 부정하는가
【수보리의 의심】 이미 진리(法)도 말할 수 없다고 했고 부처(佛)마저 부정했으니, 둘 다 얻을 수 없다. 또한 세존께서 지난날 제자가 성문(聲聞)의 경지에 있을 때, '4가지 성스런 진리'(四聖諦)를 말씀하셨으니, 이는 곧 진리(法)에 해당된다. 제자들은 진리에 의지해 수행하여 과보를 얻은 것이다. 제자들은 열반을 구해 열반에 머물렀다. 세존께서는 왜 "모두 틀렸다"(一切皆非)고 힐책하셨을까. 왜냐하면 그 자리에서 부처님 말씀을 듣는 제자들이 열반에 대해 분별을 일으켰기 때문이다. 세존께서는 소승이 얻는 작은 과보를 수보리에게 되물음으로써 이런 의심을 풀어 주신다.

11장. 부처의 과보에 머물러서는 안 된다면, 어째서 석가모니께서는 지난날 연

등불로부터 미래에 성불하리라는 수기를 받으셨는가

【수보리의 의심】 부처님께서 지금까지 가르치신 바대로 부처의 과보
는 머물 곳이 아니라는 것이 명확해졌다. 이미 과보를 조금도 얻은 바
가 없다면, 어째서 석가모니 부처님께서는 연등불로부터 미래에 성불
하리라는 수기(授記)를 받으셨는가. 부처의 경지는 성취해야 되는 것이
고, 부처의 깨달음은 이루어야 할 것이라면, 어째서 그 과보에 머물러
서는 안 된다는 것일까. 그래서 부처님께서는 아무것도 얻은 바 없다고
답하심으로써 이런 의심을 녹여 버리신다.

12장. 깨달음에 머물러도 안 되고, 부처 과보도 얻는 게 아니라면, 도대체 왜 보살행을 해야 하고, 불국토를 장엄해야 하는가

【수보리의 의심】 깨달음에 집착해서는 안 되고, 부처의 과보도 얻는
것이 아니라면, 불국토(佛國土)를 장엄할 필요가 없거늘, 세존께서는
어째서 수보리에게 보살행을 하고, 불국토를 장엄하게 하라고 가르치
셨을까.

13장. 불국토를 장엄할 수 없다면, 보신 부처님께서는 어디 계시는가

【수보리의 의심】 이와 같이 불국토를 장엄하지 않는다면, 어디에도 불
국토는 있지 않을 것이다. 그렇다면 천장(千丈)이나 되는 부처님께서는
어디에 계시는가. 이는 보신(報身) 부처님이 반드시 실제로 어디엔가
머무른다는 의심이다.

14장. 법신이 형상이 없다고 하면, 법신은 어디에서 볼 수 있는가

【수보리의 의심】 법신은 형상을 초월했다고 하는데, 법신은 형상이
있지 않다고 한다면, 곧 아무것도 없는 단멸(斷滅)에 떨어지고 만다.

아무것도 없고 아무런 형상도 없다면, 도대체 어디에서 법신을 볼 수 있는가. 대중이 이렇게 의심을 일으키자, 부처님께서는 이를 해소하신다.

15장. 부처는 형상을 초월한다면, 지금 수보리가 보고 있는 부처님은 도대체 무엇인가

【수보리의 의심】 법신은 아무런 형상이 없기에, 이를 부처라 이름한다고 했다. 만일 형상을 초월한 것이 부처라고 한다면, 지금 눈앞에 보이는 부처님의 32상이 어떻게 부처님의 모습일 수 있는가. 수보리는 이렇게 의심한다. 이는 화신(化身)을 부처님의 참모습으로 착각한 것이다. 이에 부처님께서는 다음에서 법신과 화신이 하나임을 말씀하심으로써 의심을 타파하신다.

16장. 어떻게 생명까지 버리면서 보시할 수 있을까

【수보리의 의심】 앞에서 부처님께서는 보시를 말씀하시면서 6가지 티끌(六塵)에 관련된 보시는 '재물 보시'(外施)라 하셨다. 다른 사람에게 주기 어려운 재물을 선뜻 보시한다면, 이 또한 복덕을 쌓는 일이다. 그러나 세존께서는 형상에 집착하지 말라고 말씀하셨고, 형상에 머물지 않는 보시의 공덕이 훨씬 크다고 하셨다. 또한 7가지 보배로 세상을 가득 채운다 해도, '형상에서 벗어난 보시'의 복덕에 비할 수 없다고 하셨다. 더욱이 갠지즈강 모래알만큼이나 자주 자기 생명을 보시하더라도, 그에 견줄 수 없다고 하셨다. 자기 목숨을 던지는 것은 생명을 보시하는 것으로, 재물 보시에 비해 생명 보시는 쉽지 않다. 그래서 어떻게 자기 목숨까지 던질 수 있을까, 라고 수보리는 의심했다.

　이에 세존께서는 수보리의 의심을 낱낱이 짚어 보시고 의도적으로 인욕을 말씀하므로써 그의 의심을 해소하신다. 자기 몸을 베고 끊어도 성내지 않고, 또 아무런 원한이 맺히지도 않는다면, 더 이상 '자기에 대한 애착'이 없는 것이다(我空). 바로 이것이 수보리의 의심이었다. 경전에서는 더 나아가 보살의 두 집착, '자기에 대한 애착'(我執)과 '법에 대한 애착'(法執)까지 소멸시키고자 한다. '자기에 대한 애착'이란 곧 '오온(五蘊)으로 된 육신'을 자기 자신으로 간주하는 것이다. '오온으로 구성된 육신'을 자기라고 세상 사람은 간주하지만, 이는 거짓된 명칭에 불과하다. 사람들은 오온이 대상으로 실제로 존재한다고 착각한다. 앞에서는 거짓된 이름을 소멸시켰다. 이제는 몸을 베고 끊는 것을 통해 '오온이 실제로 존재하지 않음'을 부처님께서는 밝히신다.

17장. 일체가 공하다면, 수행을 한다고 해서 어떻게 과보를 증득할 수 있을까

【수보리의 의심】 이와 같이 모든 형상에 머물지 않을 때 일체가 모두 공(空)하게 되고, 일체가 공해진다면 깨달음을 증득하는 주체의 지혜 또한 공하게 될 것이다. 이처럼 아무것도 없다고 한다면 어찌 수행을 한다고 해서 과보를 증득할 수 있겠느냐고 수보리는 갸우뚱한다. 진실로 세존의 말씀을 믿어야 함에도 수보리가 이렇게 의심하자, 여래께서 증득한 경계는 결코 헛되지 않다고 밝히신다.

18장. 어디에도 집착하지 않는 마음으로, 어떻게 반야에 계합할 수 있을까

【수보리의 의심】 어디에도 집착하지 않고서 마음을 쓴다면, 어디에도 머물지 않는 이 마음이 어떻게 반야에 계합할 수 있을까, 라고 수보리는 의심한다. 이에 부처님께서는 이런 의심을 풀어 주신다.

제2부

이렇게 해서 제1부가 마무리되었다. 19장에서부터 제2부가 시작된다. 집착에는 아집과 법집이 있다. 아집과 법집에는 제각기 '거친 번뇌'와 '미세한 번뇌' 2가지가 있다. 제1부에서는 '거친 2가지 번뇌'를 소진시켰다. 제2부에서는 '미세한 아집과 법집'을 어떻게 해소하는지 수보리가 질문한다. "어디에 마음을 머무르게 해야 합니까? 어떻게 마음을 다스려야 합니까?"(19장) 이 질문은 제1부 질문(2장)과 똑같은 물음이다. 제1부 질문은 처음으로 발심한 보살이 지니는 의문으로, '거친 2가지 번뇌'를 물었다. 제2부 물음은 '반야를 증득한 보살'이 지니는 '미세한 2가지 번뇌'에 관한 의문이다. 똑같은 질문이지만, 의심 내용이 이렇게 서로 다르다.

19장. 어디에도 머물지 않는 마음으로 부처의 마음에 계합할 수 있을까

【수보리의 의심】 또한 어디에도 머물지 않는 이 마음이 설령 반야라 할지라도, 그런 마음으로 어떻게 부처의 마음에 계합할 수 있을까. 이 의문을 부처님께서는 타파하신다.

20장. 깨달음은 얻는 게 아니라면, 부처님께서 얻으신 깨달음은 어떻게 된 것인가

【수보리의 의심】 이와 같이 실로 깨달음은 구하는 게 아니라면, 우리가 얻은 반야는 부처님의 가르침이 아닌가. 연등불께서 세상에 계실 때, 이 가르침에 의해 깨달음을 얻으리라는 수기를 세존께서는 얻으신 게 아닌가. 그렇다면 무엇 때문에 어느 하나도 얻은 바가 없다고 말씀하시는가. 이런 의문을 부처님께서는 풀어 주신다.

21장. 성불의 인이 없다면, 어떻게 깨달음의 과보를 얻을 수 있을까

【수보리의 의심】 반야의 가르침이 성불의 참된 원인이라고 말씀하신다. 이제 이런 진리가 없다고 한다면, 그 원인 또한 없게 된다. 이처럼 성불의 원인이 없다면, 어떻게 깨달음이란 과보를 얻을 수 있을까. 법신은 인과에 속하지 않는다는 말로 부처님께서는 이 의문을 해소하신다.

22장. 중생 제도가 없는 것이라면, 중생 제도를 위해 존재하는 보살은 어떻게 된 것인가

【수보리의 의심】 "그 무엇을 지향하는 발심이 용납되지 않는다"는 부처님 말씀을 듣고서, 중생을 제도하기 위해 보살은 존재하는 게 아닌가, 라고 수보리는 의심한다. 이미 중생 구제가 있지 않을진대, 어째서 보살이란 호칭이 있게 되었을까. 부처님께서는 무아, 무법이란 말씀으로 수보리의 의심을 타파하신다.

23장. 부처님의 5가지 눈으로 보는 세계와 중생이 마땅히 있어야 하지 않은가

【수보리의 의심】 만일 보살이 중생을 제도하지도 않고 국토를 청정하게 하지도 않는다면, 여래께서는 어떻게 '5가지 눈'(五眼)을 지니실 수 있는가. 중생은 '육신의 눈'으로 보지만, 여래의 5가지 눈은 이와는 다르다는 말씀으로 수보리의 의심을 풀어 주신다.

24장. 중생과 국토가 있지 않다면, 복을 받을 수 없고, 수행할 필요도 없지 않은가

【수보리의 의심】 부처님께서는 장엄할 국토도 없고, 제도받을 중생도 없다 하여 집착을 낳게 하셨다. 하지만 수보리는 이런 세존의 말씀을 듣고 다음과 같이 생각한다. 중생과 국토가 있지 않다면, 보시를 해도 복을 받을 수 없고, 또 애써 수행할 필요도 없지 않느냐는 것이다. 이에

세존께서는 '복 아닌 복'(無福之福)이야말로 매우 광대하다는 말씀으로 수보리의 의문을 소진시키신다.

25장. 중생과 국토 같은 성불의 인이 없고, 깨달음도 없으니, 과보도 없어 인과가 끊어져 부처도 없다. 그렇다면 부처님 32상은 어떻게 해서 있는 것인가

【수보리의 의심】 형상에 집착하지 말고, 중생을 제도하려 하지 말며, 국토를 장엄하려 하지 말라는 가르침을 들은 수보리는 다음과 같이 의심한다. 중생 제도와 국토 장엄은 곧 성불의 인(因)이고, 이로 인해 갖가지 복덕은 장엄의 과보(果報)를 구축하게 된다. 하지만 이제 제도할 중생이 없고, 장엄할 국토가 없다고 했다. 이는 성불의 인이 없다는 말이다. 또 증득할 깨달음마저 없다고 했다. 이는 과보가 없다는 뜻이다. 이와 같이 인과가 끊어졌으니, 부처 또한 없게 된다. 그렇다면 지금 눈앞에 보이는 부처님의 32상은 대체 어떻게 해서 있게 된 것인가. 수보리는 이런 식으로 갸우뚱한다. 이에 부처님께서는 32상으로 여래를 보아서는 안 된다고 말씀하심으로써 수보리의 의심을 해소하신다.

26장. 부처님을 형상으로 볼 수 없다면, 도대체 누가 설법하는가

【수보리의 의심】 부처님께서는 본래 형상 너머에 계시어 볼 수 없다는 말을 듣자, 수보리는 이미 형상이 없다면, 대체 누가 설법을 하는가, 라고 의심한다. 이에 부처님께서는 한마디도 말한 바 없다고 설파하신다.

27장. 미래의 중생이 오묘한 진리를 믿을 수 있을까

【수보리의 의심】 법신은 이미 한마디도 말한 바 없고, 아무것도 제시한 바가 없으니, 가르침이 매우 깊고 오묘함을 수보리는 알게 되었다. 다만 수보리는 미래의 중생이 이 진리를 믿고 받아들일 수 있을지 의심

한다. 이에 세존께서는 중생이 어디 있는가, 라는 말로 그의 의심을 해
소하신다.

28장. 법신이 어디에도 없다면, 깨달음을 어떻게 얻을 수 있을까

【수보리의 의심】 법신은 그 어디에도 있지 않으니, 어떻게 선을 닦아
깨달음을 증득할 수 있을까. 부처님께서는 "아무것도 얻은 바 없고 본
래 평등하다"는 말씀으로 이 의심을 풀어 주신다.

29장. 선을 닦아도 깨달음을 얻지 못하는 게 아닌가

【수보리의 의심】 선(善)이 이미 선이 아니라면, 무엇을 행해야 하는가.
여기서는 반야에 통달하는 것이 가장 뛰어나다고 지적하신다.

30장. 중생과 부처가 평등하다면, 부처님께서 어떻게 중생을 제도할 수 있는가

【수보리의 의심】 앞에서 중생과 부처가 평등하다는 부처님의 말씀을
들은 바 있다. 이와 같이 평등하다면, 중생은 없는 셈이다. 그렇다면 어
째서 여래께서는 중생을 제도한다고 하시는가. 이는 자기와 사람에 대
한 집착이 아닌가. 부처님께서는 자기와 사람에 대한 미혹에서 벗어나
라는 말씀으로 수보리의 의심을 타파하신다.

31장. 지금 수보리 눈앞에 있는 32상을 갖춘 분이 여래가 아닌가

【수보리의 의심】 법신은 이미 '자기에 대한 애착'이 조금도 남아 있지
않고 부처님을 형상으로 볼 수 없다면, 지금 수보리 눈에 보이는 32상
을 지닌 분이 부처님이 아니라면 도대체 무엇이란 말인가. 수보리는 이
렇게 의심한다.

32장. 법신은 실제로 없는 게 아닌가

【수보리의 의심】 "법신과 보신은 형상이 없고, 화신은 참되지 않다"는 부처님 말씀을 들은 수보리는 '법신은 단멸(斷滅)'이라고 짐작하고 있다. 따라서 수보리는 법신이란 '참된 자아'(眞我)에 계합하지 못하게 된다. 이에 부처님께서는 단멸이 아님을 밝혀 그의 허물을 벗겨 주신다.

33장. 수보리 눈앞에서 여래는 지금 움직이고 있는 게 아닌가

【수보리의 의심】 자기가 없고 복을 받지도 않는다 했지만, 지금 수보리의 눈앞에서는 부처님께서 머무르고 앉아서 움직이고 계신다. 바로 이분이 부처님 아니겠는가. 이는 3가지 몸(三身)이 같기도 하고 다르기도 하다는 미혹이 아직 없어지지 않은 것으로, 평등한 법신을 제대로 알지 못했기 때문이다.

34장. 법신은 형상으로 볼 수 없다면, 부처님께서는 왜 '4가지 번뇌'를 말씀하시는 것일까

【수보리의 의심】 이와 같이 법신이 평등하고 모든 것이 실제로 있지 않아 볼 수 없다고 하셨는데, 왜 부처님께서는 '4가지 번뇌'(四相)를 말씀하시는 것일까. 수보리 마음속의 이런 의문을 읽으신 세존께서는 먼저 질문을 던져 그의 미혹을 타파하신다.

35장. 화신 부처님은 법신 경계에 도달하지 못한 게 아닐까

【수보리의 의심】 수보리는 이미 법신 전체를 깨닫기는 했지만, 법신은 설법하지 않고 화신(化身)이 설법하고, 화신의 가르침은 법신 경계에 이르지 못한다고 의심한다. 그렇다면 어떻게 이 가르침으로 복덕을 얻을 수 있을까. 그래서 부처님께서는 '3가지 몸이 곧 하나'(三身一體)이

므로, 화신 부처님의 가르침도 진실되다고 지적하신다.

36장. 적멸한 법신이 어떻게 설법할 수 있는가

【수보리의 의심】 법신은 적멸(寂滅)하거늘, 어떻게 적멸한 법신이 설법할 수 있을까. 이에 부처님께서는 정관(正觀)을 제시하신다. 반야의 공적(空寂)한 이치는 모든 것이 허망하다는 가관(假觀)으로부터 들어간다. 현상(假)으로부터 공(空)에 들어가므로, '참된 공'(眞空)이라 일컫는다. 현상(假)은 진리(眞)를 바탕으로 하기 때문이다.

금강경

금강반야바라밀경[1)]

金剛般若波羅密經

1) '금강'(vajra)은 금강이라는 보석, '반야'(prañā)는 부처의 지혜를 뜻한
다. 반야는 세간의 지식과는 크게 다르다. 비유하자면, 지식은 촛불이나
형광등에 해당하고, 반야는 태양 광명같이 밝게 빛나는 생명의 빛이다.
'바라밀'(pāramitā)은 고통스러운 세상의 삶에서부터 영원히 평화로운
세상, 저 언덕으로 건너간다는 뜻이다. '경'(sūtra)은 부처님 가르침을 기
록한 책이다.

감산풀이 금강 두 자는 일반적으로 견고해서 무엇이든지 끊는다는 뜻
으로 풀이되고 있는데, 이는 지나치게 폭넓게 해석한 것이다. 서역 지
방에는 실제로 금강이라 불리는 보석이 있다고 한다. 이 보석은 지극히
견고해 부서지지 않고, 또한 어느 것이라도 자를 수 있다. 예컨대 이 보
석을, 모든 번뇌를 소진시키는 반야에 비유한다면 의미상으로는 가깝
기는 할지 모르겠으나, 부처님의 뜻과는 여전히 거리가 있다. 이는 단
지 세간의 습속에서 유행하는 견해에 불과할 따름이다.

반야란 지혜를 뜻하는데, 한마디로 부처의 마음, 부처의 지혜를 의
미한다. '피안에 도달한다'는 뜻인 바라밀은 이 마음이 지극히 다한
경계를 뜻한다. 따라서 이 경전의 제목 "금강반야바라밀경"은 이 책이
오직 부처의 금강심(金剛心)을 현시하고 있음을 보여 주고 있다. 더구
나 이 금강심이란 비로 부처님께서 닦고 깨달아 얻으신 어래의 본래 마
음(本心)인 것이다. 세존께서 세상에 나와 중생을 교화하신 것 또한 오
로지 이 마음에 의해서였다. 세존께서는 이 경전에서 보살에게 금강심

으로 수행하여 대승의 문에 들어가라고 가르쳐 보살로 하여금 의혹을 끊도록 하셨다.

이 마음은 세간 중생의 그것과는 달라 세상의 어느 누구도 부처님을 알지 못하고 더구나 부처님께서는 세간에 속하지도 않으신다. 그래서 세존께서 이 세상에 나오자 사람마다 의혹을 품은 것이다. 예컨대 일상에서 세존의 행동 하나하나가 사람과 같지 않고 말씀도 행동도 또한 달랐다. 이와 같이 일거수일투족이 상반되므로 세존에 대해 의심을 품게 되었는데, 하늘의 마왕(魔王)은 세존을 해치려 했고, 제바달다(提婆達多)와 아사세(阿闍世)는 부처님을 죽이려 했으며, 사람마다 입을 모아 세존을 비방했다. 그러므로 "내가 세상에 나오자 하늘, 사람, 아수라, 외도, 마왕 모두가 두려워 의심했다"고 세존께서는 말씀하셨던 것이다.

또한 제자 가운데 가섭 같은 뛰어난 제자마저도 의심을 품었다. 왜냐하면 세존께서 설법하실 때 공(空)이라고도 했다가 유(有)라고도 했고, 어느 때는 옳다고 했다가 다른 때는 틀리다고 했으며, 혹 칭찬하기도 했다가 혹 비판하기도 했고, 한 번은 권장했지만 다른 때는 힐책하기도 하는 등 세존께서는 일정하게 말씀하지 않으셨기 때문이다. 따라서 여러 제자가 부처님의 이런 말씀을 듣고 모두 의심을 품어 "혹시 악마가 부처로 나타나 우리를 어지럽히고 괴롭히는 것은 아닐까?" 하여 믿지 않게 되었다. 가섭같이 뛰어난 제자도 이와 같이 의심했으므로, 세존의 가르침을 처음 듣는 사람들이 믿고 이해하기란 지극히 어려웠을 것이다.

그런데 부처님께서 세상에 나와 법을 전하신 지 20여 년이 지난 뒤에도 제자들은 여전히 의심을 풀지 않고서 원한마저 갖고 있었다. 그러던 중 운 좋게도 어느 날 수보리가 무언가를 본 게 있어 세존을 찬탄하였다. 이에 세존께서는 그 의심을 풀어 주기 위해 이 경전을 설법하여 자신의 금강심(金剛心)을 드러냄으로써 그들로 하여금 이를 깨달아 더

이상 의혹하지 않게 하고자 하셨다.

그러므로 이 《금강경》에는 부처의 마음이 단적으로 제시되어 있는데, 세존께서는 이 경전에서 불교를 공부하고 있는 제자의 의혹을 하나도 남김없이 제거하고 있으시기는 하지만, 반야가 중생의 번뇌를 뿌리 뽑는 것에 대해서는 상세히 말씀하시지 않았다. 왜냐하면 이 경전에는 수보리가 지닌 부처의 마음에 관한 의문이 다루어지고 있을 뿐, 지혜로써 중생의 번뇌를 끊는 것을 말하지 않기 때문이다.

이런 이유로 "금강반야바라밀경"이란 이 경전의 제목은 진리를 곧바로 가리키고(直指) 있을 뿐, 금강이란 비유를 사용하고 있는 것은 결코 아니라는 뜻이다. 다만 제자의 의심이 사라질 때 중생의 번뇌 또한 소멸될 것이기에, 이 경전은 단지 의심을 끊고 믿음을 일으키는 것을 위주로 하고 있다. 왜냐하면 진리를 배우는 사람에게는 믿음이 근본이기 때문이다. 의심을 일으키면 장애가 생기기 마련이다.

의심에는 3가지가 있는데, 첫째 진리를 말하는 세존에 대한 의심(疑人), 둘째 진리에 대한 의심(疑法), 셋째 자기 자신에 대한 의심(疑己)이다. 첫째 의심은 사람들이 제대로 알지 못하고 있기 때문에 생긴다. 예를 들면 세존께서 말씀하시는 색신(色身), 법신(法身), 대신(大身), 소신(小身) 가운데 어떤 것이 참다운 부처인지 모르는 것이다. 바로 이것이 부처에 대한 의심이다. 둘째 의심은 세존께서 설법하실 때 유(有)를 말했다가 다시 공(空)을 말하기도 하고, 공을 강조하는 듯하시다가 다시금 불공(不空)을 말씀하시는 등 한결같지 않으시자 의심을 일으키는 것이다. 이는 진리에 대한 의심이다. 셋째 의심은 세존의 가르침을 듣고 믿음을 내어 진리는 의심하지 않기는 하지만, 진리의 위대함을 보고서 자기 자신은 협소해 이를 감당할 수 없다 하여 수행하지 않는 것이다 .이는 자기 자신에 대한 의심이다.

이 경전에는 이런 3가지 의심이 제기되어 있는데, 부처님께서는 수보리가 이와 같은 의심을 일으킬 때마다 곧 타파하시어 단숨에 뿌리뽑아 버리신다. 이른바 의혹이 근원적으로 소진되어야 반야의 실제적 지혜에 도달할 수 있기 때문이다. 바로 이것이《금강경》의 핵심이기도 하다.

《금강경》을 풀이한 사람은 지극히 많았지만 모두 부처님의 뜻에 부합되지는 못했다. 하지만 서역의 천친(天親) 보살만이 27가지 의심으로 이 경전을 풀이하였는데, 이는 세존의 뜻에 지극히 계합한다. 부처님께서 이 경전을 말씀하셨고 천친 보살이 세존의 뜻에 맞게 풀이했으나, 중국에 전해져 번역 능력이 상이한 사람들에 의해 옮겨질 때 제대로 그 뜻이 표출되지 못했다. 한문 문장을 읽으면 도리어 의심만 북돋을 뿐 배우는 이가 제대로 이해할 수 없었다. 그처럼 미묘하고 깊은 뜻을 어찌 언어 문자로 전할 수 있겠는가. 한번 문자에 끌려 다니기 시작하면, 곧 나무에서 떨어진 낙엽처럼 아무짝에도 쓸모가 없으리라. 하잘것없는 언어에 집착하는 사람이 어찌 오묘한 이치를 얻을 수 있겠는가. 이렇기 때문에 주석서를 짓기가 어려운 것이다. 예컨대 어떤 사람의 행장을 쓸 때 일생 동안 일어난 사건은 적을 수 있겠지만, 그의 내면세계를 묘사하기란 쉽지 않은 것과 마찬가지이다.

따라서 이 경전을 풀이함에서 먼저 해야 할 것은, 수보리가 지닌 의심을 무엇보다 먼저 제시하는 일이다. 만일 그의 의혹이 그대로 노출된다면 수보리의 의심을 해소하시는 부처님의 가르침은 저절로 명백해질 것이다. 그러므로 이 책에서는 본문을 해설하기에 앞서 수보리의 의혹을 제시하고 각 장마다 그 의심의 자취를 집어내어 깨뜨리고자 한다. 그러므로 이 책의 독자는 언어 문자를 떠나 그 깊을 뜻을 포착하여 마땅히 근본에 계합해야 할 것이다.

1. 제1부: 1장-18장

제1부는 처음 1장부터 18장까지, 제2부는 19장부터 마지막 36장까지.
《금강경》 법회는 수보리가 부처님께 다음 질문을 드리면서 시작된다.
"어디에 마음을 머무르게 해야 합니까? 어떻게 마음을 다스려야 합니
까?" 이 질문이 두 번 나온다. 제1부와 제2부는 이 질문을 기점으로 해
서 나뉜다. 처음 나오는 질문(2장)은 2가지 번뇌 중 '거친 번뇌'와 관
계된다. 제1부는 이 질문에 대한 부처님의 답변이다. 두 번째 나오는
똑같은 질문(19장)은 2가지 번뇌 중 '미세한 번뇌'에 관한 질문이다.

1장. 법회 인연

【수보리의 의심】 불교 경전은 일반적으로 "이와 같이 나는 들었다"는
말로 시작하면서, 법회가 열린 장소와 참석자를 먼저 소개한다. 부처님
께서 공양을 위해 직접 걸식하고 공양을 마친 다음, 자리에 앉아 법문
을 준비하신다.

이와 같이 나는 들었다.[1] 어느 때[2] 부처님께서는 사위국 기수급
고독원에서[3] 뛰어난 비구 1250명과 함께 계셨다.

如是我聞,　一時,　佛在舍衛國,　祇樹給孤獨園,　與大比丘衆,
여시아문　　일시　　불재사위국　　기수급고독원　　여대비구중

千二百五十人俱.
천이백오십인구

---

1) "이와 같이 나는 들었다"는 말은, 아난존자가 《금강경》 법문을 부처님으
　로부터 들었다는 뜻이다.
2) '어느 때'란 부처님과 제자들이 모인 그때를 말한다.
3) 사위국은 파사익 왕이 다스린 나라로, 부처님이 세상에 계실 당시 인도 중
　부 지방에 있었던 'kosala' 국의 수도 'śrāvastī'를 가리킨다. 기수급고독
　원에서 기(祇)란 기타 태자(祇陀太子), 수(樹)는 기타 태자가 보시한 나
　무이므로, 기수(祇樹)는 기타 태자가 조성한 숲을 뜻한다. '급고독'(給孤
　獨)은 '수달 장자'(須達長者)의 다른 이름으로, 그는 가난하고 어려운 사
　람을 도와주었기에, 이렇게 불리었다. 정원(園)이 원래 그의 소유였기에
　'급고독원'(給孤獨園)이라 불린다. '급고독원'은 어려운 사람을 잘 도와
　준 수달 장자가 건립한 사찰을 뜻한다.

감산풀이 부처님께서 세상에 계실 때 설법하는 장소와 참석한 사람 숫자를 말하고 있다. 여러 주석서에서 상세히 논하고 있으므로, 여기서 새삼스레 반복하지는 않겠다.

그때 세존께서는 공양 시간이 되자, 가사를 입으시고, 발우를[1] 드시고, 사위성에 들어가 걸식하실 적에 성 안에서 차례대로 걸식을 마치셨다.[2] 다시 본래 머물던 곳으로 돌아와[3] 공양을 하신 뒤 가사와 발우를 제자리에 놓으시고 발을 씻은[4] 다음, 자리를 펴고 앉아 선정에 드셨다.[5]

爾時, 世尊, 食時, 着衣持鉢, 入舍衛大城, 乞食, 於其城中,
이시   세존   식시   착의지발   입사위대성   걸식   어기성중
次第乞已. 還至本處, 飯食訖. 收衣鉢, 洗足已, 敷座而坐.
차제걸이   환지본처   반사흘   수의발   세족이   부좌이좌

---

1) 발우는 절에서 스님들이 소지하는 밥그릇으로, 주로 나무로 만든 목발우를 사용한다. 바리때, 발다라, 바리 등 다양한 명칭으로 부르기도 했다.

2) 걸식은 불교의 독특한 공양, 즉 식사 방식이다. 걸식은 부처님께서 겸허하게 모든 중생에게 하심(下心)함을 뜻한다. 부처님께서는 평생 동안 걸식을 하셨다. 다른 경전에는 걸식 이야기가 거의 나오지 않는다.《금강경》의 무아(無我), 무상(無相), 무주(無住) 가르침을 보다 분명하게 제시하기 위해 처음부터 걸식을 제시했다. 걸식은 자기 자신를 내려놓아야 가능하기 때문이다. 미얀마, 태국, 스리랑카 같은 남방 불교에서는 지금도 부처님 당시처럼 걸식을 하고 있다. "차례대로 걸식을 마쳤다"는 것은 부잣집과 가난한 집을 가리지 않고 평등하게 걸식했다는 뜻이다. 걸식은 일곱 집을 넘지 않아야 된다. 일곱 집에서 걸식했으면, 걸식하기 위해 다른 집을

방문하지 않는다는 말이다. 아난은 가난한 사람에게 복덕을 쌓도록 하기 위해 가난한 집만 골라 걸식했고, 가섭은 부자에게 보시 공덕을 쌓도록 하기 위해 부자집만 골라 걸식했다고 한다.

3) "다시 본래 머물던 곳으로 돌아온다"는 말은 신도 집으로부터 초청받은 비구를 제외하고 여러 비구가 사람들의 처소로 내려가지 못하게 하기 위함이다.

4) '발을 씻음'은 여래가 보통 사람과 똑같음을 보여 주기 위함이다. 부처님 당시에는 맨발로 걸어 다녔다. 부처님과 제자 1250명이 사위성까지 맨발로 가서 탁발을 마치고 다시 돌아온 것이다. 미얀마에서는 지금도 스님들이 부처님 당시처럼 맨발로 걸어 다니고 있다. 인간이 형상에 집착하는 것은 발의 때 같은 것이다. 발을 씻는 행위를 통해 형상에 집착하는 중생의 상병(相病)을 치유하고자 한 것이다. 이 경전에서 제시하는 '4가지 번뇌'(四相)가 바로 중생의 상병이다.

5) "자리를 펴고 앉아 선정에 드셨다."(敷座而坐.) 이 구절을 자세히 검토할 필요가 있다. 산스크리트 번역은 다음과 같다. "결가부좌(結跏趺坐)를 하시고, 몸을 곧게 세우시며, 앞을 향해 주의력을 집중시키고, 마련된 자리에 앉으셨다." "두 다리를 가부좌하고, 몸을 곧바로 하여 정신을 집중하고 앉으셨다." 구마라집의 한문 번역은 단지 "자리를 펴고 앉으셨다"고만 했지만, 산스크리트 원문에서는 단지 앉는 것 이상으로 '집중', '좌선', '선정'을 말하고 있다. 따라서 한자 원문을 다음과 같이 옮긴 것이다. "자리를 펴고 앉아 선정에 드셨다."

이 단락에서 말하고 있는 '걸식', '발을 씻음', '선정' 3가지가 모두 이 경전 가르침을 펴기 위한 행위라고 할 수 있다. 결가부좌 좌선(坐禪)은 부처님 가르침의 출발점이다. 좌선과 명상은 인도의 모든 종교가 사용한 수행 방법으로, 불교도 이를 활용했다. 부처님께서도 보리수 아래서 좌선 수행하여 깨달음을 성취하셨다. 초기 불교의 3학(三學-계율, 선정, 반야 지혜), 6바라밀(六波羅蜜-보시, 지계, 인욕, 정진, 선정, 지혜)에서 선정과 정진이 좌선과 관계된다. 또한 불교가 중국에 전파되어 좌선을 기본으로 하는 선종이 크게 융성했던 사실 역시 간과할 수 없다. 따라서 부처님께서 제자들과 함께 맨발로 걸식하고, 다시 돌아와 바리때로 공양을 마치고, 발을 씻은 다음, "결가부좌 자세로 좌선하신 것"은 불교 의식에서 중요한 의미를 담지하고 있는 행위이다. 중국 선불교에서 유명한 선어록《몽산법어》에서는 좌선을 다음과 같이 풀이한다. "좌선이란 모름지기 지극한 선을 통달하여 환하게 마음이 깨어 있어야 한다. 모든 생각을 끊어 몽롱해지는 경계에 떨어지지 않는 것을 '좌'라 하고, 욕심의 세계에 있으면서도 욕심이 없고 번뇌 속에 있으면서도 번뇌를 떠나 있는 것을 '선'이라 한다. 바깥에서 어떤 경계도 들어오지 않고 안에서 어떤 마음도 내놓지 않는 것을 '좌'라 하고, 집착할 것도 없고 의지할 것도 없어서 늘 마음의 빛이 환히 드러나 있는 것을 '선'이라 한다."

감산풀이 부처님께서 세상에 계실 때 일상생활에서의 일거수일투족이 대중과 흡사해 조금도 다르지 않았다. 하지만 일상의 움직임 가운데 일반인과 같지 않은 바가 있음에도, 이를 아는 인물은 드물었다.

2장. 수보리, 가르침을 청하다

【수보리의 의심】 이 경전의 중심인물, 수보리는 부처님 10대 제자 중한 명으로, 공을 잘 이해하는 제자이다. 부처님께서 생활하시는 모습이 제자들과 다른 점이 있으셨지만, 제자들은 이를 알지 못하다가, 갑자기 수보리가 알아차렸다. 수보리가 이를 발견하고서 "희유하십니다"라고 찬탄했다. 수보리의 찬탄을 통해 부처님의《금강경》법회가 열리게 되었다. 여기서 수보리는 2가지 질문을 제기한다. "최상의 올바른 깨달음을 얻고자 하는 보리심을 일으키면, 마땅히 어디에 마음을 머무르게 해야 합니까? 어떻게 마음을 다스려야 합니까?"

그때 장로 수보리가[1] 대중 가운데 있다가, 자리에서 일어나, 오른쪽 어깨를 드러내고,[2] 오른쪽 무릎을 땅에 꿇으며, 합장한 뒤 부처님께 공손히 아뢰었다. "희유하십니다.[3] 세존이시여!"

時, 長老, 須菩堤, 在大衆中, 卽從座起, 偏袒右肩, 右膝着
시　장로　수보리　재대중중　즉종좌기　편단우견　우슬착
地, 合掌恭敬, 而白佛言: "希有世尊!"
지　합장공경　이백불언　　희유세존

---

1) '장로'(長老)란 '덕이 높고 연령이 많은 인물'을 말한다. '수보리' (subhūti)는 '공을 이해한다'(解空)는 뜻으로, 선현(善現) 등으로 의역되기도 한다. 부처님 10대 제자 중 한 명으로, 공을 제일 잘 이해하는 제자로 평가된다.《금강경》이 속한 반야 경전에서 공의 이해는 매우 중요하다. 이 경전에서 부처님과 대화하는 제자, 수보리가 바로 공의 이해가 제일 뛰어난 인물이므로, 대화 상대자로 선택되었다.

2) 왼쪽 어깨에 옷을 걸치고 오른쪽 어깨를 드러내는 것은 고대 인도의 예법
   으로, 오른쪽 어깨를 드러냄으로써 스승께 공경을 표시했다.

3) 이 구절의 의미에 대해 주석가들은 별다른 의미를 부여하고 있지 않지만,
   감산은 특별한 의미를 부여한다. 부처님께서는 대중들과 함께 똑같이 생
   활하셨지만, 다른 점이 있으셨다. 제자들도 이를 알지 못하다가 어느 날
   갑자기 수보리가 이를 알아차려 찬탄하였다. 수보리의 찬탄을 계기로, 부
   처님께서 《금강경》 법문을 하게 되셨다고 감산은 지적한다. 수보리는 왜
   찬탄하였는지, 또 그는 왜 무엇을 의심했는지 이 2가지가 이 경전 이해의
   핵심이라고 감산은 강조한다.

감산풀이   여래께서는 일상생활에서 대중과 조금도 다르지 않았지만,
한 가지 다른 점이 있으셨다. 사람들이 나날이 세존과 얼굴을 대함에도
이를 바로 알지 못했다.

바로 이날 수보리가 이를 발견하고서 "희유하십니다"라고 찬탄했다.
여래께서 여러 제자와 함께한 기간이 무려 20여 년이었음에도 아무도
알지 못했던 것이다. 어느 누구도 몰랐으므로, 세존의 일상생활을 그냥
간과해 단지 자신들과 다르지 않은 줄로만 알 뿐이었다. 따라서 세존의
가르침에 대해 매번 의심하기만 할 뿐 어느 누구도 믿지 않았던 것이
다. 만일 수보리가 제대로 보지 못해 질문을 하지 않았더라면, 참으로
어느 누구도 부처님을 제대로 알지 못했을지 모른다.

"여래께서는[1] 모든 보살을[2] 하나도 빠짐없이 보살펴 주시며 모
든 보살에게 낱낱이 부촉해 주십니다."[3]

"如來, 善護念諸菩薩, 善付囑諸菩薩."
여래   선 호 념 제 보 살   선 부 촉 제 보 살

---

1) '여래'(tathāgata)는 '이와 같이 가신 분, 이와 같이 오신 분'을 뜻한다. 중
국에서는 '중생 구제를 위하여 오신 분'으로 해석하여 '여래'(如來)로 옮
겼다.

2) '보살'(bodhisattva)에서 'bodhi'는 '깨달음', 'sattva'는 '중생'을 뜻한
다. 즉 보살은 위로는 깨달음을 구하고(上求菩提), 아래로는 중생 구제를
실천한다(下化衆生).

3) '호념'(護念)이란, '선행을 닦고 악업을 멀리하는 중생들을 부처님께서
갖가지 어려움을 없애 주시고 지켜 주시며 버리지 않으신다'는 뜻이다.
부처님께서는 설법을 마치신 다음, 청중 가운데 특정한 인물에게 그 법의
유통을 부탁하셨는데, 그것이 바로 '부촉'(付囑)이다.

감산풀이 수보리는 여기서 여래의 희유함을 찬탄하고 있다. 왜냐하면
그는 세존의 세심한 마음을 직접 보았기 때문이다.

보살이란 부처님의 가르침을 배우는 제자를 가리킨다. 예전에는 소
승에 머물다가 이제 막 대승의 마음을 일으켰기에, 이 보살들은 공(空)
을 아직 제대로 이해하지 못하고 있다. "여래께서 모든 보살을 하나도
빠짐없이 보살펴 주시는 것"(護念)은 다른 뜻은 없고, 다만 이 마음을
부촉하기 위해서이다. 부처님께서 모든 보살을 빠짐없이 살피신다는
말은 다음과 같은 의미이다. 예컨대 부처님께서 이 세상에 출현하신 것
은, 단지 일체 중생이 세존과 더불어 추호의 차이도 없고, 사람마다 성
불함으로써 비로소 자기 자신에게 본래 갖추어진 이 마음을 다할 수 있
음을 보여 주기 위함이다. 하지만 중생은 그 덕이 얇고 번뇌는 두터워
마음이 나약해 진리를 감내해 내지 못한다. 흡사 어린아이와 다름없다.
그래서 자애스런 어머니가 갓난아이를 돌보듯 부처님께서는 중생들을
보호하시는 것이다. 세존께서는 한순간도 방심하지 않고 항상 세세히

흡사 갓난아이라도 보살피듯 중생들을 보살피신다. 세존의 이와 같은 보살핌은 일체 중생이 모두 성불한 뒤라야 그친다. 그러므로 '부촉'이라 말했다.

수보리는 부처님의 이와 같은 보살핌을 자세하게 밝히지는 않았다. 세존께서 단지 은밀한 방편을 사용하여 가르치시는 까닭에 '낱낱이'라 지적하셨다. 그래서 경전에서는 다음과 같이 말했다. "나는 한량없이 무수한 방편으로 중생을 인도하여 일체 중생으로 하여금 일체지(一切智)에 도달하도록 할 것이다." 바로 이것이 보살피고 부촉한다는 뜻이다.

"세존이시여! 선남자와 선여인이[1] 최상의 올바른 깨달음을 얻고자 하는 보리심을 일으키면,[2] 마땅히 어디에 마음을 머무르게 해야 합니까? 어떻게 마음을 다스려야 합니까?"[3]

"世尊! 善男子, 善女人, 發阿耨多羅三藐三菩提心, 應云何
　세존　　선남자　　선여인　　발아누다라삼먁삼보리심　　응운하
住? 云何降伏其心?"
주　운하항복기심

---

1) 산스크리트 원문으로 보면, 선남자와 선여인은 '좋은 집안에 태어난 아들과 딸'을 뜻한다. 중국 불교에서는 선남자와 선여인이란 '바른 선정'(正定)을 체득함으로써 갖가지 공덕을 성취하여 조금도 장애가 없고, '바른 지혜'(正慧)로 말미암아 온갖 공덕을 일으키는 인물로 해석했다.

2) '아누다라삼먁삼보리'(anuttarā-samyak-sambodhi)에서 'anuttarā'는 '위 없이 높은, 가장 높은'(無上)을 뜻한다. 'samyak'은 '바르다'(正遍), 'sambodhi'는 '깨달음'(正覺)을 뜻한다. 따라서 '최상의 올바른 깨달음'(無上正遍正覺)을 의미한다.

3) "마땅히 어디에 마음을 머무르게 해야 합니까? 어떻게 마음을 다스려야 합니까?" 이 질문은《금강경》에서 중요한 핵심 질문이다. 제2부 19장에 다시 똑같은 질문이 나온다. 수보리는 온갖 중생의 번뇌가 마치 티끌이 허공에서 쉴 새 없이 요동하듯 출렁대고 흔들려 그 마음이 한순간도 편안하지 않음을 보았다. 그래서 수보리는 부처님께 이런 질문을 드린 것이다. 중생이 수행하고자 할 때, 어떻게 자기 마음을 다스려야 하는지 부처님께 질문을 드리게 되었다.《금강경》가르침의 핵심 주제는 바로 수보리의 이 질문에 있다. "깨달음을 얻고자 하면, 어디에 마음을 머무르게 해야 합니까? 어떻게 마음을 다스려야 합니까?" 수보리의 이 질문에 대해, 부처님께서는 "어디에도 머무르지 않으면서 마음을 쓰라"라고 답하신다. 중국적 선불교를 실질적으로 이끌었던 6조(六祖) 혜능(慧能)도 "어디에도 머물지 말고 자기 마음을 쓰라"는《금강경》가르침을 한 번 듣자마자, 그 자리에서 깨달았다.

감산풀이 여기서는 수보리가 특별히 '마음을 편안히 하는 방법'(安心法法)을 묻고 있다. 예전에 소승의 가르침에 안주했을 때는 단지 자기 자신만 구제했을 뿐 중생을 교화하지 않았으므로 그 마음이 좁았다. 이제 20여 년 넘게 여래의 가르침을 듣고서 갖가지 생각을 버리고 중생을 주제하려는 마음을 낸 것이다. 따라서 이처럼 광대한 마음을 지닌 인물을 보살이라 일컫는다. 보살들은 아래로 중생을 교화하고 위로는 성불함으로써 일체 중생을 구하고자 한다. 따라서 "보리심을 낸다"고 지적했다. 이 물음을 통해 수보리는 부처님 마음을 이미 믿고 있음을 우리는 알 수 있다.

하지만 이제 광대한 마음을 비록 내기는 했지만, 아직 '실상으로서의 참된 공'(實相眞空)을 알지 못해 '참된 공'(眞空)과 '치우친 공'(偏

空)의 차이 또한 모른다. 이전의 '치우친 공'을 이제 버리기는 했으나, 아직 '참된 공'을 얻지는 못했다. 소위 더 나아가더라도 새로 증득한 게 없고, 이전의 자리로 되돌아 오더라도 안식처를 잃은 격이다. 공(空)에 대해서 이처럼 혼란에 빠져 있는 것이다. 왜냐하면 언어 문자에 여전히 매여 있어 그 습기(習氣)를 떨쳐 내지 못했기 때문이다. 요컨대 어딘가에 머물려 하고 또한 무언가에 집착하려 하여 부처라는 과보(果報)를 얻고자 발버둥 친 것이다. 부처의 지위에 올라 그곳에 눌러앉고자 한 것이다. 또한 위로 깨달음을 얻고자 한다면 반드시 아래로는 중생을 교화하여 중생이 모두 구제되어야 비로소 성불할 수 있다는 말을 듣자, 눈에 보이는 온갖 삼천대천(三千大千)세계에는 중생이 이처럼 한량없거늘, 어느 세월에 모두 구제할 수 있겠는가, 하고 탄식하기만 할 뿐이다. 이와 같이 깨달음의 자리에 머물기 위해 쫓기므로, 그 마음이 편안하지 못해 제대로 다스리지 못하는 것이다.

수보리는 여기서 자기 마음을 어디에 머무르게 하고 자기 마음을 어떻게 다스리는 법만을 물었다. 이미 부처님 마음을 보고서 그 희유함을 찬탄한 그가 2가지 의문만을 제기한 것은 무엇 때문일까. 그것은 그 자리에 참석한 중생들이 모두 석가모니께서 이미 깨달음을 성취하신 것을 알고 있었기 때문이다. 세존께서는 이와 같이 날마다 편안히 지내시지만, 이제 발심해 부처가 되려는 수행인은 한순간도 마음이 편하지 않다. 이에 자기 마음을 어디에 놓아야 하고 자기 마음을 어떻게 다스려야 하는지, 수보리가 물은 것이다.

'마음을 편안히 한다'(安心)는 것은 과연 무슨 뜻일까. 이와 관련하여 중국의 두 번째 조사(祖師) 혜가(慧可) 대사와 첫 번째 조사 달마(達磨) 대사 사이의 유명한 대화가 전해진다.

혜가가 물었다.

"마음을 편안히 하는 법을 가르쳐 주십시오."

이에 달마 대사가 말했다.

"그대가 자신의 마음을 가져오면 내가 편안히 해 주겠다."

혜가가 답했다.

"아무리 제 마음을 이리저리 찾아보아도 얻을 수 없습니다."

그러자 달마 대사가 말했다.

"그대 마음은 이미 편안해졌네."

이와 같이 선문(禪門)에서는 단 한마디로 일을 끝내 버리는데, 이를 근본으로 삼고 있다. 세존께서는 다양하게 마음을 편안히 하는 법을 제시하셨다. 세존의 이런 가르침을 기록함으로써 불교 경전은 성립된 것이다. 아무리 샅샅이 뒤져 보더라도, 찾을 수 없는 게 바로 우리의 이 마음이 아닌가. 중국의 네 번째 조사 도신(道信) 대사까지는 《능가경》(楞伽經)을 대대로 전승하였지만, 다섯 번째 조사 홍인(弘忍) 대사와 여섯 번째 조사 혜능(慧能) 대사에 이르러 《금강경》을 마음의 근본(心印)으로 삼았다. 그러므로 이 《금강경》은 단지 문자가 적힌 책이 아니므로, 언어 문자로만 읽어서는 결코 안 된다. 이 경전에 실린 부처님 마음은 전적으로 언어를 떠난 그 자리에 있기 때문이다.

이 경전에는 "그대는 어떻게 보느냐?"라는 부처님의 질문이 자주 나오는데, 이는 제자들의 의심을 풀어 주기 위함이다. 부처님의 설법을 들으면서 중생은 의심을 일으켜 말로 표출하지는 않았지만 마음에 이미 이런 의구심이 꿈틀거리고 있음을 부처님께서는 간파하셨기 때문이다. 이를 '생각에 의한 분별'(意言分別)이라 일컫는데, 바로 언어 문자의 습기 때문에 일어난다.

부처님께서 말씀하셨다. "참으로 잘 말했고 참으로 잘 물었다,[1] 수보리여! 그대가 말한 바대로, 여래는 모든 보살을 빠짐없이 보살펴 주고, 모든 보살에게 낱낱이 부촉해 준다. 그대를 위해 말할 테니, 내 말을 잘 들어라. 선남자와 선여인이 최상의 올바른 깨달음을[2] 얻고자 하는 보리심을 일으키면, 응당 마음을 이렇게 머무르게 해야 하고, 마음을 이렇게 다스려야 한다.[3]"

佛言 : "善哉! 善哉! 須菩提! 如汝所說, 如來, 善護念諸菩薩,
불언　선재　선재　수보리　여여소설　여래　선호념제보살
善付囑諸菩薩. 汝今諦聽, 當爲汝說. 善男子, 善女人, 發阿
선부촉제보살　여금체청　당위여설　선남자　선여인　발아
耨多羅三藐三菩提心, 應如是住, 如是降伏其心."
누다라삼먁삼보리심　응여시주　여시항복기심

1) 수보리는 부처님의 마음을 제대로 알고 부처님의 뜻을 바르게 알았기에 이처럼 찬탄한 것이다.

2) '아누다라삼먁삼보리'는 '최상의 올바른 깨달음'(無上正徧正覺)을 의미한다. '무상'(無上)은 3계(三界)에 있는 그 어느 것과도 비교되지 않음이고, '정'(正)이란 바른 견해(正見)이며, '변'(徧)이란 모든 지혜(一切智)를 두루 갖추었음이다. 일체 유정(一切有情)이 모두 불성(佛性)을 갖추어 수행을 하기만 하면 누구나 성불할 수 있다는 뜻이다.

3) 부처님께서는 바로 '최상으로 청정한 반야바라밀'(無上淸淨般若波羅密) 자체이다. 따라서 모든 선남자와 선여인이 수행을 하고자 한다면, 마땅히 최상의 올바른 깨달음을 알아야 하며, 응당 최상으로 청정한 반야바라밀을 바르게 이해하여 자기 마음을 다스려야 한다.

감산풀이　수보리의 물음은 다음과 같다.

"발심한 보살이 아직 부처님처럼 마음이 편안하지도 못하고 자유자재하지도 못합니다. 만일 깨달음을 얻고자 한다면, 모름지기 일상의 움직임을 부처님같이 해야만 비로소 부처가 될 수 있습니다. 부처님의 마음은 이처럼 편안하고 자유자재하거늘, 우리의 마음은 왜 이다지도 편안하지 못한 것입니까? 어떻게 다스려야 마음이 편안해질 수 있습니까?"

이에 부처님께서는 다음과 같이 답하신다.
"보살이 깨달음을 얻으려 한다면, 마음 밖에서 따로 구해서는 안 된다. 그대의 말대로 단지 내가 모든 보살을 보살펴 주고 모든 보살에게 부촉해 주는, 바로 그 마음 밖에서 구하지 말 것이다. 그러면 마음이 저절로 편안해질 것이고, 새삼스럽게 마음을 다스릴 것도 없으리라."

그러므로 부처님께서는 "그대가 말한 바대로"라고 말씀하셨다. 단지 마음이 편안하면 충분하지 그 밖에 다스리고 할 게 있겠느냐는 것이다. 다만 이와 같을 뿐인 것이다. 따라서 "이렇게"라고 하셨다.

"그렇습니다, 세존이시여! 가르침을 기쁜 마음으로 듣고자 합니다."

"唯然, 世尊! 願樂欲聞."
 유연   세존   원요욕문

감산풀이 "그렇습니다"란 수보리가 부처님의 마음을 그대로 믿을 뿐 조금도 의심하지 않는다는 의미이다. 수보리는 이미 부처님 마음을 보았으니 굳이 말할 필요도 없다. 하지만 그 자리에 있는 다른 여러 보살은 아직 그 뜻을 얻지 못했기에, 다시금 가르침을 청한 것이다.

3장. 마음을 편하게 하는 법

【수보리의 의심】 앞에서 수보리는 2가지 질문, 어디에 마음을 머무르게 하고, 어떻게 마음을 다스리는가를 여쭈었다. 이 질문에 대해 부처님께서는 이 장에서 마음을 편하게 하는 법을 곧바로 제시하신다.

부처님께서 수보리에게 말씀하셨다.[1] "모든 보살과 마하살은[2] 응당 이렇게 자기 마음을 다스려야 한다."[3]

佛告須菩提: "諸菩薩, 摩訶薩, 應如是降伏其心."
불고수보리　　제보살　마하살　응여시항복기심

---

1) 소명 태자의 장 구분에 따르면, 여기 3장부터가 본문에 해당된다.

2) 앞 생각이 청정하고 다음 생각이 청정해야 '보살'이랄 수 있다. 생각 생각마다 조금도 흔들리지 않아 비록 세상의 더러운 티끌과 함께 있더라도 마음이 항상 청정해야 '마하살'이라 일컫는다. 또한 갖가지 방편으로 중생을 교화하는 인물을 '보살'이라 이름하고, 교화함과 교화받음에 조금도 집착하지 않아야 '마하살'이라 일컬을 수 있다.

3) '자기 마음을 다스림'이란 바로 모든 중생을 공경함이다. "이렇게 자기 마음을 다스려야 한다"(如是降伏其心)는 구절에서, '마음이 조금도 흔들리지 않음'이 곧 '여'(如)이고, '생각 생각마다 추호도 어긋나지 않음'이 바로 '시'(是)이다.

[강산풀이] 여기서 부처님께서는 마음을 편하게 하는 법을 곧바로 제시하셨는데, 구체적 내용은 뒤에서 말한다. 앞에서 수보리는 2가지, 어디에 마음을 머무르게 하고, 어떻게 마음을 다스리는가를 여쭈었다. 여기

서는 오직 마음 다스리는 것만 말씀하실 뿐 어디에 머무르게 하는지는
밝히시지 않고 있다. 왜냐하면 일반 사람과 성문(聲聞), 연각(緣覺)은
한결같이 어딘가 머무를 바에 집착하기 때문이다. 바로 이것이 언어 문
자의 습기로 인해 야기되는 허물이다.

   그러나 이제 대승의 진리에 나아가려면, 무엇보다 먼저 이 습기를 끊
어 내야 한다. 중생이니 열반이니 하는 것은 모두 실제로 있지 않아 얻
을 수 없는 것으로, 다만 말에 불과하기 때문이다. 언어 문자를 이미 떨
쳐냈으면, 습기가 단숨에 녹아 버려 그 마음은 애써 다스리지 않더라도
자연히 편안해져 적멸(寂滅)해질 것이다. 그러므로 단지 마음 다스리는
일만 말씀하시고 마음을 어디에 머무르게 해야 되는가를 언급하시지
않은 까닭은, 그 습기가 다시 촉발될까 염려하셨기 때문이다. 그래서
다음과 같이 말씀하시는 것이다.

   이리저리 치달리는 마음을 쉬지 않기 때문이다. 쉬기만 하면 그것이 바로
   깨달음이다. 다만 일반인의 알음알이를 녹여 버릴 따름이지 새삼스레 성
   인의 지혜를 구할 필요는 없다.(狂心不歇, 歇卽菩提, 但盡凡情, 別無聖
   解.)

   따라서 부처님께서는 어떤 것이라도, 예컨대 진리라 할지라도, 거기
에 사람을 묶어 두고자 하지 않으셨으므로, 어디든지 마음을 머무르게
하지 말라고 말씀하셨다.

   "모든 중생, 예컨대 알로 생겨나는 생명, 태로 생겨나는 생명, 습
   기 있는 데서 태어나는 생명, 변화해서 나오는 생명[1], 형상이 있
   는 생명, 형상이 없는 생명, 생각이 있는 생명, 생각이 없는 생명,

생각이 있지도 않은 생명, 생각이 없지도 않은 생명[2], 모두를 나는 '조금도 번뇌가 없는 열반'에 들게 하겠다.[3]

하지만 나는 이와 같이 모든 중생을 구제하기는 해도, 실은 어느 한 중생도 구한 게 없다.[4] 어째서 그러한가? 수보리여! 보살이 자기, 사람, 중생, 영혼에 대한 집착이 조금이라도 남아 있다고 한다면,[5] 그는 보살이 아니기 때문이다."[6]

"所有一切衆生之類, 若卵生, 若胎生, 若濕生, 若化生, 若有
소유일체중생지류 약난생 약태생 약습생 약화생 약유
色, 若無色, 若有想, 若無想, 若非有想, 若非無想, 我皆令
색 약무색 약유상 약무상 약비유상 약비무상 아개영
入, 無餘涅槃, 而滅度之.
입 무여열반 이멸도지

如是滅度, 無量無數, 無邊衆生, 實無衆生, 得滅度者. 何以
여시멸도 무량무수 무변중생 실무중생 득멸도자 하이
故? 須菩提! 若菩薩, 有我相, 人相, 衆生相, 壽者相, 卽非
고 수보리 약보살 유아상 인상 중생상 수자상 즉비
菩薩."
보살

1) 4생(四生)은 다음과 같이 풀이된다. '알로 생겨나는 생명'(卵生)은 그 껍질을 깨고 태어나는 생명, '태생'(胎生)은 태의 막을 깨고 태어나는 생명, '습기 있는 데서 태어나는 생명'(濕生)은 썩은 물고기, 부패한 시체, 부패한 굳은 우유 혹은 물웅덩이나 연못에서 태어나는 생명, '변화해서 나오는 생명'(化生)은 신들이나 지옥 중생 특수한 인간이나 타락한 영혼처럼 마음에서 홀연히 변화해 태어나는 생명을 뜻한다. 용음신이 바로 화생이다.

2) 4생(四生)은 형상(色)과 마음(心) 2가지로 구분된다. 형상의 경우, 형상이 있는 생명(有色)과 형상이 없는 생명(無色). 마음의 경우, 또한 생각이

있는 생명(有想)과 생각이 없는 생명(無想), 생각이 있지도 않은 생명(非有想)과 생각이 없지도 않은 생명(非無想)으로 분류된다. 또한 형상이 있지도 없지도 않은 생명과 생각이 있지도 없지도 않은 생명이 있다. 이렇게 모두 8가지 생명, 각주 1)의 4생을 합해 12가지 부류가 중생 세계를 채우고 있다.

3) "조금도 번뇌가 없는 열반"(無餘涅槃)과 "번뇌가 아직 남아 있는 열반"(有餘涅槃)에 대해 초기 경전에서는 다음과 같이 설명한다. 아라한은 번뇌에서 벗어나고 해야 할 일을 마치고 무거운 짐을 내려놓고 최고의 이상을 실현하고 존재의 속박을 끊고 궁극적인 지혜에 의해 해탈한다. 이를 무여열반이라고 이름한다. 그러나 육신이 아직 남아 있는 그에게는 아직 5가지 감관이 여전히 남아 있고 감각 기능으로부터 분리되지 않았으므로, 쾌감과 불쾌감을 느끼고 즐거움과 괴로움을 느낀다. 이를 유여열반이라고 이름한다. 무여열반은 번뇌의 속박으로부터 벗어나 수명이 다하여 다시 윤회하는 일이 없음을 뜻한다. 유여열반은 번뇌로부터 벗어나기는 했지만, 아직 삶을 유지하고 있음을 말한다.

4) "나는 이와 같이 모든 중생을 구제하기는 해도, 실은 어느 한 중생도 구한 게 없다." 이 구절은 바로 이 경전의 기본 사유 틀, '즉비'를 보여 준다. "중생 구제는 곧 중생 구제가 아니다." 중생들을 구제하기는 했지만, 실은 한 중생도 구한 일이 없다고 말함으로써, '즉비'의 부정적 사유를 처음으로 말하고 있다.

5) 아상, 인상, 중생상, 수자상 4가지 상에 대한 해설과 한글 번역은 혼란스럽다. 한문 번역 자체로만 보면, 무엇을 의미하는지 알기 쉽지 않고, 또 중국 한역 경전의 주석도 산스크리트 원문에 입각해 해석하지 않고 독자적으로 의미 부여했으므로, 4가지 상의 의미를 정하기가 쉽지 않다. 하지만 산스크리트 원문의 이해는 비교적 명료하므로, 우선 산스크리트 원문

에 입각해 4가지 상에 대한 설명하고자 한다.

구마라집 번역	산스크리트 원문	한글 번역
아상	ātman-samjñā	자기에 대한 집착
인상	pudgala-samjñā	사람에 대한 집착
중생상	sattva-samjñā	중생에 대한 집착
수자상	jiva-samjñā	영혼에 대한 집착

　불교의 성립 과정과 함께, 4가지 개념의 역사적 상황을 살펴보면서 접근해 보기로 한다. 첫째, 'ātman'은 인도의 전통 종교 브라만교의 아트만 개념이다. 브라만교는 윤회의 주체로서 아트만을 주장했지만, 부처님께서는 아트만을 부정하고 무아를 말씀하셨다. 둘째 'pudgala'는 신체, 나, 영혼 등의 뜻이 있고, 사람(人), 중생(衆生), 유정(有情) 등으로 한역되기도 했다. 소승부파불교에서 윤회와 무아의 모순을 해결하기 위해 윤회의 주체로서 pudgala를 설정하기도 했다. 소승부파불교의 pudgala 이론은 대승불교의 무아론과 배치된다. 대승불교는 pudgala를 윤회의 주체로서 받아들이지 않는다. 셋째 'sattva'는 유정(有情), 곧 중생을 뜻한다. 사람들은 "자신은 어리석은 중생에 불과하다"고 착각한다. 자신은 중생으로, 어리석은 존재일 뿐이라는 착각을 불교는 경계한다. sattva가 깨달음을 추구하면 곧 보살이 된다. 중생이 중생에 머물러서는 안 되고, 보살과 중생이 둘로 나뉘어서도 안 되며, 중생이 수행 정진을 통해 보살로 변해야 한다는 게 대승불교의 기본 입장이다. 넷째 'jiva'는 불교와 같은 시기에 태동한 자이나교에 대한 비판으로 받아들여진다. 자이나교는 jiva를 순수 영혼으로 설정한다. 모든 중생에게는 순수 영혼으로서 jiva가 상정된다. 자이나교 경전에 의하면 '업'은 jiva에 달라붙는 미세한 물질이라고 한다. 자이나교 신도들은 고행을 통해 업을 벗겨 내려고 한다. 그러나 대승불교 입장에서는 순수 영혼 자체를 받아들이지 않으므로, 영혼의 존재

를 인정하지 않는다. 불교의 무아(無我)는 영혼의 존재까지 포함해 인간 존재의 실체성을 부정했다. 그러므로 아상, 인상, 중생상, 수자상이 조금도 남아 있어서는 안 된다는 말은 불교 무아론의 다른 표현일 뿐이다.

중국의 《금강경》 주석가들은 산스크리트어에 담긴 정확한 의미 체계와는 전혀 무관하게, 4가지 상을 독자적으로 해석하였다. 예를 들면, 미혹한 사람이 가문, 재물, 학문 등을 뽐내 다른 사람을 경멸함이 '아상'(我相), 입으로는 도덕 윤리를 말하기는 하나 마음속에는 자만심으로 가득 차 그렇게 행동하지 않음이 '인상'(人相), 좋은 일은 자기가 차지하고 나쁜 일은 다른 사람에게 돌리는 것이 '중생상'(衆生相), 일에 당해 이러쿵저러쿵 분별함이 '수자상'(壽者相)이다. 이는 일반인(凡夫)의 '4가지 번뇌'(四相)이다. 수행인에게도 '4가지 번뇌'가 있다. 마음에 주관과 객관의 대립이 남아 있어 중생을 경멸함이 '아상', 계율을 지닌다고 하면서도 쉽게 계율을 파계함이 '인상', 3계의 고통을 싫어해 하늘나라에 태어나기를 원함이 '중생상', 수명 장수를 위해 부지런히 복덕을 닦기만 할 때 모든 집착을 떨어내지 못함이 '수자상'이다. 이런 '4가지 번뇌'가 남아 있으면 중생이고, 이런 허물이 사라지면 곧 부처가 된다. '4가지 번뇌'를 혜능은 이렇게 풀이했는데, 그 밖에 여러 가지로 다양하게 설명하기도 한다. 인용한 바와 같이 중국 불교의 《금강경》 주석가들은 산스크리트 원전에 담긴 4가지 상의 의미 체계와 무관하게 독자적으로 해석했다. 따라서 산스크리트 원전과 중국 불교의 주석은 서로 크게 차이 나게 되었다. 불교의 중국화는 인도의 원전이 한역된 이후 이런 과정을 걸쳐 독자적으로 진행되었다.

그런데 아상, 인상, 중생상, 수자상이란 '4가지 번뇌'(四相)를 한글로 어떻게 옮겨야 하는지 고민하게 된다. (1) 원래 산스크리트 원전에서 사용한 의미, (2) 산스크리트 원전 그대로 충실하게 번역하기보다는 의역

위주로 번역한 구마라집의 《한역 금강경》, (3) 산스크리트어의 원래 의미
와는 무관하게 《한역 금강경》을 중심으로 풀이한 중국 불교의 갖가지 주
석, (4) 지금 현재 한글 어법에 맞는 번역어 선택. 이 4가지를 고려했을
때, 적합한 한글 번역을 찾기 쉽지 않다. 산스크리트 4가지 용어는 다양한
인물이 몇백 년에 걸쳐 번역하면서 한역 과정에서 그 의미가 서로 중복되
기도 했다. 예를 들면 ātman, pudgala, jiva에 영혼의 의미가 담겨 있고,
또 sattva만이 아니라 pudgala도 중생으로 한역되기도 했기 때문이다. 어
떻게 한글로 옮기더라도, 혼란과 아쉬움은 여전히 남기 마련이다.

　　그런데 구마라집 한역본에는 제시된 '4가지 번뇌'(四相)에 큰 의미가
부여되고 있지만, 현장의 번역본에서는 '9가지 번뇌'가 제시되고 있다.
따라서 단지 '4가지 번뇌'만이 아니라 인간의 고정관념과 집착, 어리석은
환상 전체를 문제 삼고 있다고 보는 게 보다 정확할 것이다. 따라서 '4가
지 번뇌' 분석에 지나치게 천착할 필요는 없다. 이런 여러 가지 점을 감안
해 '4가지 번뇌'를 도표에 제시한 것같이 한글로 표기했다. 도표와 같이
한글로 옮기기는 했지만, 역주자 자신도 한글 번역에 만족하지는 않는다.

6) "보살에게 자기, 사람, 중생, 영혼에 대한 집착이 조금이라도 남아 있다고
　한다면, 그는 보살이 아니기 때문이다." 이 구절에서 '즉비'(卽非) 용어가
　처음으로 사용되었다.

　감산풀이　여기서 세존은 마음을 편안히 하는 법을 곧바로 제시했다.
보살이 발심함에 있어서 구하는 것은 부처라는 과보(果報)와 교화하고
자 하는 대상인 중생, 2가지일 따름이다. 그러나 보살의 마음이 불안한
까닭은 중생을 제대로 보지 못하기 때문이다. 눈에 보이는 것은 모두
중생이거늘, 어느 겨를에 모두 교화를 할 수 있을까, 라고 걱정한다. 만
일 한 중생이라도 빼놓는다면 그는 성불할 수 없기에, 중생을 보면 볼

수록 아찔해지는 것이다. 따라서 마음이 이처럼 불안하여 한순간도 쉬지 못하므로, 자기 마음 다스리는 법을 수보리는 질문한 것이다.

부처님께서 중생을 구제하는 교화 방편은 무아(無我)를 근본으로 삼고 있다. 보살의 눈에 중생이 많고 많은 것으로 보이는 것은, 그에게 '자기에 대한 고정관념'(我相)이 아직 남아 있어 '사람에 대한 고정관념'(人相)이 파생되고, 또 사람과 사람이 서로 관계를 이루어 세계의 중생 수가 한계가 없게 생각되기 때문이다. 더욱이 중생은 끊임없이 나날이 태어나기를 그치지 않으니, 모든 중생을 구제하기가 어려워 두려운 마음이 일어나게 되는 것이다. 이는 다름 아니라 단지 중생이 본래적으로 여여(如如)한 줄 모르기 때문에 생기는 미혹이다.

그런데 중생이 무한히 많고 많지만 12가지 종류로 나누어지므로, 설령 그 숫자가 아무리 한량없다 해도 다만 12가지 종류에 불과하다. 이 12가지 부류를 하나하나 살펴보건대, 태로 태어나는 생명, 알로 태어나는 생명, 습한 데서 나오는 생명, 변화해서 나오는 생명 이렇게 4가지 생명(四生)으로 나누어지고, 이 4가지 생명은 또한 형상(色)과 마음(心) 2가지로 구분된다. 형상의 경우, 형상 있는 것(有色)과 형상 없는 것(無色), 마음의 경우, 또한 생각 있는 것(有想)과 생각 없는 것(無想)으로 나뉜다. 그 극치에 이르면 형상이 있지도 없지도 않은 생명과 생각이 있지도 없지도 않은 경우에 도달하게 된다. 요컨대 바로 이렇게 12가지 부류만이 중생 세계를 채우고 있거늘 어찌 많다고 할 수 있겠는가. 더욱이 중생이라 일컫는 12가지 생명의 형상(色)과 마음(心)은 본래 허깨비가 모여 된 것이다. 따라서 이처럼 허깨비가 모여 된 것이라면 중생은 본래 있지 않다고 할 수 있다. 중생이 본래 실제로 있지 않건만, 단지 헛된 망상에 의해 있는 것처럼 보이는 것일 뿐이다. 진실로 중생이 본래 없는 것으로 본다면, 중생은 근본적으로 여여(如如)할 것이다. 중생이 이미 여여하다면, 모두 적멸(寂滅)을 이루게 되니, 다 함께 '조금도 번뇌가 남아 있지 않은 무여열반'(無餘涅槃)에 들어간다. 이에 어찌 어려움이 있겠는가. 그래서 유마(維摩) 거사는 다음과 같이 말한 바 있다.

> 모든 중생이 근본적으로 적멸의 상태에 있어 다시는 결단코 사라지지 않는다.(一切衆生, 畢竟寂滅, 不復更滅.)

그런데 이와 같이 무한한 중생을 제도했지만 실은 하나도 구하지 않았다는 말은 무슨 뜻일까. 본래 '자기에 대한 환상이 끊어졌다'(無我)는 뜻이다. '자기라는 생각'이 남아 있으면, '사람에 대한 고정관념'도 남아 있게 된다. '사람에 대한 고정관념'이 남아 있게 되면, '중생에 대한 고정관념', '영혼에 대한 환상'도 파생된다. 이와 같은 '4가지 번뇌'(四相)가 남아 있으면, 보살이랄 수 없다. 이런 사람이 어찌 중생 교화를 입에 올릴 수 있겠는가.

그러므로 보살이 중생을 구제할 때는 마땅히 자기라는 헛된 상념을 하나도 남김없이 털어 내야 하는 것이다. 자기가 없으면 다른 사람도 있지 않을 것이고, 다른 사람이 없으면 중생 세계가 자연히 적멸해질 것이다. 중생이 모두 적멸해지면, 부처가 어찌 멀리 있으며, 깨달음의 요원함을 어찌 두려워할 게 있겠는가. 따라서 보살은 당연히 '자기에 대한 미혹'을 조금도 남김없이 떨쳐 내야 한다. 그래서 부처님께서는 다음과 같이 말씀하는 것이다. "일체법이 무아임을 알아 진리를 성취한 사람이야말로 참된 보살이다."

4장. 중생이 본래 있지 않다면, 도대체 누가 구제를 받는 것인가

【수보리의 의심】 보살이 중생을 구제할 때, 보시를 그 근본으로 삼고, 보시를 받는 것이 바로 중생이라고 부처님께서 가르치셨다. 하지만 중생이 본래 있지 않다고 한다면, 보시를 대체 어느 누가 받는 것일까. 부처님께서 말씀하셨다. "보살이 보시할 때, 중생이라는 헛된 망상에 집착해서는 안 된다."

> "수보리여! 보살은 마땅히 어디에도 집착함이 없이 보시해야 한다.[1] 어떤 형상에도 집착함이 없이 보시하고, 어떠한 소리, 냄새, 맛, 감촉, 의식의 대상에도 집착하지 말고 보시해야 한다.[2]
>
> 수보리여, 보살은 마땅히 이와 같이 보시하여 어떤 것에도 집착하지 말아야 한다."[3]
>
> "復次, 須菩提, 菩薩於法, 應無所住, 行於布施.
> 　부차　수보리　보살어법　응무소주　행어보시
>
> 所謂不住色布施, 不住聲香味觸法布施.
> 소위부주색보시　부주성향미촉법보시
>
> 須菩提! 菩薩, 應如是布施, 不住於相."
> 수보리　보살　응여시보시　부주어상

1) "보살은 마땅히 어디에도 집착함이 없이 보시해야 한다."(菩薩於法, 應無所住, 行於布施.) 한자 원문에 '법'(法) 자가 사용되었다. 산스크리트 원어 'vastu'는 법(法), 제법(諸法), 사물(事物)을 뜻한다. 여기에서 법은 대상 혹은 사물을 가리킨다. 이때의 법은 진리를 뜻하는 'dharma'와는 크게 다르다. 불교에서 법은 다양한 의미가 부여된다. 불법은 부처님 가르침을 뜻하고, 일체법은 모든 것을 총칭한다. 또 6가지 대상 경계, 6경(六

境)은 색성향미촉법을 뜻하는데, 이때 법은 의식의 대상을 말한다. '법'(法) 자에는 사물, 제법, 불법, 일체법, 의식의 대상 등과 같이 다양한 의미 부여가 가능하므로, 문맥에 따라 그 의미를 판단해야 한다. "마땅히 어디에도 집착함이 없다"(應無所住)에서 주(住)는 머무름, 집착을 뜻한다. 여기 사용된 '법'(法) 자가 포함된 원문을 직역하면 다음과 같다. "보살은 법에 있어서 마땅히 어디에도 집착함이 없이 보시해야 한다." 따라서 보살은 대상 혹은 일체법에 머무름이 없어야 하므로, '어디에도'라고 번역했다. 일반인(凡夫)의 보시는 단지 자기 한 몸의 안락과 욕심의 충족을 지향하는 까닭에, 그 과보가 다하면 곧 3계에 떨어지고 만다. 이에 세존께서 자비심으로 '형상에서 벗어난 보시'(無相布施)를 가르쳐 마음속 미혹을 깨뜨리고 밖으로 일체 중생을 이롭게 하라고 말씀하신 것이다.

"보살은 마땅히 어디에도 집착함이 없이 보시해야 한다"는 문장은 《금강경》에서 유명한 표현으로, 이 경전을 상징하는 가르침이다. 이 문장은 바로 《금강경》의 기본 사유, '즉비시명'의 사유를 있는 그대로 드러낸 표현이다. '즉비시명'이란 판에 박힌 용어를 사용하기보다 한층 유연한 방식으로 《금강경》 가르침을 드러낸 것이다. "보살은 마땅히 어디에도 집착함이 없이"(菩薩於法, 應無所住)는 '즉비'의 부정에 해당된다. "보시해야 한다"(行於布施)는 '시명', 즉 부정의 부정으로서 긍정에 해당된다. 어디에도 집착하지 말라는 식으로 부정적인 방식에 그치지 않았다. 부정에서 긍정으로 한 발 더 나아가, 보시를 하려면 제대로 하라는 뜻이다.

'즉비시명' 논리로 바꿔 말하면 다음과 같다. "보시는 보시가 아니다. 따라서 이를 보시라고 이름한다." 풀이하면, 보시할 때 어디에도 집착해 시는 건 뫼시민, 그렇나고 보시하지 밀다는 뜻이 아니다. 어디에토 머무름 없이 보시하라는 뜻이다. '즉비시명'은 정형화된 딱딱한 표현이다. 구마라집은 이 경전을 한역하면서 표현을 이처럼 유연하게 바꾸었다. 구마라집이 번역한 《금강경》이 후대에 번역된 다른 한역 경전보다 높이 평가받는 이유가 바로 여기에 있다. 구마라집이 '즉비시명'이란 표현을 아주 유려하게 바꿔 표현하고 있어서 '즉비시명'과의 관련성을 그냥 지나치기 십상이다. "어디에도 집착함이 없이 보시해야 한다"는 구절은 《금강경》가르침을 상징하는 표현으로 자주 거론되고 있다. 이 구절은 이 경전의 핵심 논리인 '즉비시명'의 사유를 유연하게 구체화한 표현이기 때문이다. 그와 동시에 정형화된 딱딱한 '즉비시명' 논리를 구마라집이 훨씬 유려하게 탈바꿈시킨 사실 또한 놓쳐서는 안 된다.

2) "어떤 형상에도 집착함이 없이 보시하고, 어떠한 소리, 냄새, 맛, 감촉, 의식의 대상에도 집착하지 말고 보시해야 한다."(不住色布施, 不住聲香味觸法布施.) 이 문장에도 '법'(法) 자가 사용되었는데, 이때 법은 의식의 대상을 뜻한다.

3) "보살은 마땅히 이와 같이 보시하여 어떤 것에도 집착하지 말아야 한다."(菩薩, 應如是布施, 不住於相.) 이 문장은 앞에 제시한 다음 문장과 같은 의미를 지니고 있다. "보살은 마땅히 어디에도 집착함이 없이 보시해야 한다."(菩薩於法, 應無所住, 行於布施.) 똑같은 말을 하고 있지만 똑같은 표현을 반복하지 않고 조금 바꿔 표현하고 있다.

'어떤 것에도 집착하지 않는 보시'란, 첫째 마음에 자기가 보시한다는 자취가 없고, 둘째 자신이 보시하는 물건에 조금도 집착함이 없으며, 셋째 보시받는 사람에 대해 추호도 분별하지 않는다는 뜻이다. 바로 이것이 '보시의 3대 원칙'(三空)이다. 이런 보시가 바로 '즉비시명'의 원리에 따르는 보시이고, '어디에도 집착함이 없는 보시'이다.

감산풀이 여기서는 왜 형상에 집착해서는 안 되는지, 밝혀 수보리의 의심을 타파하고 있다. 중생이 본래 있지 않다는 말을 들은 수보리는 다음과 같이 의심한다. 중생이 그처럼 있지 않다고 한다면, 보살이 베푸는 보시는 도대체 누가 받는 것인가. 이에 6가지 대상(六塵)이 있는 게 아니고, 중생이 본래 공(空)하므로, "마땅히 어디에도 집착하지 말라"고 부처님께서 말씀하셨다. 이는 곧 중생과 6가지 대상에 집착하지 말 것을 가르치신 것이다.

5장. 중생이 본래 있지 않다면, 어떻게 복을 받을 수 있는가

【수보리의 의심】 만일 어디에도 머무르지 않는다면, 어떻게 복을 받을 수 있을까. 이렇게 수보리는 의심한다. 이에 부처님께서는 어디에도 집착하지 않는다면, 이를 통해 얻는 복은 그 무엇보다 크다고 강조하신다.

"어째서 그러한가? 보살이 어떤 것에도 집착함이 없이 보시하면, 그 복은 헤아릴 수 없을 만큼 크기 때문이다.[1] 수보리여! 그대는 어떻게 보는가? 동쪽 허공의 크기를 그대는 상상할 수 있는가?"

이에 수보리가 말했다. "상상할 수 없습니다, 세존이시여!"

"수보리여! 남쪽, 서쪽, 북쪽 그리고 네 가지 간방, 위와 아래의 허공이 얼마나 큰지 짐작할 수 있겠는가?"

"도무지 짐작할 수 없습니다, 세존이시여!"

"수보리여! 보살이 어디에도 집착함이 없이 보시하면, 그 복 또한 허공과 마찬가지로 상상할 수 없을 만큼 크다."[2]

"何以故? 若菩薩, 不住相布施, 其福德, 不可思量.
　하이고　약보살　부주상보시　기복덕　불가사량

須菩提! 於意云何, 東方虛空, 可思量不?"
수보리　어의운하　동방허공　가사량부

"不也, 世尊!"
　불야　세존

"須菩提! 南西北方, 四維, 上下虛空, 可思量不?"
　수보리　남서북방　사유　상하허공　가사량부

"不也, 世尊!"
　불야　세존

"須菩提! 菩薩, 無住相布施福德, 亦復如是, 不可思量."
　수보리　보살　무주상보시복덕　역부여시　불가사량

1) 부처님께서는 여기서 '즉비시명'의 근거를 제시하신다. 보살이 무언가에 집착해 보시하면 복덕이 없다. 그러나 보살이 어떤 것에도 집착함이 없이 (즉비) 보시하면(시명), 그 복은 헤아릴 수 없을 만큼 크다는 것이다. 어디에도 머무르지 않는다면 어떻게 복을 받을 수 있을까. 수보리가 이런 의심을 하자, 부처님께서는 어디에도 집착하지 않는다면 이를 통해 얻는 복은 그 무엇보다 크다고 답하신 것이다. 마음속 허망한 생각이 사라져 '4가지 번뇌'가 녹아내려야 참된 보시이다. 모름지기 안으로 탐욕과 애착을 타파하고, 밖으로 보시를 해서 안팎이 상응해져야 무량한 복덕을 얻게 된다.

2) 끝이 없어 우리가 헤아릴 수 없는 허공처럼, 어디에도 머물지 않는 보시도 그 복덕이 끝이 없다. 세계에서 허공보다 큰 것은 없고, 모든 것 가운데 불성보다 뛰어난 것은 없다. 형상 있는 것은 크다고 할 수 없지만, 허공은 형상을 초월했기에 크다고 한다. 모든 것은 한계가 있기에 뛰어나다고 할 수 없지만, 불성은 한계가 없는 까닭에 뛰어나다고 일컫는 것이다. 허공에는 본래 동서남북이 없음에도 동서남북이 있다고 한다면, 이는 방위에 집착함이다. 이와 마찬가지로 불성에는 본래 '4가지 번뇌'가 없건만, '4가지 허물'이 생기면 곧 중생으로 떨어지고 만다.

감산풀이 여기서는 어디에도 머물지 말라는 말에 대한 의심을 해소하며 어떤 것에도 집착하지 않는 행위의 오묘함을 밝히고 있다. 보살은 보시함으로써 복을 얻고자 하지만, 만일 복을 구하기 위해 어딘가에 집착한다면 그 복은 크지 않을 것이다. 그래서 세존께서는 방편으로 어디에도 머무르지 않는 행위로 인한 복이 훨씬 크다고 지적함으로써 그 마음을 편안하게 하셨다. 이런 것에 머무른 보시는 바로 거기에 국한되기 마련이다. 그가 집착한, 바로 그것은 하나의 먼지 티끌에 불과하므로, 설령 복을 받는다 하더라도 그 복이 얼마나 되겠는가.

그러나 만일 보살이 중생에게 올바르게 보시를 할 때는, 첫째 보시하는 사람도 없고, 둘째 보시받는 사람도 없으며, 셋째 보시되는 물건 또한 있지 않을 것이다. 이와 같이 3가지가 공(三空)해지니, 어떤 것에도 집착하지 않게 된다. 어디에도 머무르지 않는 보시의 공덕은 불가사의한 까닭에, 허공에 비유한 것이다.

"수보리여! 보살은 단지 내가 이와 같이 가르친 바대로 그 무엇에도 집착하지 말아야 한다.

"須菩提! 菩薩, 但應如所教住."
　수보리　보살　단응여소교주

감산풀이 여기서는 마음을 편안히 하는 법을 결론적으로 밝히고 있다. 앞에서는 마음이 편하지 못하므로 수보리가 마음 다스리는 법을 물었고, 세존께서는 다스리는 방법을 말씀하시면서 단지 무아(無我)를 근본으로 삼으라고 하셨다. 예컨대 자기가 없으면 남이 없고, 나와 남이란 망상을 놓아 버리면 곧 자기 마음이 적멸해진다. 자기 마음이 적멸해지면 모든 중생이 적멸해질 것이고, 중생이 이처럼 적멸해지면 부처를 따로 구할 필요가 없다. 이에 구하려는 마음이 사라져 얻는다든가 버린다든가 하는 생각이 단번에 녹아내리고, 안과 밖 일체가 공(空)하게 된다. 이와 같이 마음이 조금도 흔들리지 않는 것이 바로 마음을 편안히 하는 방법이다. 그러므로 결론적으로 "이와 같이"라고 말했다.

6장. '형상에서 벗어난 수행'으로, 어떻게 '형상 있는 과보'를 구할 수 있는가

【수보리의 의심】 보시함으로써 복을 짓고 중생을 두루 교화하는 것은 위로 부처의 과보(果報)를 구하기 위함이라고 말한다. 하지만 중생이 본래 공(空)하여 보시하는 사람, 보시받는 사람, 보시되는 물건 3가지가 있지 않으니, 수행의 인(因)이 허깨비라고 부처님께서 말씀하셨다. 그렇다면 '형상에서 벗어난 수행'(無相之因)으로 어찌 '형상 있는 과보'(有相之果)를 구할 수 있겠는가. 하물며 여래의 몸은 그 모습이 수보리의 눈앞에 완연하거늘, 형상 없는 것으로 어찌 얻을 수 있겠는가. 이런 의문은 수보리가 여래를 형상으로 보기 때문이다. 부처님께서는 이런 의문을 해소하신다.

> "수보리여! 그대는 어떻게 생각하는가? 형상으로 여래를 볼 수 있는가?"[1]
> "볼 수 없습니다, 세존이시여! 형상으로는 여래를 볼 수 없습니다. 왜냐하면 여래께서 말씀하신 몸은 형상이 있지 않기 때문입니다."[2]
> 그러자 부처님께서는 게송을 읊으셨다.
> "무릇 형상이 있는 것은
> 모두 다 허망하나니,
> 온갖 형상이 원래 형상이 아님을 알면,
> 곧 여래를 보게 되리라."[3]
>
> "須菩提! 於意云何? 可以身相, 見如來不?"
> 수보리 어의운하 가이신상 견여래부

> "不也, 世尊! 不可以身相, 得見如來.
> 불야 세존 불가이신상 득견여래
>
> 何以故? 如來, 所說身相, 卽非身相."
> 하이고 여래 소설신상 즉비신상
>
> 佛告須菩提: "凡所有相, 皆是虛妄, 若見諸相非相, 卽見如來."
> 불고수보리 범소유상 개시허망 약견제상비상 즉견여래

1) 색신(色身)은 형상이 있으나, 법신(法身)은 형상이 없다. 색신은 4대(四 大)가 모여 인연 따라 생긴 것으로 우리의 육안으로 볼 수 있다. 그러나 법신은 색깔이나 형상이 전혀 없어 눈으로 볼 수 없고, 오직 '지혜의 눈'(慧眼)으로 볼 수 있다. 일반인은 단지 형상 있는 부처님의 색신, 불상 만 볼 뿐이고, 법신은 허공과 같아 보지 못한다. 이에 부처님께서 수보리 에게 형상으로 볼 수 있는지를 물으신 것이다.

2) 일반인은 형상 있는 것만 볼 뿐 법신은 보지 못하므로, '어디에도 머물지 않는 보시'를 하지 못하고, 모든 경우에서 평등하게 행하지 못하며, 일체 중생을 널리 공경하지 못한다. 그러나 법신을 보는 인물은 곧 그런 보시를 행하고, 어떤 경우든지 평등하게 실행하며, 일체 중생을 두루 공경하고, 반야바라밀을 닦아 모든 중생이 곧 부처임을 확신한다. 본래적으로 청정 하여 조금도 오염되지 않는다는 말이다.

3) 여래께서는 법신을 현현하게 하기 위해 형상 있는 모든 것의 허망함을 말 씀하셨다. 만일 모든 것이 허망해 참되지 않음을 깨달으면, 곧 형상에서 벗어난 이치를 보게 된다는 것이다. 이 게송은 《금강경》을 상징하는 게송 으로, 영가 법문에서까지 많이 사용되고 있을 정도로 유명하다. 이 게송 역시 '즉비시명'의 논리를 구체화시킨 것이다. "무릇 형상이 있는 것은 모두 다 허망하나니(즉비), 온갖 형상이 원래 형상이 아님을 알면(즉비), 곧 여래를 보게 되리라(시명)."

감산풀이 여기서는 '형상에서 벗어난 행위의 오묘함'(無相妙行)을 곧
바로 지적하고 있다. 수보리는 '형상에서 벗어난 수행'(無相之因)에 대
한 가르침을 듣고서, 마침내 이것으로 형상 있는 부처의 과보(佛果)를
구할 수 없다고 의심했다. 그는 형상으로 여래를 본다고 착각한 것이
다. 이는 나름 아니라 부처님의 응신(應身)과 화신(化身)에 집착해 법
신(法身)이란 진리 자체를 보지 못했기 때문이다. 그래서 세존께서 역
으로 질문을 던짐으로써 형상에 대한 그의 망상을 깨뜨리자, 이에 수보
리가 제대로 이해하게 된 것이다.

그러므로 부처님께서는 단도직입적으로 여래를 형상으로는 보지 못
한다고 말씀하셨다. 여래께서 말씀하신 몸이란 곧 법신이기 때문이다.
이에 "형상이 아니다"라고 지적하셨다. 법신은 어떤 형상도 없다. 모든
형상에서 곧 형상 없음을 보면, 여래를 보게 된다는 것이다. 여래의 법
신은 모든 것 밖에 따로 있지 않기 때문이다. 따라서 '형상에서 벗어난
수행'(無相之因)으로 '형상에서 벗어난 과보'(無相之果)에 계합하는 것
은 분명하다.

7장. '형상에서 벗어난 수행'으로, 어떻게 '형상에서 벗어난 과보'에 계합할 수 있을까

【수보리의 의심】 만일 '형상에서 벗어난 수행'으로, '형상에서 벗어난 과보'에 계합한다고 하면, 이는 매우 심오해 믿기도 쉽지 않고 이해하기도 어렵다. 그래서 수보리는 의문을 또다시 제기한다.

> 수보리가 부처님께 여쭈었다. "세존이시여! 중생이 형상에서 벗어난 부처님의 가르침을 듣고 참된 믿음을 낼 수 있겠습니까?"
> 부처님께서 수보리에게 말씀하셨다. "수보리여! 그렇게 말하지 말라. 여래가 열반한 뒤, 말법 시대에[1] 계율을 지키고 복을 짓는 인물이라면, 《금강경》 가르침을 듣고 능히 믿음을 내어 금강반야가 참되다고 생각할 것이다. 이런 사람은 첫 번째 부처님, 두 번째 부처님, 세 번째, 네 번째, 다섯 번째 부처님이 세상에 계실 때만 갖가지 착한 행동을 닦은 게 아니다. 이미 무수히 많은 부처님이 세상에 계실 때, 온갖 착한 행동을 쌓았기에, 《금강경》 법문을 듣자마자 단숨에 청정한 믿음을 내는 것임을 알아야 한다.
> 수보리여! 여래는 모든 것을 다 알고 모든 것을 다 보나니, 이 경전의 가르침을 믿는 중생들은 한량없는 복을 얻게 될 것이다. 왜 그럴까? 이런 중생은 자기, 사람, 중생, 영혼에 대한 집착이 남아 있지 않기 때문이다.[2] 또한 진리에 대한 집착이 조금도 남아 있지 않을 뿐만 아니라, '진리 아닌 것'마저도 집착하지 않기 때문이다.[3]
> 어째서 그러한가? 마음으로 무언가에 집착하면 곧 자기, 사람, 중생, 영혼에 대한 고정관념에 빠지게 되기 때문이다. 진리라 할

지라도, 집착한다면 곧 자기, 사람, 중생, 영혼에 대한 고정관념에 빠지게 된다. '진리 아닌 것'에 집착할지라도, 자기, 사람, 중생, 영혼에 대한 고정관념에 빠지게 되기 때문이다.[4]

그러므로 마땅히 진리도 취하지 말고, '진리 아닌 것' 또한 취하지 말아야 한다. 따라서 여래는 항상 다음과 같이 말하는 것이다. '그대들은 나의 설법을 비유컨대, '강을 건너는 뗏목'으로 알고 강을 건넜으면, 응당 뗏목을 버려야 할 것이다. 진리마저도 버려야 하거늘, 하물며 '진리 아닌 것'이야 두말할 나위도 없지 않은가!'"[5]

須菩提, 白佛言: "世尊! 頗有衆生, 得聞如是, 言說章句,
수보리　백불언　　세존　파유중생　득문여시　언설장구

生實信不?"
생실신부

佛告須菩提: "莫作是說. 如來滅後, 後五百歲, 有持戒修福者,
불고수보리　　막작시설　여래멸후　후오백세　유지계수복자

於此章句, 能生信心, 以此爲實. 當知, 是人, 不於一佛,
어차장구　능생신심　이차위실　당지　시인　불어일불

二佛, 三四五佛, 而種善根, 已於無量, 千萬佛所, 種諸善根.
이불　삼사오불　이종선근　이어무량　천만불소　종제선근

聞是章句, 乃至一念, 生淨信者.
문시장구　내지일념　생정신자

須菩提! 如來, 悉知悉見, 是諸衆生, 得如是無量福德.
수보리　여래　실지실견　시제중생　득여시무량복덕

何以故? 是諸衆生, 無復我相, 人相, 衆生相, 壽者相. 無法相,
하이고　시제중생　무부아상　인상　중생상　수자상　무법상

亦無非法相.
역무비법상

何以故? 是諸衆生, 若心取相, 卽爲着我人, 衆生壽者. 若取
하이고　시제중생　약심취상　즉위착아인　중생수자　약취

法相, 即着我人, 衆生壽者. 何以故? 若取非法相, 即着我人,
법상   즉착아인 중생수자   하이고   약취비법상   즉착아인

衆生壽者.
중생수자

是故, 不應取法, 不應取非法. 以是義故, 如來常說, '汝等比丘,
시고   불응취법   불응취비법 이시의고   여래상설   여등비구

知我說法, 如筏喩者. 法尙應捨, 何況非法.' "
지아설법 여벌유자 법상응사 하황비법

1) 부처님께서 입멸하신 이후 오백 년간은 정법(正法)이 세상에 행해져 가르
   침과 수행, 깨달음이 존재했던 시기이다. 그다음 오백 년간은 정법과 유사
   한 상법(像法)이 행해져 가르침과 수행은 있으나, 깨달음은 없던 시대였
   다. 그 이후 가르침은 있지만, 수행도 깨달음도 없는 말법(末法) 시대로
   이어졌다.

2) 중국 불교의 혜능은 '4가지 번뇌'(四相)를 다음과 같이 풀이한다. '자기에
   대한 고정관념'(我相)이 없음은 오온 가운데 사람을 구성하는 수상행식
   (受想行識)이 있지 않음, '사람에 대한 환상'(人相)이 없음은 사대(四大)
   가 실제로 있지 않아 궁극적으로 지수화풍(地水火風)으로 귀일함, '중생에
   대한 고정관념'(衆生相)이 없음은 생멸하는 마음의 소멸, '영혼에 대한 환
   상'(壽者相)이 없음은 우리 영혼이 본래 있지 않음을 뜻한다. '4가지 번
   뇌'가 이와 같이 사라진다면, 진리의 눈(法眼)이 밝게 빛나 유무(有無)에
   집착하지 않게 되고, 2가지 허물(有無二邊)에서 벗어나게 되며, 자기 마
   음속 여래를 스스로 깨닫게 된다.

3) "이런 중생은 자기, 사람, 중생, 영혼에 대한 집착이 남아 있지 않기 때문
   이다. 또한 진리에 대한 집착이 조금도 남아 있지 않을 뿐만 아니라 '진리
   아닌 것'마저도 집착하지 않기 때문이다."(是諸衆生, 無復我相, 人相, 衆
   生相, 壽者相. 無法相, 亦無非法相.) 한자 원문 '무법상'(無法相)은 우리

말로 옮기기 쉽지 않다. '법상' (法相)은 산스크리트어로 'dharma-samjñā' 이므로, '법에 대한 지각 혹은 관념'을 뜻하는데, 구마라집 번역에서 '형상 상' (相)은 '생각할 상' (想)과 같아서 '집착' (執着)을 의미한다. 예를 들면 '아상' (我相)은 '자기 자신에 대한 집착'을 뜻한다. '법상' (法相)은 우리말에서 적합한 표현을 찾기가 쉽지 않아, 직역하면 표현이 어색하다. 이 문장에서 '법' (法)은 최상의 올바른 깨달음을 말하고 있으므로, '법상' (法相)은 '진리에 대한 집착'으로 옮겼다. 또한 똑같은 '법상' (法相)이라 해도, 문맥에 따라 알기 쉽게 하기 위해 약간씩 표현을 바꾸었다. "진리에 대한 집착'이 조금도 남아 있지 않다."(無法相) 이 단락에서는 '진리' (법)과 '진리 아닌 것' (법 아닌 것) 2가지를 여러 번 말하고 있다. 이 구절 앞에서 부처님께서는《금강경》가르침을 말씀하시고 있으므로, '법'은 '진리' (부처님 가르침)를 뜻하고, '법 아닌 것'은 '진리 아닌 것' (부처님 가르침이 아닌 모두)을 뜻한다.

4) '4가지 번뇌'를 취하면, 곧 삿된 소견에 떨어지고 만다. 수행인은 여래의 32상에 애착하지 말고, 자기가 반야바라밀을 안다고 하지도 말며, 또한 반야바라밀을 행하지 않고서 성불했다고 말해서도 안 된다.

5) 진리는 반야바라밀, '진리 아닌 것'은 하늘나라 등에 태어나게 하는 가르침이다. 반야 가르침은 중생으로 하여금 생사라는 고통의 바다를 건너게 한다. 생사를 벗어나게 되면, 반야에도 머물지 않아야 되거늘, 하물며 '진리 아닌 것'에 있어서랴! 어느 종교 지도자도 자기 가르침마저 버리라고 말한 적이 없었다. 오직 부처님만이 자기 설법을 뗏목에 비유해 생사고해를 건넜으면 즉시 버리라고 하셨다. 불교의 위대함이 바로 여기에 있다.

감산풀이 여기서는 '부처의 지혜' (佛知見)가 그대로 제시되어 있다. 앞에서는 수보리가 '무언가 흔적이 남아 있는 수행' (有相之因)에 집착하자, 부처님께서는 형상에 집착하지 않은 보시를 말씀하시어 이를 파기하셨다. 또다시 '형상에서 벗어난 수행'(無相之因)으로 '형상 있는 과보'(有相之果)에 계합할 수 없다 하며 부처님의 형상에 수보리가 집착하자, 법신은 형상이 있지 않다는 말씀으로 부처님께서는 그의 어리석음을 소진시키셨다. 따라서 '형상에서 벗어난 수행'으로 '형상에서 벗어난 과보'에 계합할 수 있음은 분명하다. 이와 같이 될 수 있다면, 인과(因果)가 모두 공(空)하고, 사람(人)과 법(法)에 대한 집착이 동시에 소멸된다. 이 이치는 믿기 쉽지 않고 이해하기도 쉽지 않다. 그러므로 수보리는 어느 누가 부처님의 이 말씀을 믿겠는가, 라고 의심한다.

이에 부처님께서는 다음과 같이 답하신 것이다. 어찌 진리를 믿는 사람이 없겠는가. 다만 이 가르침을 믿는 것은 일반 사람이 아니라 계율을 지키고 복덕을 쌓은 인물이라야 비로소 가능하다는 것이다. 이른바 수행을 오래하고 근기가 뿌리 깊은 인물이라야 '형상에서 벗어난 과보'를 믿을 수 있다는 말이다. 그는 또한 첫 번째, 두 번째, 세 번째, 네 번째, 다섯 번째 부처님께서 세상에 계실 때, 갖가지 착한 행동을 닦았을 뿐만 아니라 한량없이 많은 부처님 곁에서 온갖 착한 행위를 쌓은 사람이다. 이와 같이 근기가 뛰어난 중생은 한순간에 믿음을 내는데, 여래께서는 그가 얻는 복덕이 무한함을 낱낱이 보고 빠짐없이 알고 계신다. 형상에서 벗어난 이런 복이, 형상에서 구하는 복덕보다 훨씬 뛰어날 것은 명약관화하다.

무슨 이유로 '형상에서 벗어난 진리'에 계합한 사람의 복덕이 훨씬 뛰어날까. 그에게는 자기, 사람, 중생, 영혼에 대한 망상의 흔적이 조금도 남아 있지 않기 때문이다. 비단 4가지만이 아니라 형상이 있거나 없거나 간에 모든 것이 공(空)해지므로, "진리 아닌 것에 대한 집착이 없을 뿐만 아니라 진리마저도 집착하지 않는다"고 했다. 왜냐하면 그는 마음에 집착이 조금도 남아 있지 않아 모든 것에서 벗어났기 때문이다. 진실로 한순간이라도 진리 아닌 것 혹은 진리를 취한다면, 곧 '4가지 허물'에 떨어지고 만다. 그러나 형상에 집착하지 않으면 마음과 경계(心境)가 공(空)해져, 이와 같이 한량없는 복덕을 얻게 된다. 바로 이것이 여래의 참된 지혜라는 것이다.

그러므로 부처님께서 보살에게 가르치실 때, 진리 아닌 것뿐만 아니라 진리마저도 취하지 말라고 하셨다. 왜 그런가. 어느 누구든지 진리에 계합할 수 있으면, 사람(人)과 진리(法)에 대한 집착이 모두 공(空)해져 온갖 미혹에서부터 단숨에 벗어나 모든 것으로부터 벗어나게 되는 것이다. 이 일이 어찌 자그마한 일이겠는가. 따라서 부처님께서는 제자에게 항상 진리마저 버리라고 강조하셨다. 진리도 버린다는 말은 곧 모든 감정의 움직임에서 벗어나라는 뜻이다. 이런저런 감정의 흐름이 끊어지면, 근본 지혜가 본래대로 원만해질 것이다. 이에 "진리마저도 버려야 하거늘, 하물며 진리 아닌 것이야 두말할 나위도 없지 않은가!"라고 말씀하신 것이다.

8장. 부처도 없고 진리도 없다면, 어떻게 부처님께서 세상에 출현해 깨달음을 성취해 가르침을 베푸는 것인가

【수보리의 의심】 여래는 형상에서 벗어나 있고, 진리 또한 취하지 말라는 가르침을 듣고서 수보리는 다음과 같이 마음속으로 의심한다. 만일 부처와 진리 둘 다 형상이 없다고 했으니, 곧 부처도 없고 진리도 없거늘, 어떻게 부처님께서는 이 세상에 나와 깨달음을 성취해 가르침을 베푸시는 것일까. 어째서 부처도 없고 진리도 없다는 것일까. 이와 같이 부처님 말씀에는 모순이 있지 않느냐고 수보리는 의심한다. 부처님께서는 그의 의심을 근본적으로 해소하신다.

"수보리여! 그대는 어떻게 생각하는가? 여래는 최상의 올바른 깨달음을 얻은 일이 있느냐? 여래는 설법한 일이 있는가?"

수보리가 말했다. "제가 알기로는 최상의 올바른 깨달음이라 일컬을 게 없으며, 또한 어떤 진리도 여래께서는 설법하지 않으셨습니다.[1] 왜냐하면 여래의 설법은 취할 수 없고, 무어라 이름할 수도 없으며, 진리를 말하는 것도 아니고 진리 아닌 것을 말하는 것도 아니기 때문입니다.[2] 왜냐하면 모든 성인과 현인은 추호도 거짓이 없는 그 자리에서 이런저런 다양한 모습으로 나타나기 때문입니다."[3]

"須菩提! 於意云何? 如來得, 阿耨多羅三藐三菩提耶? 如來,
　수보리　어의운하　여래득　아누다라삼먁삼보리야　여래
有所說法耶?"
유소설법야

須菩提言: "如我解佛所說義, 無有定法, 名阿耨多羅三藐三
　수보리언　여아해불소설의　무유정법　명아누다라삼먁삼

菩提, 亦無有定法, 如來可說. 何以故? 如來所說法, 皆不可
보리   역무유정법   여래가설   하이고   여래소설법   개불가

取, 不可說, 非法, 非非法. 所以者何? 一切賢聖, 皆以無爲
취   불가설   비법   비비법   소이자하   일체현성   개이무위

法, 而有差別."
법   이유차별

1) "최상의 올바른 깨달음이라 일컬을 게 없으며, 또한 어떤 진리도 여래께서는 설법하지 않으셨다." 이 문장은 '즉비' 사유를 드러낸 것이다. 한자 원문을 정확하게 옮기면 다음과 같다. "어떤 진리가 정해져 있어서 최상의 올바른 깨달음이라 이름하는 게 아니다. 어떤 진리가 정해져 있어서 여래께서 설법하시는 게 아니다." 깨달음은 깨달음이 아니고, 설법은 설법이 아니라는 뜻이다. 깨달음이 없다는 게 아니라 깨달음에 머물지 말라는 뜻이다. 깨달음에 도취되어 깨달았다고 말하고, 깨닫지 못한 중생을 무시하는 짓을 경계하는 것이다. 그래서 깨달음도 없고 설법도 없다고 부처님께서 단호하게 말씀하시는 것이다. 《금강경》의 핵심은 바로 무득(無得)에 있다. 무득, 깨달음을 얻은 일이 없다는 말은 '즉비' 사유의 표출이다. 부처님께서 깨달음을 얻으신 일은 인류 역사에서 최대 사건이지만, 여기서는 과감하게 아무것도 얻은 게 없다고 단언하셨다. 깨달음이 왜 없겠는가! 깨달음에 머물러서는 안 된다는 뜻이다. 깨달았다고 하면, 깨닫지 못한 중생도 있게 되지 않겠는가! 최상의 올바른 깨달음은 밖으로부터 얻는 게 아니라, 단지 마음에서 주객 대립이 끊어져야 한다. 깨달았다고 말하면, 깨달은 사람(주관)과 깨닫지 못한 중생(대상)이 여전히 남아 있는 셈이다. 그래서 깨달음이든, 부처님 가르침이든, 설법이든, "어디에도 머무름 없이 마음을 쓰라"고 강조하셨다. 부처님께서 인연에 따라 그 병통에 맞게 가르침을 펼쳐 깨달음이라 말씀하시기는 했어도, 어찌 깨달음이라

일컬을 게 따로 있겠는가! 최상의 진리는 마음에 본래 얻는 게 아니고, 또 얻지 못하는 것도 아니다. 단지 중생의 소견을 타파하기 위해 여래께서 방편으로 가르침을 전개하여 허망한 집착을 떨어내게 하신 것뿐이다. 모든 중생의 허망한 마음은 쉴 새 없이 생멸해 대상 경계를 따라 쉴 새 없이 요동친다. 그러니까 한 생각이 일어나자마자, 곧 이어지는 다음 생각으로 그 허망함을 포착해야 하고, 그다음 생각에도 머물지 않아야 한다. 이와 같을 진대 어찌 여래께서 설법하신 바가 있을 수 있겠는가. 깨달음, 부처님 가르침, 설법마저도 부정하는 철저함에 바로 이 경전의 참뜻이 담겨 있다.

2) "여래의 설법은 취할 수도 없고, 무어라 이름할 수도 없으며, 진리를 말하는 것도 아니고(非法) 진리 아닌 것을 말하는 것도 아니다(非非法)." 여기서 법(法)은 부처님 가르침을 뜻하므로, '법'(法)을 '진리'로 옮겼다. 이 문장을 '즉비'로 바꾸면 다음과 같다. "설법은 설법이 아니다(즉비), 설법은 무어라 이름할 수 없다(즉비), 진리도 아니다(즉비), 진리 아닌 것도 아니다(시명)." 언어 문자에 집착해 '형상에서 벗어난 진리'를 알지 못하고, 허망한 분별을 일으킬까 염려하여 "여래가 설법한 진리는 취할 수도 없다"고 수보리가 말한 것이다. 여래께서는 온갖 중생을 교화할 때 근기에 따라 방편으로 가르치신 것뿐이니, 어찌 그 가르침이 일정하게 정해져 있겠는가. 사람들이 여래의 깊은 뜻을 제대로 이해하지 못한 채 단지 경전을 암송할 뿐이어서 본래의 자기 마음을 증득하지 못한다. 따라서 "무어라 이름할 수도 없다"고 했다. 입으로만 읽을 뿐 마음으로 계합하지 못하면 곧 진리와 어긋나게 되고(즉비), 입으로 말하고 마음으로 계합해 조금도 얻은 게 없으면 진리 아닌 것이 없게 된다(시명).

3) 일체 거짓이 없는 그 자리로부터 이런저런 차별이 일어나니, 차별법이 바로 차별 없는 그 자리이기도 하다. 예컨대 한결같은 진리가 성문에 있어서는 4제(四諦), 연각에 있어서는 12인연(十二因緣), 보살에 있어서는 6도

만행(六度萬行)으로 다양하게 나타난다는 뜻이다.

감산풀이　여기서는 부처와 진리에 대한 망상을 함께 파기하고 있다. 수보리의 마음에 부처가 있고 진리가 있다는 생각이 싹텄는데, 바로 이 것이 '생각에 의한 분별'(意言分別)이다. 그가 마음에 이런 생각을 품을 뿐 아직 말로 표출하지는 않았으나, 그의 마음을 꿰뚫은 부처님께서 이 의심을 해소하고자 하신 것이다.

그래서 부처님께서 수보리에게 "그대는 어떻게 생각하는가" 하고 물으셨다. 다시 말해 그대는 생각으로 무슨 분별을 짓는가를 물으신 것이다. 또한 깨달음이란 과연 얻는 것인가. 여래는 과연 설법한 게 있는가. 이와 같이 부처님께서는 질문을 던짐으로써 수보리의 생각을 끄집어내고자 하셨다. 그러자 수보리는 그 뜻을 알아차리고 자기가 체험한 바를 말했다. 요컨대 자신이 아는 한에서 깨달음이 따로 있는 게 아니고, 또한 어떤 진리도 여래께서는 말씀하신 적이 없다는 것이다. 이렇게 수보리는 어디에도 집착하지 말라는 여래의 가르침을 깊이 이해했다. 비단 여래만 그런 것이 아니라 모든 성인과 현인 또한 추호의 거짓이 없는 그 자리에서, 이런저런 모습으로 나타나기 때문에 취할 수 없다는 것이다. 이는 '차별상을 매개로 하여 참된 진리가 현시된다'(開權顯實)는 뜻으로, 이와 같이 수보리는 자기 마음의 일단을 드러낸 것이다.

9장. '형상에서 벗어난 복덕'이 어떻게 7가지 보배 보시보다 뛰어날 수 있는가

【수보리의 의심】 수보리는 부처도 없고 진리도 없다는 것을 이미 이해했지만, 조금도 거짓 없는 그 자리에 계합한 사람이 어떻게 뛰어난 복덕을 얻는지는 알지 못한다. 그래서 부처님께서는 형상에서 벗어나는 것을 가르치신다.

"수보리여! 그대는 어떻게 생각하는가? 만일 어떤 사람이 삼천대천세계에 가득 찰 정도로 많은 7가지 보배로[1] 보시하면, 그가 얻는 복덕이 많지 않겠는가?"

수보리가 말했다. "매우 많습니다. 세존이시여! 왜냐하면 복덕은 곧 복덕이 아니므로, 복덕이 많다고 여래께서는 말씀하시기 때문입니다."[2]

"어떤 사람이 만일 이 경전 가운데 4구게만이라도 지녀 다른 사람을 위해 말해 주면, 그 복이 저 7가지 보배 보시보다 뛰어날 것이다.[3] 수보리여! 왜냐하면 모든 부처님과 최상의 올바른 깨달음이 모두 이 경전에서부터 나오기 때문이다.[4] 수보리여! 부처님 가르침은 곧 부처님 가르침이 아니므로, 이를 부처님 가르침이라 이름한다."[5]

"須菩提! 於意云何? 若人滿三千大千世界七寶, 以用布施,
　수보리　어의운하　약인만삼천대천세계칠보　이용보시

是人所得福德, 寧爲多不?"
시인소득복덕　영위다부

須菩提言: "甚多, 世尊! 何以故. 是福德, 卽非福德性, 是
수보리언　심다　세존　하이고　시복덕　즉비복덕성　시

故, 如來說, 福德多."
고   여래설   복덕다

"若復有人, 於此經中, 受持, 乃至, 四句偈等, 爲他人說, 其
 약부유인   어차경중   수지   내지   사구게등   위타인설   기

福勝彼. 何以故? 須菩提! 一切諸佛, 及諸佛, 阿耨多羅三藐
복승피   하이고   수보리   일체제불   급제불   아누다라삼먁

三菩提法, 皆從此經出. 須菩提! 所謂佛法者, 卽非佛法,
삼보리법   개종차경출   수보리   소위불법자   즉비불법

是名佛法."
시명불법

1) 7가지 보배는 금, 은, 유리, 아노, 자거, 산호, 진주를 말한다.

2) "복덕은 곧 복덕이 아니므로, 복덕이 많다고 여래께서는 말씀하시기 때문
   입니다."(是福德, 卽非福德性, 是故, 如來說, 福德多.) 한자 원문을 보면,
   '즉비시명'으로 정형화되기 이전의 형태로 판단된다. '즉비시명' 사유의
   기본 틀이라고 말할 수 있다. 삼천대천세계에 가득 찰 정도로 많은 7가지
   보배로 보시하면, 그 복덕이 비록 많은 듯 보여도 근본 자리에 있어서는
   조금도 이로움이 없다(즉비). 마음에 주관과 객관의 대립이 있으면, 곧 복
   덕이 없게 되고(즉비), 주객 대립이 끊어져야만 이를 복덕이라 일컬을 수
   있다(시명)는 뜻이다.

3) 불교의 모든 가르침의 근본은 모두 4구게에 들어 있다. 왜냐하면 모든 경
   전에 담긴 4구게가 바로 반야바라밀이기 때문이다. 반야는 부처님 가르침
   의 근본으로, 과거·현재·미래 3세의 여러 부처님께서는 이에 의지해 성
   불을 이루셨다. 〈반야심경〉에서는 "3세의 여러 부처님께서 반야바라밀에
   의시해 최상의 올바른 깨달음을 얻으셨다"고 시작한 바 있다.

4) 이 경전에서 나왔다는 말은 단지 《금강경》만을 지적하는 게 아니라 불성이
   근본으로부터 작용을 일으키므로, 그 오묘함이 무궁무진하다는 뜻이다.

반야란 곧 지혜를 뜻하는데, 지혜 방편으로 삼라만상을 밝게 비추게 된다는 것이다. 모든 부처님과 부처님의 최상의 올바른 깨달음이 모두 밝게 비추는 반야 지혜로부터 연원하기에, "이 경전에서부터 나온다"고 했다.

5) 바로 이 한문 문장에 '즉비시명'의 사유가 온전히 사용되었다. "부처님 가르침은 곧 부처님 가르침이 아니므로, 이를 부처님 가르침이라 이름한다."(佛法者, 卽非佛法, 是名佛法.) '불법'(佛法)은 바로 앞에서 이 경전과 4구게 등을 말하고 있으므로, '부처님 가르침'으로 번역했다. "이를 부처님 가르침이라고 이름한다."(是名佛法.) 이 문장은 구마라집 번역본에는 없지만, 산스크리트본과 다른 한역본에는 있어서 추가했다. 모든 언어 문자는 단지 달을 가리키는 손가락에 불과하다. 달을 가리키는 손가락은 그저 손가락일 뿐이지 달이 아니다. 이와 마찬가지로 경전의 언어 문자 자체는 진리가 아니다. 경전 가르침에 입각해 진리를 취해야 한다. 그래서 "부처님 가르침은 부처님 가르침이 아니다"라고 한 것이다. 경전의 문장은 육안으로 볼 수 있지만, 진리는 '지혜의 눈'(慧眼)이 있어야 볼 수 있다. '지혜의 눈'이 없으면, 단지 경전의 문구만 읽을 뿐, 그 진리는 보이지 않기 때문이다. '즉비시명'의 논리로 말하면, 달을 가리키는 손가락을 보면 '즉비'이고, 손가락으로 가리키는 달을 보면 바로 '시명'이다. 경전의 언어 문자는 '즉비'이고, 언어 문자 통해 진리에 계합하면 '시명'에 해당된다. 따라서 "이를 부처님 가르침이라고 이름한다."

감산풀이 여기서는 '형상에서 벗어난 복덕'(無相之福)에 의해 '형상에서 벗어난 진리'(無相之法)를 나타냄이 가장 뛰어남을 밝히고 있다. 수보리가 이미 '형상에서 벗어난 이치'(無相之理)를 안다고는 해도, 아직 '형상에서 벗어난 이치'에 계합하지는 못했다. 수보리는 '형상에서 벗어난 복덕'을 얻지 못해 이 복이 어떻게 7가지 보배 보시보다 뛰어난지 어리둥절해하고 있다.

　그러므로 부처님께서는 먼저 7가지 보배처럼 형상 있는 보시로 얻는 복이, 4구게를 지니는 복의 뛰어남만 같지 못하다고 말씀하셨다. 왜냐하면 모든 부처님께서는 4구게가 표현한 반야로부터 나오셨기 때문이다. 따라서 "반야는 모든 부처님의 어머니"라고 말하는 것이다. 그래서 4구게를 지니는 복덕이 훨씬 뛰어난 것이다. 예컨대 세상에서 말하는 바대로 어머니는 자녀로 인해 존귀해지는 것과 마찬가지이다.

　따라서 반야는 곧 부처님 가르침을 형성하는 근원이다. 하지만 반야가 곧 부처님 가르침인 것은 결코 아니다. 부처님께서는 "부처님 가르침은 곧 부처님 가르침이 아니다"라고 밝히셨다.

10장. 부처님께서 지난날 성문이 되면 열반에 머문다고 하셨으니, 머물 수 있는 진리와 과보가 있는 게 아닌가. 지금 여기에서는 왜 갑자기 진리와 과보를 부정하는가

【수보리의 의심】 이미 진리(法)도 말할 수 없다고 했고 부처(佛)마저 부정했으니, 둘 다 얻을 수 없다. 또한 세존께서 지난날 제자가 성문(聲聞)의 경지에 있을 때 '4가지 성스런 진리'(四聖諦)를 말씀하셨으니, 이는 곧 진리(法)에 해당된다. 제자들은 진리에 의지해 수행하여 과보를 얻은 것이다. 제자들은 열반을 구해 열반에 머물렀다. 세존께서는 왜 "모두 틀렸다"(一切皆非)고 힐책하셨을까. 왜냐하면 그 자리에서 부처님 말씀을 듣는 제자들이 열반에 대해 분별을 일으켰기 때문이다. 세존께서는 소승이 얻는 작은 과보를 수보리에게 되물음으로써 이런 의심을 풀어 주신다.

"수보리여! 그대는 어떻게 생각하는가? 수다원을[1] 증득한 사람이 '자기는 수다원이란 과보를 얻었다'고 생각하겠는가?"
수보리가 답했다. "아닙니다, 세존이시여! 왜냐하면 수다원이란 편안한 흐름에 들어갔다는 뜻이기는 하지만, 어디에도 들어간 바 없기 때문입니다. 형상, 소리, 냄새, 맛, 감촉, 의식의 대상 6가지에 들어가지 않았으므로, 수다원이라 일컫는 것입니다."
"수보리여! 그대는 어떻게 생각하는가? 사다함을[2] 얻은 사람이 '자신이 사다함이란 과보를 얻었다'고 생각하겠는가?"
수보리가 말했다. "그렇지 않습니다, 세존이시여! 사다함이란 한 번 오고 간다는 의미이기는 하지만, 오고 감이 없으므로, 이를 사다함이라 이름한 것입니다."

"수보리여! 그대는 어떻게 생각하는가? 아나함이[3] '자신은 아나함이란 경계를 얻었다'고 생각하겠는가?"

수보리가 답했다. "그렇지 않습니다, 세존이시여! 왜냐하면 아나함이란 오는 것이 없다는 뜻이기는 해도, 오지 않음도 없으므로, 이를 아나함이라 이름합니다."

"수보리여! 그대는 어떻게 보느냐? 아라한의[4] 경지를 증득한 인물이 '자기가 아라한이란 과보를 얻었다'고 생각하겠느냐?"

수보리가 말했다. "아닙니다, 세존이시여! 왜냐하면 아라한이라 일컬을 것이 전혀 없기 때문입니다. 세존이시여! 어떤 아라한이 '자신은 아라한의 도를 증득했다'고 분별하면, 곧 자기, 사람, 중생, 영혼에 대한 집착이 남아 있는 셈입니다.[5] 세존이시여! 부처님께서는 다음과 같이 말씀하신 적이 있습니다. '수보리는 '다툼이 없는 삼매'를 얻은 사람 가운데 으뜸이다. 욕심을 떠난, 제일 뛰어난 아라한이다.'[6]

세존이시여! 하지만 저는 '자신이 욕심을 떠난 아라한'이라 생각하지 않습니다. 세존이시여! 만일 '제가 아라한의 경계를 얻었다'고 분별한다면, 세존께서는 '수보리가 다툼 없는 삼매를 얻었다'고 말씀하시지 않았을 것입니다. 저는 아무것도 증득한 바 없으므로, '다툼 없는 삼매'를[7] 즐긴다고 일컬어지고 있습니다."

"須菩提! 於意云何? 須陀洹, 能作是念, '我得須陀洹果不?'"
수보리 어의운하 수다원 능작시념 아득수다원과부

須菩提言: "不也, 世尊! 何以故? 須陀洹, 名爲入流, 而無所入, 不入色聲香味觸法, 是名須陀洹."
수보리언 불야 세존 하이고 수다원 명위입류 이무소입, 불입색성향미촉법 시명수다원

"須菩提! 於意云何? 斯陀含, 能作是念, '我得斯陀含果不?'"
수보리 어의운하 사다함 능작시념 아득사다함과부

須菩提言: "不也, 世尊! 何以故? 斯陀含, 名一往來, 而實無
수보리언 불야 세존 하이고 사다함 명일왕래 이실무

往來, 是名斯陀含."
왕래 시명사다함

"須菩提! 於意云何? 阿那含, 能作是念, '我得阿那含果不?'"
수보리 어의운하 아나함 능작시념 아득아나함과부

須菩提言: "不也, 世尊! 何以故? 阿那含, 名爲不來, 而實無
수보리언 불야 세존 하이고 아나함 명위불래 이실무

不來, 是故, 名阿那含."
불래 시고 명아나함

"須菩提! 於意云何? 阿羅漢, 能作是念, '我得阿羅漢道不?'"
수보리 어의운하 아라한 능작시념 아득아라한도부

須菩提言: "不也, 世尊! 何以故? 實無有法, 名阿羅漢. 世尊!
수보리언 불야 세존 하이고 실무유법 명아라한 세존

若阿羅漢, 作是念, '我得阿羅漢道.' 卽爲着我人, 衆生壽者.
약아라한 작시념 아득아라한도 즉위착아인 중생수자

世尊! 佛說, '我得無諍三昧人中, 最爲第一, 是第一離欲阿
세존 불설 아득무쟁삼매인중 최위제일 시제일이욕아

羅漢.' 世尊! 我不作是念, '我是離欲阿羅漢.'
라한 세존 아부작시념 아시이욕아라한

世尊! 我若作是念, '我得阿羅漢道.' 世尊卽不說, '須菩提,
세존 아약작시념 아득아라한도 세존즉불설 수보리

是樂阿蘭那行者.' 以須菩提, 實無所行, 而名須菩提, 是樂阿
시요아란나행자 이수보리 실무소행 이명수보리 시요아

蘭那行."
란나행

1) '수다원'(srotāpanna, 須陀洹)이란 '흐름을 거슬러 올라감'(逆流)이다.
　　생사의 흐름을 거슬러 올라가 6가지 티끌(六塵)에 오염되지 않고 무루업

(無漏業)을 닦아 거친 번뇌가 생기지 않게 되어, 다시는 지옥, 축생, 아수라에 떨어지지 않는 수다원의 과보를 얻게 된다.

2) '사다함'(sakrdāgamin, 斯陀含)이란 '한 번 왕래함'(一往來)이다. 여기서 한 번 왕래함은 인간으로 죽어 하늘에 태어났다가 하늘로부터 다시 인간으로 내어남을 의미한다. 이에 마침내 생사에서 벗어나 3계의 업이 다한 까닭에 사다함이라 일컫는다. 대승의 사다함은 눈앞 경계에 마음이 한 번 생멸하고 다시는 생멸하지 않음을 뜻한다. 또 앞 생각이 허망함을 한 번 일으키자 뒷 생각이 곧 그치게 하고, 앞 생각이 집착하자 뒷 생각이 곧 집착을 떠나게 한다. 실로 왕래함이 없으므로, 사다함이라 이름한다.

3) '아나함'(anāgamin, 阿那含)이란 '돌아오지 않음'(不還), '욕심에서 벗어남'(出欲)을 뜻한다. 욕심에서 벗어났다는 말은 밖으로 욕심낼 대상 경계가 눈에 들어오지 않고, 안으로는 조금도 탐욕이 없어 욕계(欲界)에서 생명을 받아 태어나지 않는다는 뜻이다. 그래서 욕계로 다시 '돌아오지 않는다'고 했다. 또한 실은 오지 않음도 없어 욕심의 습기가 영원히 소진되어 결코 다시는 생명을 받지 않으므로, 이를 아나함이라 이름한다.

4) 모든 번뇌가 이미 소진되어 다시는 번뇌가 생기지 않는 인물을 '아라한'(arhan, 阿羅漢)이라 일컫는다. 아라한은 번뇌가 영원히 소멸되어 사물과 더불어 다투지 않는다. 만일 그 과보를 얻으려 한다면, 곧 다툼이 남아 있음을 뜻한다. 만일 다툼이 여전히 남아 있다면, 아라한이라고 할 수 없다. 특히 수행하는 과정에서 상을 내는 것은 더욱 금물이다. 수행자가 상을 내면, 다른 어떤 상보다 추하다. 수다원, 사다함, 아나함, 아라한 어느 단계에 오르더라도, 수행자는 수행했다는 상을 내면 안 된다.

5) '아라한'이란 '다툼이 없음'(無諍)을 뜻한다. 아라한이 자신이 이러한의 도를 얻었다, 도를 통했다고 한다면, 그에게 상이 따라붙게 된다. 그 무엇과도 다투지 않는 인물은 끊어야 할 번뇌도 없고, 벗어나야 할 탐욕과 분

노도 없으며, 좋고 싫은 감정도 사라져 마음과 경계가 함께 공(空)해지고 안팎이 항상 고요해지므로, 아라한이라 이름한다. 아라한은 마음에 생멸 거래가 끊어지고, 오직 본각(本覺)만이 항상 비추므로, '다툼 없는 삼매'(無諍三昧)를 얻었다고 말하는 것이다.

6) 허공에는 어둠과 밝음이 교대되고, 사람은 삿된 소견과 바른 견해를 시시 각각으로 일으킨다. 생각 생각마다 항상 올바르고 조금도 삿됨이 없어야 '다툼 없는 삼매'를 체득했다고 일컬을 수 있다.

7) '아란나행'(araṇā-vihārin, 阿蘭那行)은 '다툼 없는 삶'(無諍行)으로, 곧 청정한 삶을 영위한다는 뜻이다. 청정한 삶이란 무언가 얻으려는 마음이 사라졌음을 뜻한다. 무언가 얻으려 하면 다툼이 있게 되고, 다투게 되면 청정하지 못하게 된다.

감산풀이 여기서는 어디에도 집착하지 않는 반야의 근본 가르침을 그 대로 제시하고 있다. 제자들은 부처(佛)를 구할 수도 없고 진리(法)를 취할 수도 없음을 듣고서, 수행해 나가더라도 어디에 머물러서는 안 됨을 알게 되었다. 하지만 세존께서는 지난날 제자들에게 성문(聲聞)이 되면 생사의 고통에서 벗어나 열반에 안주한다 하셨으니, 머무를 수 있는 진리(法)와 과보(果報)가 있는 것이 아닌가. 지금 금강반야 법문에서는 무슨 까닭으로 진리와 과보가 있지 않다고 하는 것일까. 제자들은 이렇게 의심했다. 세존께서 진리와 과보를 부정하시는 까닭은, 소승이 아직 언어 문자의 습기를 떠나지 못해 언어 문자에 상응하는 것이 실제로 있는 줄 착각하고 또 이를 집착하여, 반야 지혜로 들어가지 못한 채 이런저런 의심만 일으키기 때문이다.

그래서 세존께서는 이런 의심을 일으키지 않는 수보리와의 대화를 통해, 다른 제자의 잘못된 생각을 깨우쳐 주려 하신다. 따라서 수보리가 지난날 얻은 4가지 과보를 열거하고, 수보리는 이를 어떻게 생각하는지 물으신 것이다. 다시 말해 4가지 과보에 대해 과연 얻은 것이 있는가를 수보리에게 질문하신 것이다.

수다원이란 '편안한 흐름을 탔다'(入流)는 뜻으로, '입'(入)은 '생사의 흐름을 거슬러 올라간다'(逆)는 의미이나. 거슬러 올라간나는 말은 단지 6가지 티끌 경계(六塵)에 들어가지 않는다는 뜻이지, 실제로 이것을 거슬러 저것에 들어가 그곳에 머무른다는 말이 결코 아니다. 사다함이란 '한 번 오고 간다'(一往來)는 뜻이다. 욕계(欲界)에 대해 아직 조금 생각이 남아 있어 다만 한 번 욕계에 와서 이 생각을 끊으면, 욕계를 벗어나게 되어 다시는 돌아오지 않게 된다는 말이다. 오고 간다고 말하기는 했지만 실제로 오는 곳, 가는 곳, 머물 곳이 있는 것은 결코 아니다. 아나함이란 '돌아오지 않는다'(不來)는 뜻이다. 영원토록 다시는 욕계에서 태어나지 않을 뿐이라는 말은, 또한 욕계로 오지 않기는 해도 따로 그 어디에 머무를 곳이 있는 것도 아니라는 말이다. 아라한은 '번뇌가 일어나지 않는다'(不生)는 뜻이다. 모든 형상이 있지 않으며, 모든 대상이 있지 않은 줄 그는 꿰뚫고 있다. 그 마음에 아무것도 일어나지 않을 뿐이라는 것이다. 또한 그는 자기가 아라한이란 생각도, 자기가 아라한으로서 머물 곳 또한 있다고 생각하지도 않는다. 만일 어느 아라한이 자기가 아라한이라 집착하면, 곧 그는 중생과 보는 바가 똑같아 '4가지 허물'(四相)에 떨어지고 만다.

또한 수보리의 말은 다음을 뜻한다. 세존께서는 매번 수보리가 '다툼 없는 삼매'를 얻었다고 칭찬하셨고, 이런 삼매를 얻은 인물 가운데서도 으뜸이라 칭찬하셨으며, 수보리가 욕심을 떠난, 제일 뛰어난 아라한이라고 칭찬하셨다. 그러나 세존으로부터 이처럼 최고로 칭찬받았기는 하지만, 그는 자기 마음에 한 생각이 일어나 스스로가 탐욕에서 벗

어난 아라한이라 집착한 일이 전혀 없다. 더욱이 만일 그가 스스로 아
라한이라 생각한다면, 세존께서는 수보리가 '다툼 없는 삼매'를 즐긴
다고 칭찬하시지 않았을 것이다.

열반은 원래 머물 곳이 아니라 했으니, 여래의 깨달음에도 또한 머물
러서는 안 될 것이다. 따라서 이에 대해서는 어찌 추호의 의심이 있을
수 있겠는가. 여기서는 부처라는 과보에 대한 의심을 해소해 주셨고,
다음에서는 부처가 되면 무언가를 이루리라는 의심을 끊어 주신다.

11장. 부처의 과보에 머물러서는 안 된다면, 어째서 석가모니께 서는 지난날 연등불로부터 미래에 성불하리라는 수기를 받으셨 는가

【수보리의 의심】 부처님께서 지금까지 가르치신 바대로 부처의 과보 는 머물 곳이 아니라는 것이 명확해졌다. 이미 과보를 조금도 얻은 바 가 없다면, 어째서 석가모니 부처님께서는 연등불로부터 미래에 성불 하리라는 수기(授記)를 받으셨는가. 부처의 경지는 성취해야 되는 것이 고, 부처의 깨달음은 이루어야 할 것이라면, 어째서 그 과보에 머물러 서는 안 된다는 것일까. 그래서 부처님께서는 아무것도 얻은 바 없다고 답하심으로써 이런 의심을 녹여 버리신다.

부처님께서 수보리에게 말씀하셨다. "그대는 어떻게 생각하는 가? 여래는 지난날 연등불께서 세상에 계실 때, 깨달음을 얻으리 라는 수기를 받은 일이 있는가?"
이에 수보리가 답했다. "그렇지 않습니다, 세존이시여! 연등불께 서 세상에 계실 때, 여래께서는 실로 아무것도 얻으신 바가 없으 셨습니다."[1]

佛告須菩提: "於意云何? 如來, 昔在燃燈佛所, 於法, 有所
불고수보리　　어의운하　　여래　석재연등불소　어법　유소
得不?"
득부

"不也, 世尊! 如來, 在燃燈佛所, 於法, 實無所得."
불야　세존　여래　재연등불소　어법　실무소득

1) 연등불은 석가모니 부처님께 깨달음의 수기를 주신 스승이다. 진리란 스승을 통해 전수되기는 하지만, 실은 "아무것도 얻은 게 없다."(實無所得) "아무것도 얻은 게 없다"는 '즉비'의 부정에 해당된다. 불교에서 많이 사용되는 표현이 바로 무득(無得)으로, 무득 역시 '즉비'의 사유가 표출된 것이다. 여래의 가르침은 비유컨대, 햇빛과 같아서 밝게 비추기는 하지만, 취할 수 있는 것은 결코 아니다.

감산풀이 여기서는 궁극적으로 아무것도 얻은 바가 없음을 제시하고 있다. 수행자는 어디에도 머물러서는 안 된다는 말씀을 듣고서 깨달음에 집착해서도 안 되는 줄 알았다. 하지만 깨달음에 머물러서는 안 된다 하더라도, 부처의 과보는 필시 이루는 것이 아닌가, 라고 수보리는 의심한다. 만일 부처의 과보가 성취되지 않는다면, 어떻게 진리가 전수될 수 있겠느냐는 것이다. 그러므로 세존께서는 거꾸로 수보리에게 질문을 던져서 그의 의심을 해소하고자 하신 것이다. 연등불께서는 석가모니 부처님께 깨달음을 성취하리라는 수기를 주시기는 했지만, 단지 이 마음으로 도장 찍은 것일 뿐 석가모니 부처님께서는 실로 아무것도 얻은 바 없으시다. 만일 조금이라도 얻은 바가 있다고 한다면, 연등불께서 수기를 내리지 않으셨을 것이기 때문이다.

12장. 깨달음에 머물러도 안 되고, 부처 과보도 얻는 게 아니라면, 도대체 왜 보살행을 해야 하고, 불국토를 장엄해야 하는가

【수보리의 의심】 깨달음에 집착해서는 안 되고, 부처의 과보도 얻는 것이 아니라면, 불국토(佛國土)를 장엄할 필요가 없거늘, 세존께서는 어째서 수보리에게 보살행을 하고, 불국토를 장엄하게 하라고 가르치셨을까.

"수보리여! 그대는 어떻게 생각하는가? 보살은 불국토를 장엄한 일이 있느냐?"

"아닙니다, 세존이시여! 불국토를 장엄한다는 것은 곧 장엄함이 아니므로, 이를 장엄한다고 말합니다."[1]

"그러므로 수보리여! 모든 보살과 마하살은 마땅히 이와 같이 청정한 마음을 내야 한다. 마땅히 형상에 집착하는 마음을 일으켜서도 안 되며, 소리, 냄새, 맛, 감촉, 의식의 대상에 머무르는 마음을 일으켜서도 안 된다.[2] 응당 어디에도 집착함이 없이 마음을 내야 한다."[3]

"須菩提! 於意云何? 菩薩, 莊嚴佛土不?"
　수보리　 어의운하　 보살　 장엄불토부

"不也, 世尊! 何以故? 莊嚴佛土者, 卽非莊嚴, 是名莊嚴."
　불야　 세존　 하이고　 장엄불토자　 즉비장엄　 시명장엄

"是故, 須菩提! 諸菩薩摩訶薩, 應如是生淸淨心. 不應住色,
　시고　 수보리　 제보살마하살　 응여시생청정심　 불응주색

生心, 不應住聲香味觸法, 生心. 應無所住, 而生其心."
　생심　 불응주성향미촉법　 생심　 응무소주　 이생기심

---

1) 불국토는 청정하여 아무런 형상도 없거늘, 어찌 장엄할 수 있겠는가. 오직 선정과 지혜로 인해 방편으로 장엄이라 말하는 것이다. 장엄에는 3가지가 있는데, 첫째 세간의 불국토(世間佛土)를 장엄함이니, 사찰 건립, 사경(寫經), 보시 공양이다. 둘째 육신이란 불국토(身佛土)를 장엄함이니, 모든 사람을 널리 공경함이다. 셋째 마음이란 불국토(心佛土)를 장엄함이다. 마음이 청정하면 곧 불국토가 청정해지는데, 생각 생각마다 항상 얻음이 없는 도리를 행함이다.

2) 한자 원문에서 '법'(法)은 곧 의식의 대상을 뜻한다. 수행인이 다른 사람의 잘못을 입에 올려서는 안 된다. 스스로를 뽐내 다른 사람을 경시하면, 이는 청정행이라고 할 수 없다. 마음에는 항상 지혜를 일으키고, 평등하게 자비를 행해 모든 중생을 공경함이 수행인의 청정행이다. 만일 마음을 청정하게 하지 않거나 청정한 곳에 애착해 머물려 하면, 이는 미혹이다. 형상을 보고 그에 집착하고 형상에 머무는 마음을 내는 것은 미혹에 떨어진 것이다. 예컨대 구름에 하늘이 가려진 격이다. 따라서 형상을 보는 즉시에 형상에서 벗어나고, 형상에 머물지 않고서 마음을 쓰라는 것이다. 이는 곧 하늘에 한 점 구름이 없어 해와 달이 항상 비춤과 마찬가지이다.

3) "응당 어디에도 집착함이 없이 마음을 내야 한다." 이 구절 역시 《금강경》의 핵심 사상인 '즉비시명'의 논리를 구체화한 것이다. '즉비시명'으로 바꾸면 다음과 같다. "보살은 마땅히 그 어디에도 머물지 않는다(즉비). 어디에도 집착함이 없이 마음을 낸다(시명)." 이 구절은 정형화된 딱딱한 '즉비시명'의 논리를 구마라집이 한역하면서 유려하게 옮긴 것이다. 구마라집의 유려한 표현과 '즉비시명' 사유의 관련성을 《금강경》 해설서에서는 놓치고 있다. 이 구절이 이 경전을 대표하는 상징으로 평가받는 것도, 바로 '즉비시명'의 사유를 유연하게 표현하고 있기 때문이다.

감산풀이 여기서는 마음을 편안히 하는 법을 곧바로 제시하고 있다. 부처의 과보는 성취되는 것이 아니고 열반에 머물러서도 안 된다고 한다면, 굳이 불국토를 장엄할 필요가 있겠는가, 라고 수보리는 마음속으로 의심한다. 그가 이렇게 의심하는 것은 중생 구제가 사찰 건립 같은 불국토 장엄이라 생각하기 때문이다. 이는 다름 아니라 형상에 집착한 어리석음에서 연유한다.

따라서 세존께서는 보살이 과연 불국토를 장엄한 일이 있느냐, 라고 수보리에게 물으셨다. 바로 그때 그 의미를 깨달은 수보리는 불국토를 장엄한다는 것은 곧 장엄이 아니므로, 이를 장엄이라 한다고 답했다. 왜 그런가. 불국토는 청정한 정토(淨土)이거늘, 어찌 정토를 7가지 보배로 장엄할 수 있겠는가. 중생이 보는 세계는 예토(穢土)이다. 예토는 온갖 나쁜 업으로 장식되어 있고 갖가지 고통으로 가득 차 있다. 부처님들께서 계시는 정토는 단지 청정한 마음에 의해 모든 오염이 깨끗하게 정화된 곳이다. 오염된 업이 이처럼 소진되면, 그곳은 저절로 청정해진다. 따라서 청정한 마음이 바로 장엄인 것이다. 하지만 이 장엄은 국토 건립 같은 저 장엄과는 다르므로, "곧 장엄이 아니다"라고 말한 것이다. 이와 같이 본다면, 보살이 불국토를 장엄하는 것은 마음 밖에서 하는 게 아니라 단지 자기 마음을 청정하게 한다는 뜻이다. 마음이 청정하면 그곳은 저절로 청정해진다. 따라서 "응당 어디에도 집착함이 없이 마음을 내야 한다"고 부처님께서는 지적하셨다. 이 밖에 따로 장엄할 필요는 없다는 것이다.

또한 마음이 청정해야 한다면, 그 마음은 어떻게 써야 하는가를 수보리는 의심했다. 그러자 부처님께서는 청정한 마음이란 "6가지 티끌(六塵)에 오염되지 않은 마음"일 따름이라고 지적하셨다. 어디에라도 집착이 남아 있는 마음은 청정하지 못하기 때문이다. 이른바 집착하는 생

각이 사라진다면, 청정한 마음은 저절로 나타난다는 것이다. 그러므로
세존께서는 "응당 어디에도 집착함이 없이 자기 마음을 내야 한다"고
지적하셨다. 3조 승찬(僧璨) 대사도 "인연에 따르지 말고, 공(空)의 이
치에도 머무르지 말라"(莫逐有緣, 無住空忍)고 강조한 바 있다. 바로 이
것이 "어디에도 집착함이 없이 내는 마음"(無住生心)이다. 마음을 편안
히 하는 방법으로는 이보다 뛰어난 것이 없다. 그러므로 6조 혜능(慧
能) 대사는《금강경》의 이 구절을 듣자마자 깨달은 것이다.

13장. 불국토를 장엄할 수 없다면, 보신 부처님께서는 어디 계시는가

【수보리의 의심】 이와 같이 불국토를 장엄하지 않는다면, 어디에도 불국토는 있지 않을 것이다. 그렇다면 천장(千丈)이나 되는 부처님께서는 어디에 계시는가. 이는 보신(報身) 부처님이 반드시 실제로 어디엔가 머무른다는 의심이다.

> "수보리여! 비유컨대, 어떤 사람의 몸이 수미산처럼 광대하다고 한다면, 그의 몸은 크다고 할 수 있는가?"
> 수보리가 답했다. "매우 큽니다, 세존이시여! 왜냐하면 광대한 몸은 곧 광대한 몸이 아니므로, 이를 광대한 몸이라 한다고 부처님께서 말씀하시기 때문입니다."[1]
>
> "須菩提, 譬如有人, 身如須彌山王, 於意云何? 是身爲大不?"
> 수보리   비여유인   신여수미산왕   어의운하   시신위대부
> 須菩提言: "甚大, 世尊! 何以故? 佛說大身, 即非大身, 是名
> 수보리언   심대   세존   하이고   불설대신   즉비대신   시명
> 大身."[2]
> 대신

1) 색신(色身)이 비록 크더라도 그 안의 마음이 작으면, 그의 몸은 크다고 할 수 없다(즉비). 몸 안의 마음이 광대해 허공 같아야 비로소 그의 몸도 크다고 할 수 있다(시명). 따라서 색신이 비록 수미산과 같다고 하더라도 크다고 할 수는 없다.

2) 한문 원문은 원래 다음과 같았다. "佛說非身, 是名大身."(광대한 몸이 아니므로, 이를 광대한 몸이라고 부처님께서 말씀하신다.) '즉비시명'의 사

유에 비추어 다음과 같이 수정했다. "佛說大身, 卽非大身, 是名大身."(광
대한 몸은 곧 광대한 몸이 아니므로, 이를 광대한 몸이라 한다고 부처님께
서 말씀하신다.)

감산풀이 법신(法身)이란 불국토를 장엄할 수 없다는 말을 듣고서, 수
보리는 보신(報身)은 반드시 실제로 어디엔가 있으리라고 의심한다. 만
일 불국토를 장엄할 수 없다고 한다면, 보신은 대관절 어디에 거처하느
냐는 것이다. 이에 부처님께서는 법신은 몸이 아니라는 말로 그의 의심
을 무너뜨리셨다. 다시 말해 '국토 아닌 국토'(非土之土)가 바로 불국
토이고, '몸 아닌 몸'(非身之身)이 바로 법신이라는 것이다. 법신은 형
상을 초월했고, 불국토는 아무런 형상이 없기 때문이다. 법신은 이와
같이 형상으로 볼 수 없거늘, 불국토를 어찌 장엄할 수 있겠는가. 법신
은 6가지 티끌(六塵)과 마음의 움직임을 떠났으므로, 여러 의심이 소진
된다면 곧바로 몸과 불국토가 공(空)해질 것이다. 마음과 대상이 모두
끊어져야 반야의 궁극 원리에 계합한다고 할 수 있으니, 이에 법신이
그 어디에도 머물지 않는 이치가 드러나게 된다. 여기에 이르러서야 비
로소 이치는 지극해지고, 언어 문자는 끊어지게 된다. 이 진리를 믿는
사람에게는 그 복이 무궁무진한 까닭에 다음에서 다른 복덕과 비교하
여 말한다.

"수보리여! 인도 갠지스강의 수많은 모래알처럼 갠지스강이 많다
면, 그대는 어떻게 생각하는가? 모든 갠지스강들의 모래가 많다
고 하지 않겠는가?"[1)

수보리가 답했다. "엄청나게 많습니다, 세존이시여! 모든 갠지스
강들만 해도 엄청나거늘, 하물며 모든 갠지스강들의 모래는 더

말할 나위도 없지 않겠습니까!"

"수보리여! 내가 이제 진리를 말해 주겠다. 선남자와 선여인이 모든 갠지스강들의 모래알만큼이나 많은 삼천대천세계를 7가지 보배로 가득 채워 놓고 보시하면, 그 사람이 얻는 복덕이 많겠는가?"[2]

수보리가 말했다. "매우 많습니다, 세존이시여!"

부처님께서 수보리에게 말씀하였다. "선남자와 선여인이 《금강경》에서 4구게 등을 지니고서 다른 사람에게 말해 준다면, 이 복덕은 재물 보시를 통해 얻는 복덕보다 훨씬 뛰어날 것이다.[3] 또한 수보리여! 《금강경》에서 4구게만이라도 다른 사람에게 전해 준다면, 그가 있는 곳은 모든 세상의 하늘, 사람, 아수라들이 마치 부처님의 탑과 사찰처럼 봉양할 것이다.[4] 하물며 어떤 사람이 이 경전을 곁에 지니고 독송하는 경우에 있어서는 두말할 나위도 없지 않은가! 수보리여! 그는 세상에서 드문 최상의 진리를 성취할 것이다. 이 경전이 갖춰진 곳이 바로 부처님과 그의 존경받는 제자가 있는 곳이기 때문이다."[5]

"須菩提, 如恒河中, 所有沙數, 如是沙等恒河, 於意云何? 是
　수보리　여항하중　소유사수　여시사등항하　어의운하　시

諸恒河沙, 寧爲多不?"
제항하사　영위다부

須菩提言: "甚多, 世尊! 但諸恒河, 尚多無數, 何況其沙?"
수보리언　심다　세존　단제항하　상다무수　하황기사

"須菩提! 我今實言, 告汝. 若有善男子, 善女人, 以七寶, 滿
　수보리　아금실언　고녀　약유선남자　선여인　이칠보　만

爾所恒河沙數, 三千大千世界, 以用布施, 得福多不?"
이소항하사수　삼천대천세계　이용보시　득복다부

須菩提言: "甚多, 世尊!"
수보리언   심다 세존

佛告須菩提: "若善男子, 善女人, 於此經中, 乃至, 受持, 四
불고수보리   약선남자 선여인 어차경중   내지 수지 사

句偈等, 爲他人說, 而此福德, 勝前福德.
구게등 위타인설 이차복덕 승전복덕

復次, 須菩提, 隨說是經, 乃至, 四句偈等, 當知, 此處,
부차 수보리 수설시경 내지 사구게등 당지 차처

一切世間, 天人阿修羅, 皆應供養, 如佛塔廟. 何況有人, 盡
일체세간 천인아수라 개응공양 여불탑묘 하황유인 진

能受持讀誦!
능수지독송

須菩提, 當知, 是人, 成就最上第一, 稀有之法. 若是經典所
수보리 당지 시인 성취최상제일 희유지법 약시경전소

在之處, 卽爲有佛, 若尊重弟子."
재지처 즉위유불 약존중제자

1) '항하'(恒河)는 인도에서 신성하게 간주하는 갠지스강을 가리킨다. 인도
   인들은 갠지스강에서 목욕하는 것을 영광으로 생각하는데, 갠지스강에서
   목욕하면 업이 소멸된다고 생각한다.

2) 태양계 안에 있는 세계가 '소세계'(小世界)가 된다. 이를 천배하면 '소천세
   계'(小天世界), 다시 천배하면 '중천세계'(中天世界)가 된다. 또다시 천배
   하면 '대천세계'(大川世界)가 된다. 삼천(三千)이란 1,000×1,000×1,000
   을 뜻하므로, 1,000,000,000이 된다. 우주가 바로 '삼천대천세계'이다.

3) 7가지 보배 보시는 그 과보로 3계에서 부귀를 얻을지 모르지만, 대승 경
   전(大乘經典)을 가르치면 듣는 사람으로 하여금 지혜를 얻게 하여 최고의
   도를 성취하게 하니, 그 복덕은 말로 헤아릴 수 없다는 것이다.

4) 깨달음마저 집착하지 않는 그 마음으로 《금강경》을 가르치면, 천룡팔부
   (天龍八部)가 감응해 직접 와서 경청한다는 것이다.

5) 마음으로 이 경전을 읽고, 마음으로 이 경전의 가르침에 계합하고, 어디에
도 집착하지 않고, '형상에서 벗어난 이치'를 체득하고서 항상 부처님 가르
침대로 행하고, 한순간도 어기지 않으면, 그 마음이 바로 부처라는 것이다.

김신풀이 여기서는 비유를 통해 반야의 뛰어남을 밝히고 있다. 《금강
경》의 4구게를 다른 사람에게 말해 주는 복은, 갠지즈강 모래알처럼 많
은 삼천대천세계를 7가지 보배로 가득 채우는 재물 보시보다 뛰어나
다. 왜냐하면 반야는 이 세상에서 희귀한 최상의 가르침이기 때문이다.
4구게는 부처님의 법신 전체인 까닭에, 부처님께서 사바세계에 계실
때 제자에게 말씀하신 가르침과 조금도 차이가 나지 않는다. 이렇게 해
서 법신이 원융하게 현현되어 갖가지 의심이 단숨에 무너져 언어 문자
로부터 벗어나게 된다. 이치가 지극해지자, 수보리는 이를 이해하고서
이 경전의 명칭을 다음에서 여쭌다.

> 그때 수보리가 부처님께 말씀드렸다. "세존이시여! 이 경전 명칭
> 은 무엇입니까? 저희가 이 경전을 어떻게 받들어야 합니까?"
> 부처님께서 수보리에게 말씀하셨다. "이 경전은 《금강반야바라밀
> 경》으로 받들도록 해야 할 것이다. 왜 그런가? 수보리여! 반야바
> 라밀은 곧 반야바라밀이 아니므로, 이를 반야바라밀이라 일컫는
> 다고 부처가 말하기 때문이다."[1]
>
> 爾時, 須菩提, 白佛言: "世尊! 當何名此經, 我等, 云何奉持?"
> 이시 수보리 백불언　세존　당하명차경　아등　운하봉지
> 佛告須菩提: "是經, 名爲金剛般若波羅蜜, 以是名宇, 汝當
> 불고수보리　시경　명위금강반야바라밀　이시명자　여당
> 奉持. 所以者何? 須菩提! 佛說, 般若波羅蜜, 卽非般若波羅
> 봉지 소이자하　수보리　불설　반야바라밀　즉비반야바라

蜜, 是名般若波羅蜜."
밀   시 명 반 야 바 라 밀

1) "반야바라밀은 곧 반야바라밀이 아니므로, 이를 반야바라밀이라 일컫는
다." 이 문장 역시 '즉비시명' 사유가 담겨 있다. 부처님께서는 반야바라
밀을 가르쳐 사람으로 하여금 지혜를 얻게 하여 어리석은 생멸심을 제거
하도록 하셨다. 생멸하는 미혹이 소진되면 곧 피안에 이르게 된다. 그러나
만일 깨달음을 얻으려 한다면, 결코 피안에 도달하지 못한다. 마음을 그
무엇에도 머물게 하지 말아야 한다. 또 입으로만 반야를 말해서는 안 된
다. 반야바라밀은 곧 반야바라밀이 아니다(즉비). 진리에 자기 마음으로
계합해야만 피안에 이를 수 있다(시명). 따라서 반야바라밀은 곧 반야바
라밀이 아니므로, 이를 반야바라밀이라 일컫는 것이다(즉비시명).

감산풀이 여기서 부처님께서는 반야의 실제(實際)를 곧바로 말씀하셨
고, 수보리는 이제 가르침을 받아 그 뜻을 알게 되었다. 부처님 가르침
에 의해 반야 전체가 이미 분명하게 드러났고, 이 밖에 다른 법이 있지
않으므로, 수보리는 이 경전의 명칭을 여쭌 것이다. 이에 세존께서는
단적으로 이 경전은 《금강반야바라밀경》이라고 말씀하셨다. 다시 말해
이 가르침은 언어 문자를 떠나 있고, 단지 이 마음일 뿐이라는 것이다.

또 수보리는 이 경전을 어떻게 받들어야 되는지를 여쭈었다. 이에 세
존께서는 곧 우리의 이 마음으로 이 가르침을 받들라고 말씀하셨다. 왜
냐하면 이 마음은 본래 마음이 아니고, 이 가르침 또한 가르침이 아니
기 때문이다. 따라서 "반야바라밀은 곧 반야바라밀이 아니다"라고 지
적하셨다.

수보리는 이 가르침을 듣기 전에는 그 마음이 편하지 못했던 까닭에,

먼저 마음 다스리는 법을 여쭈었다. 그가 알고 그가 보는 것은 눈에 보이는 바깥 대상뿐이므로, 중생과 부처가 둘로 크게 나뉘고, 오염과 청정이 둘로 대립하며, 집착과 집착하지 않음이 서로 차이가 났다. 따라서 그 마음이 편안하지 않고, 따라서 다스리기 어려워 갖가지 의심으로 들끓었던 것이다.

먼저 중생 제도의 어려움을 의문으로 제기하자, 부처님께서는 중생이 원래 공(空)하다고 말씀하셨다. 또 부처의 과보를 구하기 어렵다고 의심을 일으키자, 부처님께서는 과보를 구하려 하지 말라고 가르쳐 주셨다. 또한 보시를 널리 행하기 어렵다고 말하자, 보시하는 사람, 보시받는 사람, 보시되는 물건 3가지가 모두 공적(空寂)하다고 일러 주셨다. 이어서 불국토 장엄의 어려움을 제기하자, 마음의 청정이 곧 장엄이라 말씀하셨다. 또 보신(報身)은 어디에도 거처할 곳이 없느냐고 의심하자, 법신(法身)은 어디에도 의지하지 않는다고 가르쳐 주셨다.

이렇게 일으키는 의심마다 부처님께서 낱낱이 해소하시자, 수보리는 온갖 의심이 얼음 녹듯 소진되었고, 부처님의 마음은 명명백백하게 드러나 어느 하나라도 감추어진 게 없었다. 그래서 부처님 말씀을 들은 수보리의 마음은 평안해졌고, 저절로 다스려지게 되었던 것이다. 따라서 수보리는 경전의 명칭을 여쭈었다. 세존께서는 구구한 이론으로 사람을 현혹시키기보다 오로지 이 마음을 경전의 명칭으로 삼으셨고, 이런 식으로 이 경전의 핵심 사상을 요약하셨다.

다음에서는 법신이란 근본 원리를 단적으로 적시한다. 이른바 백 척이나 되는 벼랑 끝에 서서 다시 한 발 내딛는 격이다. 모름지기 금강 같은 눈을 갖추어야 비로소 극긴히게 상응할 수 있다. 따라서 수보리는 이제야 진리에 눈을 뜨게 되어 눈물을 흘리며 그 불가사의함을 찬탄하게 된 것이다. 흡사 집을 떠났다가 오랜만에 다시 고향에서 어머니를 만나 눈물 흘리는 것과 흡사했다. 수보리가 눈물을 흘린 이유는, 부처님께서 제시하신 불가사의한 경계에 계합한 뒤에야 비로소 제대로 이해될 수 있을 것이다.

> "수보리여! 그대는 어떻게 생각하느냐? 여래가 한 번이라도 입을 열어 설법한 일이 있는가?"
> 수보리가 부처님께 말씀을 올렸다. "세존이시여! 여래께서는 단 한마디도 말씀하신 일이 없습니다."[1]
>
> "須菩提! 於意云何? 如來, 有所說法不?"
> 수보리 어의운하 여래 유소설법부
> 須菩提, 白佛言: "世尊! 如來, 無所說."
> 수보리 백불언   세존 여래 무소설

1) 여래의 설법은, 마음에 아무것도 얻는 게 없으므로 한마디도 설법한 일이 없다는 것이다. '즉비'의 부정과 관련시키면, "설법은 곧 설법이 아니다"는 뜻이다. 여래께서는 세상 사람으로 하여금 무언가를 얻고자 하는 그 마음을 떠나게 하기 위해 반야바라밀을 말씀하셨다. 모든 사람이 이를 듣고 보리심을 일으켜 무생(無生)의 진리를 깨달아 최상의 도를 성취하도록 하신 것이다.

감산풀이 수보리는 이미 법신의 원리를 이해하기는 했지만, 법신이 아무런 형상이 없다면, 도대체 누가 설법을 하는지 의심을 하고 있다. 그는 진리를 설법함이 있다고 짐작하는 것이다. 따라서 부처님께서 수보리에게 위와 같은 질문을 던지셨다. 부처님께서 질문을 꺼내시자마자, 법신은 형상에서 떠났고, 진리 또한 설법한 바가 없음을 수보리는 알아차리게 되었던 것이다.

14장. 법신이 형상이 없다고 하면, 법신은 어디에서 볼 수 있는가

【수보리의 의심】 법신은 형상을 초월했다고 하는데, 법신은 형상이 있지 않다고 한다면, 곧 아무것도 없는 단멸(斷滅)에 떨어지고 만다. 아무것도 없고 아무런 형상도 없다면, 도대체 어디에서 법신을 볼 수 있는가. 대중이 이렇게 의심을 일으키자, 부처님께서는 이를 해소하신다.

> "수보리여! 그대는 어떻게 생각하는가? 삼천대천세계에 가득 찬 티끌이 많다고 할 수 있는가?"
>
> 수보리가 답했다. "매우 많습니다, 세존이시여!"
>
> "수보리여! 모든 티끌은 티끌이 아니므로, 이를 티끌이라고 여래는 일컫는다.[1] 세계는 세계가 아니므로, 이를 세계라 여래는 부른다."[2]
>
> "須菩提! 於意云何? 三千大千世界, 所有微塵, 是爲多不?"
> 수보리 어의운하 삼천대천세계 소유미진 시위다부
>
> 須菩提言: "甚多, 世尊!"
> 수보리언 심다 세존
>
> "須菩提! 諸微塵, 如來說, 非微塵, 是名微塵.
> 수보리 제미진 여래설 비미진 시명미진
>
> 如來說, 世界, 非世界, 是名世界."
> 여래설 세계 비세계 시명세계

1) "모든 티끌은 티끌이 아니므로, 이를 티끌이라고 여래는 일컫는다"는 문장은 전형적인 '즉비시명'의 표현이다. 중생이 허망한 생각이 삼천대천세계에 있는 티끌처럼 많다. 이렇게 많은 미혹이 불성을 덮고 있기에, 중생은 해탈하지 못하는 것이다. 만일 반야바라밀에 의해 어디에도 집착하지

않고 '형상에서 벗어난 수행'을 닦으면, 그렇게 많은 번뇌가 곧 청정한 법
성이 될 것이다. 허망한 생각이 이와 같이 없어지는 것에 대해 세존께서는
"티끌은 티끌이 아니다"라고 말씀하셨다. 참이 곧 거짓이고 거짓이 바로
참임을 파악해야, 참과 거짓이 함께 사라지고 이 밖에 따로 진리가 있지
않게 되므로 "이를 티끌이라 일컫는다"고 하셨다.

2) "세계는 세계가 아니므로, 이를 세계라 여래는 부르는 것이다." 이 문장
역시 전형적인 '즉비시명'의 논리를 표현하고 있다. 마음에 번뇌의 티끌
이 끊어지면 곧 부처 세계이고, 번뇌의 티끌이 남아 있으면 중생 세계이
다. 허망한 생각이 공적(空寂)한 것을 꿰뚫어 보므로, "세계는 세계가 아
니다"라고 하셨다. 여래의 법신을 증득해 티끌에까지 오묘한 작용이 무한
히 전개되므로, "이를 세계라 부른다"고 지적하셨다.

감산풀이 여기서는 모든 것이 비록 공(空)하기는 해도, 그렇다고 해서
아무것도 없는 단멸(斷滅)은 아님을 밝히고 있다. 법신은 아무런 형상
이 없다는 부처님 가르침을 듣고서 수보리는, 그렇다면 아무것도 없지
않은가, 라고 의심을 일으켰다. 아무것도 없는 단멸이라면, 어디에서도
법신을 찾을 수 없을 것이라는 의심이다.

이에 부처님께서는 티끌 하나, 먼지 하나까지 모두가 법신이라고 강
조하시면서 "삼천대천세계에 가득 찬 티끌이 많다고 할 수 있느냐"라
고 물으신 것이다. 그러자 수보리는 "매우 많다"라고 답한다. 만일 티
끌로 세계를 본다면 티끌처럼 많은 대상이 눈에 가득할 것이지만, 티끌
이 있지 않은 것으로 세계를 본다면 텅 빈 하나의 허공 가운데 '참된
공'(眞空)만이 밝게 빛나리라. 소위 적멸하고 신령스런 가운데 삼라만
상이 현현하고, 설령 종횡으로 온갖 경계가 허공의 꽃처럼 일어나더라
도 하나의 본성으로 융합할 것이다. 그러므로 "푸르고 푸른 대나무가

모두 진여이고, 울창한 노란꽃이 반야가 아님이 없다"고 노래하기도 한 것이다. 산, 강 그리고 대지 전체가 그대로 법신의 드러난 바이기 때문이다. 누구라도 법신을 보고자 하면, 금강 같은 바른 눈을 갖추어야 하리라. 그래서 "세계는 세계가 아니므로, 이를 세계라 여래는 부른다"고 지적하셨다.

15장. 부처는 형상을 초월한다면, 지금 수보리가 보고 있는 부처님은 도대체 무엇인가

【수보리의 의심】 법신은 아무런 형상이 없기에, 이를 부처라 이름한다고 했다. 만일 형상을 초월한 것이 부처라고 한다면, 지금 눈앞에 보이는 부처님의 32상이 어떻게 부처님의 모습일 수 있는가. 수보리는 이렇게 의심한다. 이는 화신(化身)을 부처님의 참모습으로 착각한 것이다. 이에 부처님께서는 다음에서 법신과 화신이 하나임을 말씀하심으로써 의심을 타파하신다.

"수보리여! 그대는 어떻게 생각하느냐? 32상으로 여래를 볼 수 있는가?"
"그렇지 않습니다, 세존이시여! 32상으로 여래를 볼 수 없습니다. 왜냐하면 32상은 곧 32상이 아니므로, 이를 32상이라 여래께서 일컬으시기 때문입니다."[1]

"須菩提! 於意云何? 可以三十二相, 見如來不?"
　수보리　어의운하　가이삼십이상　견여래부
"不也, 世尊! 不可以三十二相, 得見如來. 何以故?"
　불야　세존　불가이삼십이상　득견여래　하이고
　如來說, 三十二相, 卽是非相, 是名三十二相."
　여래설　삼십이상　즉시비상　시명삼십이상

1) "32상은 곧 32상이 아니므로, 이를 32상이라 여래께서 일컬으시기 때문이다." 이 문장도 '즉비시명'의 논리를 담고 있다. 32상은 32상이 아니다(즉비). 왜냐하면 32상으로 여래를 볼 수 없기 때문이다. 32상은 32상이 아니므로, 이를 32상이라 일컫는다(즉비시명). 왜냐하면 법신과 화신(32상)

은 하나이기 때문이다.

감산풀이   여기서는 법신(法身)과 화신(化身)이 하나임을 밝히고 있다. 형상이 있다 해서 부처가 아니라고 단정해서는 안 된다. 지금 수보리 눈앞에 보이는 32상은 본래 형상이 있는 것이 아니다. 형상이 곧 형상이 아니게 되면, 응신(應身)이 곧 법신인 셈이다. 여기에 이르러야 법신, 보신, 화신 셋이 하나가 된다. 몸과 국토가 모두 공(空)해져 이치가 지극해지고, 모든 감정이 사라져 언어 문자가 끊어지므로, 이 진리에 계합하는 사람은 칭송받고, 이 가르침을 전파하면 그 복덕이 무궁무진하리라.

> "수보리여! 선남자와 선여인이 갠지스강의 모래알처럼 많이 자기 생명을 보시하더라도, 어떤 사람이 《금강경》 4구게 등을 지니고서 다른 사람에게 말해 준다면, 이 사람의 복이 훨씬 많을 것이다."
>
> "須菩提! 若有善男子, 善女人, 以恒河沙等身命, 布施, 若復
> 수보리   약유선남자 선여인   이항하사등신명   보시   약부
> 有人, 於此經中, 乃至, 受持, 四句偈等, 爲他人說, 其福甚
> 유인   어차경중   내지   수지   사구게등   위타인설   기복심
> 多."
> 다

김신풀이   여기시는 법공(法空)으로부터 있는 이익이 뛰어님을 밝히고 있다. 세존께서는 이치를 이처럼 지극하게 제시하심으로써, 온갖 의심을 단숨에 무너뜨리시고, '4가지 번뇌'(四相)를 단번에 공(空)하게 하

시며, '자기에 대한 집착'(我執)을 소진시키시고, 법신이 홀로 밝게 드러나게 하신다. 따라서 세존께서는 갠지즈강의 모래알만큼이나 많이 자기 생명을 보시하더라도, 마음속에 4구게를 지니고서 다른 사람에게 전해 주는 것만 같지 못하다고 말씀하셨다. '형상에서 벗어난 복덕'은 참으로 헤아릴 수 없기 때문이다. 수보리는 이제 그 의미를 그대로 이해하여 이전에는 듣지 못했던 희유한 가르침에 감격한다. 따라서 눈물을 흘리면서 세존의 희유하신 가르침을 찬탄한다. 앞머리(2장)에서 "여래께서는 모든 보살을 하나도 빠짐없이 보살펴 주시며 모든 보살에게 낱낱이 부촉해 주신다"는 수보리의 말은 바로 이를 가리킨다. 여기까지는 수보리가 부처님의 가르침을 받고 이해하는 과정이다. 다음부터는 가르침을 입은 수보리가 자기의 느낌을 밝히고 있다.

> 그때 수보리는《금강경》법문을 듣고 그 뜻을 깊이 이해하여 눈물을 흘리면서 부처님께 말씀을 올렸다. "희유하십니다, 세존이시여! 부처님께서 말씀하신 이처럼 깊고 깊은 진리가 담긴 가르침은 제가 '지혜의 눈'이 열린 이후 한 번도 들어 보지 못했습니다. 세존이시여! 어떤 사람이 이 경전 말씀을 듣고 청정한 믿음을 낸다면, 그는 실상을 깨닫게 되어 가장 희유한 공덕을 성취하게 될 것입니다. 세존이시여! 실상이란 곧 실상이 아니므로, 이를 실상이라고 여래께서 말씀하십니다.[1]
>
> 세존이시여! 이제 제가 이 경전 말씀을 듣고 받들기는 그다지 어렵지 않습니다. 말세 중생이 가르침을 듣고 그대로 믿어 받든다면, 그는 곧 세상에서 참으로 희유할 것입니다. 왜냐하면 그는 '자기', '사람', '중생', '영혼'에 대한 집착이 끊어졌기 때문입니다.

또한 '자기에 대한 집착'은 곧 '자기에 대한 집착'이 아닙니다. '사람', '중생', '영혼'에 대한 집착도 '사람', '중생', '영혼'에 대한 집착이 아닙니다. 왜냐하면 모든 것에서 떠나야 곧 부처라 이름하기 때문입니다."[2]

부처님께서 수보리에게 말씀하셨다. "그렇다! 참으로 잘 말했다. 어떤 사람이 《금강경》 가르침을 듣고 조금도 놀라지 않고, 조금도 두려워하지 않으며, 조금도 겁내지 않는다면, 그는 참으로 희유한 사람이다. 수보리여! 왜냐하면 제일바라밀은 곧 제일바라밀이 아니므로, 이를 제일바라밀이라 여래는 일컫기 때문이다"[3]

爾時, 須菩提, 聞說是經, 深解義趣, 涕淚悲泣, 而白佛言:
이시　수보리　문설시경　심해의취　체루비읍　이백불언

"希有世尊, 佛說如是, 甚深經典, 我從昔來, 所得慧眼, 未曾
희유세존　불설여시　심심경전　아종석래　소득혜안　미증

得聞, 如是之經.
득문　여시지경

世尊, 若復有人, 得聞是經, 信心淸淨, 卽生實相. 當知, 是人,
세존　약부유인　득문시경　신심청정　즉생실상　당지　시인

成就第一希有功德. 世尊, 是實相者, 卽是非相, 是故, 如來,
성취제일희유공덕　세존　시실상자　즉시비상　시고　여래

說名實相.
설명실상

世尊, 我今得聞, 如是經典, 信解受持, 不足爲難. 若當來世,
세존　아금득문　여시경전　신해수지　부족위란　약당래세

後五百歲, 其有衆生, 得聞是經, 信解受持, 是人, 卽爲第一
후오백세　기유중생　득문시경　신해수지　시인　즉위제일

希有 何以故?
희유　하이고

此人, 無我相, 無人相, 無衆生相, 無壽者相. 所以者何?
차인　무아상　무인상　무중생상　무수자상　소이자하

我相, 卽是非相, 人相, 衆生相, 壽者相, 卽是非相. 何以故?
아상 즉시비상 인상 중생상 수자상 즉시비상 하이고

離一切諸相, 卽名諸佛."
이일체제상 즉명제불

佛告須菩提: "如是如是. 若復有人, 得聞是經, 不驚不怖不畏.
불고수보리 여시여시 약부유인 득문시경 불경불포불외

當知, 是人, 甚爲希有. 何以故? 須菩提! 如來說, 第一波羅
당지 시인 심위희유 하이고 수보리 여래설 제일바라

蜜, 卽非第一波羅蜜, 是名第一波羅蜜."
밀 즉비제일바라밀 시명제일바라밀

1) "실상이란 곧 실상이 아니므로, 이를 실상이라고 여래께서 말씀하신다." 이 문장 역시 '즉비시명'의 구조로 되어 있다. 비록 청정행을 하더라도, 청정과 오염 2가지 미혹을 일으키면 곧 허망함에 떨어진다. 마음에 무언가 얻음이 있으면 실상이라 할 수 없다.

2) 세존께서 설법하실 당시에도 또한 많은 중생이 이 가르침을 믿지 않았거늘, 어찌 말세 중생만 그랬겠는가. 말세에 이르게 되면 부처님 당시로부터 멀리 떨어져 단지 언어 문자만 전해질 뿐이다. 그러나 말세에 태어나서도 이 경전의 말씀을 듣고 청정한 마음으로 신봉해 무생(無生)의 진리를 깨달은 인물도 있었는데, 매우 드문 까닭에 "참으로 희유하다"고 지적했다. 말세에 어떤 사람이 반야바라밀을 가르친 경전을 믿어 받들면, 곧 '4가지 번뇌'가 아무런 흔적 없이 소진된다. '4가지 번뇌'가 끊어진 것을 실상(實相)이라 일컫는데, 이는 곧 부처님 마음이기도 하다. 따라서 "모든 것에서 떠나야 곧 부처라 이름한다"고 지적했다.

3) "제일바라밀은 곧 제일바라밀이 아니므로, 이를 제일바라밀이라 여래는 일컫기 때문이다." 이 문장 역시 '즉비시명'의 구조로 되어 있다. 입으로만 진리를 말할 뿐 마음으로 계합하지 못하면 어긋나게 된다. 그러므로 최

상의 바라밀은 곧 최상의 바라밀이 아니다(즉비). 입으로 말한 그 진리에 마음으로 계합하면, 그 가르침과 하나가 된다. 따라서 최상의 바라밀은 곧 최상의 바라밀이다(시명). 또 마음에 주관과 객관의 대립이 남아 있으면 진리와 어긋나게 되므로, 제일바라밀은 곧 제일바라밀이 아니다(즉비). 진리에 계합하기 위해서는 마음에 주객의 대립이 끊어져야만 한다(시명).

감산풀이 여기서는 부처의 마음에 계합해야 부처의 지혜에 들어간다고 말하고 있다. 수보리, 소승을 익히는 사람들, 그리고 모든 중생은 한결같이 형상에 집착한다. 이제 부처님께서 사바세계에 출현하신 이래, 20여 년간 아직 형상에서 떠나라는 가르침을 베풀지 않으신 것은, 중생이 이 말씀을 듣고 놀라 의심할까 염려해서이다. 따라서 부처님께서 중생을 교화하실 때, 그에 맞는 방편을 사용해 그들의 잘못된 소견을 모두 무너뜨리곤 하셨다. 세상에 출현해 20여 년이 지난 뒤 반야 법문에 이르러서야 비로소 부처님의 본래 마음자리를 드러내신 것이다.

왜 그런가. 부처님께서는 원래 일체 중생 누구나 대승의 궁극 경지로 나아가기를 바라시기 때문이다. 이제 소승의 무리를 이끌어 대승의 마음을 발심하도록 함에 있어서, 다만 금강 같은 마음자리를 수행의 근원으로 삼고자 하시는 것이다. 따라서 먼저 이 마음을 써서 갖가지 의심을 녹여 중생으로 하여금 올바른 믿음을 일으키도록 하셨다. 반야가 바로 대승에 들어가는 첫 관문이 보살이 계합해야 할 근본 마음이기 때문이다. 이른바 부처님께서 여러 보살에게 낱낱이 당부하시는 것이 바로 이 마음이다.

소승 제자들은 모두 이 가르침을 듣지 못하다가 이제야 비로소 가르침을 받았다. 이제까지는 반야의 진리를 알지 못하다가 오늘에야 제대로 이해하게 된 것이다. 비유컨대 갓난아이가 어머니를 만난 격이다.

따라서 수보리가 이 가르침을 한번 듣자마자 감격해 눈물을 흘린 것은 당연하다고 할 수 있다. 그가 부처님의 희유함을 찬탄한 것도 바로 이 때문이다. 앞에서는 문득 부처님 마음의 일부분을 보게 되어서 그 희유함을 찬탄했지만, 아직 가르침을 듣지는 못했다. 이제 세존께서 근본 자리를 토로하시어 잘못된 생각을 하나하나 무너뜨리시자, 온갖 의심이 물거품처럼 수그러드니, 바로 이 마음이 참으로 희유한 것이다. 이전에는 결코 들어 보지 못한 진실로 희유한 가르침이기 때문이다.

수보리가 이제 자기의 깨달음을 진술하여 또한 동료를 자극하고자 한다. 다시 말해 수보리는 근본 가르침을 들어 깨달음을 얻었다. 그 진리는 참으로 희유한 가르침임을 동료 구도자에게 제시한 것이다. 만일 어느 누가 이 가르침을 듣고 자기 마음을 믿어 이처럼 청정하게 된다면, 실상(實相)이 그 앞에 나타나 온갖 허망함이 일거에 소멸될 것이고, 그 또한 세상에 희유한 인물이 되리라. 왜 그런가. '형상에서 벗어난 진리'는 참으로 믿기 어렵고, 제대로 이해하기 쉽지 않기 때문이다. 또한 수보리를 비롯한 제자들이 여래를 직접 만났기는 했어도, 이 진리를 믿기가 쉽지 않았다. 그러나 부처님의 오묘한 가르침을 한번 듣자 곧 진리에 대한 믿음과 이해 또한 어렵지 않게 되었다.

하지만 부처님께서 이 세상을 떠나신 뒤 말법 시대에 이르러 5탁(五濁)이 더욱 심해지고 마구니가 날뛰어 진리가 은폐되니, 거뜬히 이 가르침을 믿기란 매우 어려울 것이다. 그러나 말법 시대에 참으로 반야의 진리를 믿는다면, 그는 세상에서 최고로 희유한 인물이 되리라. 왜 그런가. 그는 '4가지 번뇌'(四相)가 조금도 남아 있지 않기 때문이다.

그러나 '4가지 번뇌'는 본래 여여(如如)하여 이를 근본적으로 이해하면, 곧 '4가지 번뇌'에서 법신을 볼 수 있게 된다. 이에 "모든 것에서 떠나야 곧 부처라 이름한다"고 했다. 바로 이것이야말로 참으로 희유한 가르침이라고 할 수 있다. 세존께서는 수보리의 이런 말을 듣고서 "그렇다, 참으로 잘 말했다"고 칭찬하셨다. 진실로 이 경전에서 지적한 대로 반야의 진리는 광대하지만, 그 사람의 근기가 하열하다면 듣는 사람은 놀라고 의심하며 두려워할 것이다. 이 가르침을 들어도 놀라지도 않고 의심하지도 않으며 두려워하지도 않는 그 사람이야말로 참으로 희유한 인물이다. 또한 부처님의 말씀은 언어 문자에 있지 않기 때문에 "제일바라밀은 곧 제일바라밀이 아니므로, 이를 제일바라밀이다"라고 지적하셨다.

16장. 어떻게 생명까지 버리면서 보시할 수 있을까

【수보리의 의심】 앞에서 부처님께서는 보시를 말씀하시면서 6가지 티끌(六塵)에 관련된 보시는 '재물 보시'(外施)라 하셨다. 다른 사람에게 주기 어려운 재물을 선뜻 보시한다면, 이 또한 복덕을 쌓는 일이다. 그러나 세존께서는 형상에 집착하지 말라고 말씀하셨고, 형상에 머물지 않는 보시의 공덕이 훨씬 크다고 하셨다. 또한 7가지 보배로 세상을 가득 채운다 해도, '형상에서 벗어난 보시'의 복덕에 비할 수 없다고 하셨다. 더욱이 갠지즈강 모래알만큼이나 자주 자기 생명을 보시하더라도, 그에 견줄 수 없다고 하셨다. 자기 목숨을 던지는 것은 생명을 보시하는 것으로, 재물 보시에 비해 생명 보시는 쉽지 않다. 그래서 어떻게 자기 목숨까지 던질 수 있을까, 라고 수보리는 의심했다.

이에 세존께서는 수보리의 의심을 낱낱이 짚어 보시고 의도적으로 인욕을 말씀하심으로써 그의 의심을 해소하신다. 자기 몸을 베고 끊어도 성내지 않고 또 아무런 원한이 맺히지도 않는다면, 더 이상 '자기에 대한 애착'이 없는 것이다(我空). 바로 이것이 수보리의 의심이었다. 경전에서는 더 나아가 보살의 두 집착, '자기에 대한 애착'(我執)과 '법에 대한 애착'(法執)까지 소멸시키고자 한다. '자기에 대한 애착'이란 곧 '오온(五蘊)으로 된 육신'을 자기 자신으로 간주하는 것이다. '오온으로 된 육신'을 자기라고 세상 사람은 간주하지만, 이는 거짓된 명칭에 불과하다. 사람들은 오온이 대상으로 실제로 존재한다고 착각한다. 앞에서는 거짓된 이름을 소멸시키셨다. 이제는 몸을 베고 끊는 것을 통해 '오온이 실제로 존재하지 않음'을 부처님께서는 밝히신다.

"수보리여! 인욕바라밀은 인욕바라밀이 아니므로, 이를 인욕바라밀이라 여래는 이름한다.[1] 왜 그럴까? 수보리여! 내가 지난날 가리왕에 의해 몸이 갈기갈기 찢겨져도, 그때 나는 '자기', '사람', '중생', '영혼'에 대한 집착이 조금도 남아 있지 않았다. 왜냐하면 지난날 몸이 갈기갈기 찢겨질 때, '자기', '사람', '중생', '영혼'에 대한 집착이 추호라도 남아 있었다고 한다면, 마땅히 성내고 원한을 품었을 것이기 때문이다.[2]

수보리여! 또한 내가 옛날 5백 생 동안 인욕선인이었던 당시를 회상하면, 그때에도 '자기', '사람', '중생', '영혼'에 대한 집착을 조금도 찾아볼 수 없었다.[3] 따라서 수보리여! 보살은 마땅히 모든 것을 떠나 최상의 올바른 깨달음을 내야 한다. 응당 어떤 형상에도 집착하는 마음을 일으키지도 말아야 하고, 소리, 냄새, 맛, 감촉, 의식의 대상에 집착하는 마음을 내지도 말아야 하며, 마땅히 어디에도 집착하지 않고 마음을 내야 한다.[4]

마음이 어딘가에 머무르게 되면, 이는 참되지 못하다. 그러므로 부처님께서는 마음을 어디에라도 머무르면서 보시를 해서는 안 된다고 보살에게 가르치신다.[5] 수보리여! 보살은 모든 중생을 이롭게 하기 위하여 이와 같이 보시해야 한다.[6]

그래서 온갖 것은 곧 그것이 아니라고 말한다. 또한 모든 중생은 곧 중생이 아니라고 여래는 말하는 것이다."[7]

"須菩提! 忍辱波羅蜜, 如來說, 非忍辱波羅蜜, 是名忍辱波
수보리 인욕바라밀 여래설 비인욕바라밀 시명인욕바
羅蜜. 何以故? 須菩提! 如我昔爲歌利王, 割截身體, 我於爾
라밀 하이고 수보리 여아석위가리왕 할절신체 아어이
時, 無我相, 無人相, 無衆生相, 無壽者相. 何以故? 我於往
시 무아상 무인상 무중생상 무수자상 하이고 아어왕

昔, 節節支解時, 若有我相, 人相, 衆生相, 壽者相, 應生瞋恨.
석 절절지해시 약유아상 인상 중생상 수자상 응생진한

須菩提! 又念過去, 於五百世, 作忍辱仙人, 於爾所世, 無我
수보리 우념과거 어오백세 작인욕선인 어이소세 무아

相, 無人相, 無衆生相, 無壽者相.
상 무인상 무중생상 무수자상

是故, 須菩提! 菩薩, 應離一切相, 發阿耨多羅三藐三菩提心.
시고 수보리 보살 응리일체상 발아누다라삼먁삼보리심

不應住色, 生心, 不應住聲香味觸法, 生心, 應生無所住心.
불응주색 생심 불응주성향미촉법 생심 응생무소주심

若心有住, 卽爲非住. 是故, 佛說, 菩薩, 心不應住色, 布施.
약심유주 즉위비주 시고 불설 보살 심불응주색 보시

須菩提! 菩薩, 爲利益一切衆生, 應如是布施.
수보리 보살 위이익일체중생 응여시보시

如來說, 一切諸相, 卽是非相. 又說, 一切衆生, 卽非衆生."
여래설 일체제상 즉시비상 우설 일체중생 즉비중생

1) 이 문장은 '즉비시명'의 논리를 전형적인 형태로 제시한 것이다. 모욕을 당해 감정을 일으키면 '즉비', 요컨대 인욕은 곧 인욕이 아니다. 모욕을 당하더라도, 아무런 감정이 일어나지 않으면 '시명', 요컨대 인욕은 곧 인욕이다.

2) 가리왕은 극악무도한 폭군을 가리킨다. 부처님께서 과거생에 인욕선인이셨을 때 가리왕으로부터 사지가 절단당하는 어려움에 처한 적이 있으셨다고 한다. 부처님께서 인욕선인으로 산중에서 수도하시던 중 성질이 포악한 가리왕이 사냥을 나왔다. 왕을 수행했던 왕비들이 선인에게 예를 올렸다. 이를 질투한 가리왕이 칼로 사지를 베었더니, 하늘이 노하여 돌을 비 내리듯 퍼부었다. 왕은 참회하였고 선인의 사지는 기적이 일어나 다시 선인의 몸에 붙었다고 한다. 또 전하는 이야기로는 여래가 수행하는 중에 국왕이 되어 항상 10가지 선(十善)을 행해 중생을 이익이 되게 했기에, 사람

마다 이 왕을 노래로 칭송해 가리(歌利)라 했다고 한다. 왕은 최상의 올바른 깨달음을 구해 인욕행을 닦았다. 그때 제석천왕이 전다라(旃多羅)로 변해 왕의 육신을 달라고 하니까, 왕은 자기 몸을 떼어 주면서도 추호도 성내거나 원망하지 않았다고 한다.

3) 5백 세(五百世)의 '세'(世)란 생(生)이란 뜻이다. 여래께서 수행하실 때 5백 생 동안이나 인욕바라밀을 닦아 '4가지 번뇌'(四相)가 조금도 일어나지 않았다. 여래께서 자신의 지난날 수행하던 이야기를 말씀하신 것은, 수행인으로 하여금 인욕바라밀을 성취하게 하기 위함이다. 만일 어느 누가 인욕바라밀을 행하고자 하면, 무엇보다 먼저 다른 사람의 허물이나 나쁜 점을 보지 말고, 원한 맺은 사람이나 친한 사람을 가리지 않고 평등하게 대하며, 옳고 그름을 분별하지 않아 다른 사람이 때리거나 해치더라도 기쁜 마음으로 그를 받아들여 더 한층 공경해야 한다. 이와 같이 행한다면 그는 인욕바라밀을 성취하리라(시명).

4) 6가지 티끌(六塵)에 마주칠 때마다 사람들은 미워하거나 사랑하는 마음을 내는 까닭에 허망한 마음이 자꾸자꾸 쌓임으로 한량없는 업이 생겨 불성(佛性)을 뒤덮게 된다. 비록 여러 가지로 부지런히 수행하더라도, 마음속 번뇌를 제거하지 않으면, 결코 해탈하지 못할 것이다. 이는 바로 물질에 집착하기 때문이다. 만일 순간순간마다 항상 반야바라밀을 지향하여 모든 것이 공(空)함을 추구해 나가면, 어디에도 집착하지 않게 되고 매 순간마다 정진하여 게으름을 피우지 않게 되리라. 그래서 《유마경》에서는 "일체지(一切智)를 구하되, 한순간도 쉬지 않는다"고 했으며, 《대반야경》(大般若經)에서도 "보살과 마하살은 밤낮으로 정진하여 항상 반야바라밀에 머무른다. 한순간이라도 반야바라밀에서 벗어나지 않는다"고 했다.

5) "만일 마음이 어딘가에 머무르게 되면, 이는 참되지 못하다." 이 문장은 '즉비' 사유와는 반대된다. 마음이 어디라도 머무르는 것은 무언가에

집착하는 것이다. 부처님께서는 어디에라도 머무르지 말 것(즉비)을 가르치셨다.

6) 보살은 법 보시와 재물 보시를 행하여 중생을 무한하게 이롭게 한다. 그러나 만일 이익을 준다고 생각한다면, 이익을 준다고 할 수 없다. 하지만 이익을 준다는 마음이 남아 있지 않다면, "어디에도 집착하지 않는다"(無住)고 일컫는다. '어디에도 머무르지 않는 것'이 바로 부처 마음이고, '즉비' 가르침을 실천하는 것이다.

7) "온갖 것(一切諸相)은 곧 그것이 아니라고 말한다. 또한 모든 중생은 곧 중생이 아니라고 여래는 말하는 것이다." 이 문장은 '즉비' 부정적 사유의 전형적인 표현이다. '여래'(如來)란 말에서, '여'(如)란 '생기지 않음'(不生), '래'(來)란 '없어지지 않음'(不滅)을 뜻한다. '생기지 않는다'는 것은 '자기에 대한 집착'이나 '사람에 대한 분별' 등이 일어나지 않는다는 말이다. '없어지지 않음'이란 '깨달음의 광명이 사라지지 않는다'는 뜻이다. 아래에서는 "여래는 오는 바도 없고, 가는 바도 없으므로, 여래라 이름한다"고 했다. '4가지 번뇌'(四相)가 결국 무너져, 중생이란 말은 단지 거짓된 명칭에 불과하게 된다. 만일 허망한 마음에서 벗어나면, 중생을 찾을래야 찾을 수 없게 된다. 따라서 "중생은 곧 중생이 아니다"라고 지적하셨다.

감산풀이 여기서는 오온(五蘊)이 실제로 있지 않음을 밝히고 마음을 어디에 머무르게 해야 하는가, 라는 앞의 질문에 대해 결론적으로 답하고 있다. 수보리는 생명으로 보시한다는 이야기를 들었을 때, 오온이 본래 있지 않은 이치를 이해하지 못해, 이를 믿지 못하고 어떻게 자기 목숨까지 버릴 수 있는지 의심하기에 이르렀다. 요컨대 7가지 보배를 아무런 아까운 생각 없이 보시하는 것은 가능할 수도 있지만, 목숨

을 내던지기란 정말 불가능하다는 것이다. 하지만 자기 생명을 던지지 않는다면, '자기에 대한 집착'이 결코 떨어지지 않는다. 육신이란 형상에 애착한다면, '참된 공'(眞空) 도리에 계합할 수 없기 때문이다.

그러므로 세존께서는 오로지 인욕의 수행을 강조하신 것이다. 가리왕이 여래의 육신을 갈기갈기 찢었을 때, 만일 '4가지 번뇌'가 끊어지지 않았다면, 화가 나고 원한이 맺혔으리라. 여래께서 화가 나지 않은 까닭은, 오온이 본래 공(空)한 자리에 계합했기 때문이다. 이른바 아무리 날카로운 칼로 물을 베고 힘센 태풍으로 광명을 몰아쳐도, 담연해 조금도 흔들리지 않는 이유는, 모든 형상으로부터 벗어났기 때문이다.

따라서 모든 것에서 떠나 깨달음을 얻고자 하는 사람은, 마땅히 "6가지 티끌 경계"(六塵)에 집착하는 마음을 내서는 안 되고, 그 어디에도 머물지 않는 마음을 일으켜야 한다고 세존께서는 가르치셨다. 바로 이것이 앞에서부터 반복해 이야기한 '형상에서 벗어난다'는 뜻에 대한 총괄적인 맺음말이다. 또 "마음을 어디에 머무르게 해야 하는가"라는 수보리의 질문에 대한 답변이기도 하다.

또한 "만일 마음이 어디에라도 머무르게 되면, 마음과 대상은 함께 허망하게 되니 참되지 못하다"고 말씀하셨다. 따라서 어떤 형상에도 머물지 말고 보시를 행하라고 부처님께서 보살에게 가르치신 까닭도 바로 이 때문이다. 그런데 보살이 모든 중생을 이롭게 하기 위해 이와 같이 보시를 한다면, 보시행은 오묘할 것이다. 어딘가에 집착해 허황된 망상을 내서는 결코 안 된다.

부처님께서는 모두가 진여라 말씀하셨고, 또 모든 중생이 곧 진여라 말씀하셨다. 이런 까닭에 앞에서 "모든 형상이 형상이 아님을 알면, 곧 여래를 본다"고 하셨다. 그러므로 여기서 결론적으로 "온갖 것은 곧 그것이 아니고, 모든 중생은 곧 중생이 아니다"라고 말씀하셨다.

17장. 일체가 공하다면, 수행을 한다고 해서 어떻게 과보를 증득할 수 있을까

【수보리의 의심】 이와 같이 모든 형상에 머물지 않을 때 일체가 모두 공(空)하게 되고, 일체가 공해진다면 깨달음을 증득하는 주체의 지혜 또한 공하게 될 것이다. 이처럼 아무것도 없다고 한다면, 어찌 수행을 한다고 해서 과보를 증득할 수 있겠느냐고 수보리는 갸우뚱한다. 진실로 세존의 말씀을 믿어야 함에도 수보리가 이렇게 의심하자, 여래께서 증득한 경계는 결코 헛되지 않다고 밝히신다.

> "수보리여! 여래는 진실을 말하고, 참되게 말하며, 사실 그대로 말하고, 허황된 말을 하지 않으며, 결코 진리와 다르게 말하지 않는다.[1] 수보리여! 여래가 얻은 법은 참되지도 않고 헛되지도 않다."[2]
>
> "須菩提! 如來, 是眞語者, 實語者, 如語者, 不誑語者, 不異
> 　수보리　여래　시진어자　실어자　여어자　불광어자　불이
> 語者. 須菩提! 如來, 所得法, 此法, 無實無虛."
> 어자　수보리　여래　소득법　차법　무실무허

1) '진실을 말한다' 는 것은 모든 유정(有情)과 무정(無情)이 다 불성(佛性)이 있음을 뜻한다. '참되게 말한다' 함은 중생이 악업을 지으면 반드시 괴로움을 받는다는 것이다. '사실 그대로 말한다' 는 것은 중생이 착한 일을 하면 반드시 좋은 과보를 얻는다는 말이다. '허황된 말을 하지 않는다' 함은 반야바라밀이 과거, 현재, 미래에 각각 부처님을 출현하게 하되 결코 헛되지 않다는 뜻이다. '진리와 다르게 말하지 않는다' 는 것은 여래의 말

씀이 처음도 맞고 중간도 옳으며, 마지막까지 틀리지 않으니, 여래의 뜻이 미묘해 모든 마구니와 외도(外道)가 부처님 말씀을 뛰어넘지도 못하고 무너뜨리지도 못한다는 말이다.

2) '참되지 않다'는 말은 진리 자체는 공적(空寂)해 아무런 형상을 구할 수 없다는 뜻이다. 하지만 그 가운데 갠지즈강 모래알만큼이나 한량없는 공덕이 있어 아무리 써도 다하지 않는다. 따라서 '헛되지 않다'고 말하는 것이다. 참되다고 말하려 해도 아무런 형상을 얻을 수 없고, 헛되다고 말하려 하나 아무리 사용해도 바닥이 나지 않는다. 그러므로 있다고 할 수도 없고, 없다고 할 수도 없다. 있으면서도 있지 않고, 없으면서도 없지 않은 것이다. 언어 문자가 미치지 못하는 바는 오로지 참된 반야 지혜이다. 만일 '형상에서 벗어난 수행'을 하지 않으면, 이 자리에 결코 오르지 못하리라.

감산풀이 여기서는 수보리로 하여금 믿음을 가지도록 하고 있다. 인과가 공(空)하다는 부처님의 가르침을 들은 수보리는 과보가 공하다면 굳이 수행을 닦을 필요가 없고, 수행이 공하다면 아무런 과보도 얻지 못하지 않는가, 라고 의심하고 있다. 이제 수행할 때, 마음을 그 어디에도 머물러서는 안 된다면, 어떤 과보도 증득할 수 없는 게 아니냐고 수보리는 생각한다.

그래서 세존께서는 여래의 말을 있는 그대로 받아들여야지 이런저런 의심을 일으켜서는 안 된다고 당부하시는 것이다. 부처님께서 얻은 진리는 참되지도 않고 헛되지도 않으니, 아무 데나 집착하는 그런 마음으로 구해서는 안 된다는 말로써 부처님께서는 수보리의 의심을 해소하신 것이다.

18장. 어디에도 집착하지 않는 마음으로, 어떻게 반야에 계합할 수 있을까

【수보리의 의심】 어디에도 집착하지 않고서 마음을 쓴다면, 어디에도 머물지 않는 이 마음이 어떻게 반야에 계합할 수 있을까, 라고 수보리는 의심한다. 이에 부처님께서는 이런 의심을 풀어 주신다.

> "수보리여! 어떤 보살이 마음을 어딘가에 머물면서 보시한다면, 어두운 곳에 있는 사람이 아무것도 보지 못함과 같을 것이다.[1] 보살이 어디에도 집착함이 없이 보시하면, 눈 밝은 사람이 햇빛 아래서 갖가지 물건을 보는 것과 같으리라."[2]
>
> "須菩提! 若菩薩, 心住於法, 而行布施, 如人入闇, 卽無所見.
> 수보리 약보살 심주어법 이행보시 여인입암 즉무소견
> 若菩薩, 心不住法, 而行布施, 如人有目, 日光明照, 見種種
> 약보살 심부주법 이행보시 여인유목 일광명조 견종종
> 色."
> 색

1) "어떤 보살이 마음을 어딘가에 머물면서 보시한다면"(若菩薩, 心住於法, 而行布施)의 한자 원문에서, '법'(法)은 불법을 포함하여 의식의 대상 등 일체법 모두에 해당되므로, "마음을 어딘가에 머무른다"라고 번역했다.

　　이 문장은 '즉비시명' 사유가 안 되는 경우로, 중생의 일반적인 삶의 방식이다. 일체법에 집착하면, 3계(三界)가 근본적으로 공(空)함을 이해하지 못한다. 마치 맹인이 어둠 속에 있듯 밝게 보지 못한다. 《화엄경》에서도 "성문(聲聞)이 법회에서 여래의 말씀을 들으면, 비유컨대 맹인이나 귀머거리 같다"고 했다. 이런 미혹에서 벗어나도록 하기 위해 부처님께서는

《금강경》을 통해 '즉비시명'을 가르치시는 것이다.

2) 이 문장은 바로 '즉비시명' 사유에 해당된다. 만일 어떤 보살이 어디에도 집착하지 않고 형상을 초월한 반야바라밀을 항상 행하면, 비유컨대 눈 밝은 사람이 밝은 대낮에 있는 것과 같으니, 어찌 보지 못하는 게 있을 수 있겠는가. 이런 맥락에서 불교는 깨달음을 밝음으로, 중생의 삶을 '밝음이 없는 무명'(無明)으로 표현한다. 깨달음을 성취한 부처님께서도 "중생들은 누구나 부처님과 똑같이 지혜 광명을 갖추고 있다"는 말씀하셨다. 불교 발원문에서도 다음과 같은 문장이 나온다. "햇빛보다 밝은 자성, 배반하여 저버리고, 어둡고 험한 길에, 잘못 흘러 들어가니, 죽고 나고 나고 죽어, 지옥 아귀 드나들며, 가고 오고 오고 갈제, 탐지사견 뿐이로다 … 햇빛같이 밝은 지혜, 순식간에 나타나고 …" 《채근담》에도 다음 게송이 나온다. "내게 한 권의 책이 있으니, 종이와 먹으로 만든 게 아니다. 한 글자도 적혀 있지 않지만, 항상 큰 광명을 비추고 있다."

감산풀이 여기서는 아무 데도 집착하지 않는 행위로 인한 이로움을 밝히고 있다. 어디든지 머무는 마음은 무명(無明)에 빠져 마음과 대상이 장애를 일으킨다. 예컨대 어두운 곳에 들어가면 아무것도 보이지 않는 것과 같다.

하지만 어디에도 집착하지 않으면 모든 장애가 저절로 수그러져 자기와 다른 사람에 대한 집착이 소진된다. 비유컨대 해가 저 하늘에서 명명백백하게 삼라만상을 비춤과 마찬가지이다. 따라서 어디에도 머물지 않는 바로 이 마음이야말로 진실된 반야이다. 부처께서 증득하신 바가 바로 이 마음일 뿐이다. 어디에도 집착하지 않는다면, 자기와 다른 사람에 대한 집착이 소진된다. 비유컨대 해가 저 하늘에서 명명백백하게 삼라만상을 비춤과 마찬가지이다. 따라서 어디에도 머물지 않는 바

로 이 마음이야말로 진실된 반야이고, 부처께서 증득하신 바가 바로 이
마음일 뿐이다.

2. 제2부: 19장-36장

이렇게 해서 제1부가 마무리되었다. 19장에서부터 제2부가 시작된다. 집착에는 아집과 법집이 있다. 아집과 법집에는 제각기 '거친 번뇌'와 '미세한 번뇌' 2가지가 있다. 제1부에서는 '거친 2가지 번뇌'를 소진시 켰다. 제2부에서는 '미세한 아집과 법집'을 어떻게 해소하는지 수보리 가 질문한다. "어디에 마음을 머무르게 해야 합니까? 어떻게 마음을 다 스려야 합니까?"(19장) 이 질문은 제1부 질문(2장)과 똑같은 물음이 다. 제1부 질문은 처음으로 발심한 보살이 지니는 의문으로, '거친 2가 지 번뇌'를 물었다. 제2부 물음은 '반야를 증득한 보살'이 지니는 '미 세한 2가지 번뇌'에 관한 의문이다. 똑같은 질문이지만, 의심 내용이 이렇게 서로 다르다.

19장. 어디에도 머물지 않는 마음으로 부처의 마음에 계합할 수 있을까

【수보리의 의심】 또한 어디에도 머물지 않는 이 마음이 설령 반야라 할지라도, 그런 마음으로 어떻게 부처의 마음에 계합할 수 있을까. 이 의문을 부처님께서는 타파하신다.

"수보리여! 말세에 선남자와 선여인이 《금강경》을 지니고 독송한 다면, 여래는 부처의 지혜로 낱낱이 알고 빠짐없이 지켜보아, 그 로 하여금 한량없는 공덕을 성취하도록 할 것이다.[1]

수보리여! 선남자와 선여인이 아침에 갠지스강 모래알만큼이나 많은 육신을 보시하고, 낮에 다시 갠지스강 모래알만큼이나 많은 육신을 보시하며, 저녁에 또다시 갠지스강 모래알만큼이나 많은 육신을 보시하고, 더욱이 무한한 세월 동안 몸으로 보시하더라 도, 어떤 사람이 《금강경》을 읽어 믿는 마음이 조금도 어긋남이 없다면, 그의 복은 훨씬 뛰어날 것이다. 하물며 《금강경》을 직접 사경하고, 곁에 지녀 독송하며, 게다가 다른 사람에게 전해 주는 경우야 두말할 나위도 없지 않은가!"[2]

"須菩提! 當來之世, 若有善男子, 善女人, 能於此經, 受持讀
수보리   당래지세   약유선남자   선여인   능어차경   수지독

誦, 即爲如來, 以佛智慧, 悉知是人, 悉見是人, 皆得成就,
송   즉위여래   이불지혜   실지시인   실견시인   개득성취

無量無邊功德.
무량무변공덕

須菩提! 若有善男子, 善女人, 初日分, 以恒河沙等身, 布施,
수보리   약유선남자   선여인   초일분   이항하사등신   보시

中日分, 復以恒河沙等身, 布施, 後日分, 亦以恒河沙等身,
중일분　부이항하사등신　보시　후일분　역이항하사등신

布施, 如是無量, 百千萬億劫, 以身布施, 若復有人, 聞此經
보시　여시무량　백천만억겁　이신보시　약부유인　문차경

典, 信心不逆, 其福勝彼. 何況書寫, 受持讀誦, 爲人解說!"
전　신심불역　기복승피　하황서사　수지독송　위인해설

1) 말세는 여래께서 세상을 떠나신 뒤의 혼탁한 시대를 가리킨다. 삿된 이론
   이 파도처럼 다투어 일어나 그 시대에는 '올바른 가르침'(正法)이 제대로
   드러나지 못하게 된다. 이처럼 혼란한 시기임에도, 어떤 선남자와 선여인
   이 우연히 이 경전을 얻어 가르침을 받고, 온 마음으로 독송하여 결코 한
   순간도 잊지 않으며, 경전의 말씀대로 수행하여 부처의 지혜를 얻으면, 최
   상의 올바른 깨달음을 성취할 것이다. 이와 같은 그의 행동을 삼세의 여러
   부처님께서 빠짐없이 지켜보신다는 것이다.

2) 《금강경》을 읽거나 배우는 공덕이 다른 어떤 공덕보다 훨씬 뛰어나다는
   것이다.

감산풀이　여기서는 마음과 부처가 평등함을 제시하고 있다. 수보리는
자기의 지혜가 부처의 지혜에 계합하지 못함을 근심하고 있다. 반야는
문자에 있지 않으나, 문자가 반야일 수도 있다는 것이 부처님의 가르침
이다. 예컨대 부처님께서 말씀하신 이 《금강경》 전체가 반야이다. 만일
어떤 사람이 반야의 진리를 듣고 믿어 받든다면, 그는 부처의 지혜에
오묘하게 계합하게 되고, 부처님께서는 자신의 근본 지혜로 그가 무량
공덕을 성취하는 것을 알고 계신다. 이와 같이 한 생각에 부처 마음이
공덕에 계합할 것이다. 가령 하루에도 세 번씩 갠지즈강 모래알만큼이
나 많이 자기 생명을 보시하면 그 공덕이 크다고 할 수도 있겠지만, 이

는 한 생각 올바른 믿음으로 반야를 따르고 어기지 않은 사람의 공덕만 같지 못하다. 이 사람이야말로 가히 부처의 지혜에 제대로 계합한다고 할 수 있다. 하물며《금강경》을 직접 사경하고, 몸에 지녀 독송하며, 더구나 다른 사람에게 전하는 경우야 두말할 나위도 없지 않은가!

"수보리여!《금강경》의 핵심을 말하면, 이 경전에는 헤아릴 수 없는 불가사의한 공덕이 무한하게 갖추어져 있다.[1] 이 경전은 여래가 대승법을 닦는 수행인을 위해 말했고, 최상승 진리를 닦는 구도자를 위해 말했다.[2]

어떤 사람이《금강경》을 항상 몸에 지니고 독송하여 다른 사람에게 전해 주면, 여래는 그의 행동을 낱낱이 알고, 그의 움직임을 빠짐없이 살펴보며, 헤아릴 수 없는 불가사의한 공덕을 무한하게 성취하도록 할 것이다. 이런 사람은 곧 여래의 최상의 올바른 깨달음을 거뜬히 감당하게 되리라.[3] 왜 그럴까?

수보리여! 소승법을 즐기는 사람은 '자기', '사람', '중생', '영혼'에 집착하게 되어 이 경전을 듣지도 못하고, 몸에 지니지도 못하고, 독송하지도 못하며, 다른 사람에게 전하지도 못하기 때문이다."[4]

"須菩提! 以要言之, 是經, 有不可思議, 不可稱量, 無邊功
수보리 이요언지 시경 유불가사의 불가칭량 무변공

德. 如來, 爲發大乘者說, 爲發最上乘者說.
덕 여래 위발대승자설 위발최상승자설

若有人, 能受持讀誦, 廣爲人說, 如來, 悉知是人, 悉見是人,
약유인 능수지독송 광위인설 여래 실지시인 실견시인

皆得成就, 不可量, 不可稱, 無有邊, 不可思議功德. 如是人
개득성취 불가량 불가칭 무유변 불가사의공덕 여시인

等, 即爲荷擔, 如來, 阿耨多羅三藐三菩提. 何以故?
등   즉위하담 여래   아누다라삼먁삼보리   하이고

須菩提! 若樂所法者, 着我見, 人見, 衆生見, 壽者見, 即於
수보리   약요소법자   착아견   인견   중생견   수자견   즉어

此經, 不能聽受讀誦, 爲人解說.”
차경   불능청수독송   위인해설

1) 이 경전을 곁에 지니는 사람은 어느 날엔가 마음에 주관과 객관의 대립이 없어진다. 주관과 객관이 끊어지기에, 곧 부처 마음에 계합된다. 부처 마음의 공덕은 한량없으므로, "헤아릴 수 없다"고 말씀하셨다.

2) 대승법이란 지혜가 광대하여 능히 일체법을 건립하는 것을 일컫는다. 최상승이란 무엇을 말하는가. 더러운 것이라도 싫어하지 않고, 청정하다 하여 좋지도 않으며, 중생이라 해서 제도하려 하지 않고, 열반을 증득하려 하지도 않으며, 중생을 제도하려는 마음도 내지 않고, 중생을 제도하지 않는다는 마음도 내지 않는다. 이를 최상승이라 일컫는다. 또 '일체를 아는 지혜'(一切智)라고 이름하고, 또한 '위대한 반야'라고 일컫기도 한다. 어떤 사람이 발심하여 최상의 진리를 구하고자 하면, 언젠가 형상을 초월하게 된다. 아무런 거짓이 없는 매우 오매한 이런 가르침을 듣고 믿음을 내어 올바르게 이해하고,《금강경》을 곁에 지니고 다른 사람에게 전하여 깊이 이해하게 함으로써 진리를 비방하지 않게 하며, 끝까지 참는 힘, 광대한 지혜의 힘, 위대한 방편의 힘을 얻으면,《금강경》은 두루 유포되리라.

3) 그는 이처럼 심오한 경전의 가르침을 듣고 부처님의 뜻을 깨달아 자기 마음속에 경전을 지녀 끝내 깨달음을 성취할 것이다. 또한 이타행(利他行)을 하여 다른 사람에게 경전을 풀이해 주고, 배우는 사람으로 하여금 '형상에서 벗어난 이치'(無相之理)를 스스로 얻게 하여, 자기 본성 속의 여래를 보게 함으로써 최상의 도를 이루도록 할 것이다. 진리를 말하는 인물

이 얻는 공덕은 무한하여 감히 헤아릴 수 없을 것이다. 《금강경》말씀을 듣고 그 뜻을 이해하여 가르침대로 수행하고, 또한 널리 다른 사람에게 전하여 중생으로 하여금 '형상에서 벗어나 어디에도 집착하지 않는 행위'(無相無着之行)를 하도록 해야 한다. 능히 이와 같이 행한다면, 곧 위대한 지혜 광명이 있게 되어 6가지 티끌 경계(六塵)에서 벗어날 것이다. 비록 티끌을 초월하기는 했으나, 거기서 벗어난다는 생각을 일으키지 않으면 최상의 올바른 깨달음을 얻으리라. 따라서 여래의 깨달음을 감당한다고 했다. 이 경전을 곁에 지닌 사람은 저절로 불가사의한 공덕이 무한하게 되는 것을 알아야 한다.

4) "소승법을 즐긴다"는 말은 성문과 연각이 자그마한 과보를 즐겨 광대하게 마음을 내지 않는다는 뜻이다. 광대하게 발심하지 않는 까닭에, 여래의 오묘한 법을 능히 곁에 지니지 못하고, 독송하지도 못하며, 더욱이 다른 사람에게 전하지도 못하는 것이다.

감산풀이 여기서는 반야가 최상의 근기에게만 이익을 준다고 지적하고 있다. 제1부에서 제시했던 '4가지 번뇌'(四相)는 거친 번뇌라고 자주 언급했다. 여기 제2부에서 제시하는 '4가지 번뇌'(四見)는 미세한 번뇌를 말한다.

"수보리여! 어디든지 이 경전이 있는 곳은 모든 세상의 하늘, 사람, 아수라들이 공양을 올릴 것이다.[1] 그곳은 곧 부처님의 탑이 있는 곳과 마찬가지여서 누구나 공경하고, 주위를 돌면서 예배하며, 꽃과 향을 뿌릴 것이다."[2]

"須菩提! 在在處處, 若有此經, 一切世間, 天人阿修羅, 所應
　수보리　　재재처처　약유차경　일체세간　천인아수라　소응

供養. 當知, 此處, 卽爲是塔, 皆應恭敬, 作禮圍繞, 以諸華
공양 당지 차처 즉위시탑 개응공경 작례위요 이제화

香, 而散其處."
향   이산기처

1) 한자 원문 "일체세간, 천인아수라"(一切世間, 天人阿修羅)는 "모든 세상
의 하늘, 사람, 아수라"로 옮겼다. 6가지 세계(六道) 가운데 3가지를 가리
킨다.

2) 어떤 사람이 입으로 반야를 읊고 마음으로 반야를 행하여, 어느 경우에서
든지 추호의 거짓도 없이 어디에도 집착함이 없이 행동하면, 그가 있는 곳
은 곧 부처님의 탑과 마찬가지이다. 이에 모든 세상의 하늘과 사람 등이
제각기 공양을 올려 예배를 하고 공경함이 부처에 대한 것과 조금도 차이
가 나지 않는다. 《금강경》을 독송하는 인물은 여러 사람 가운데에서 존귀
하게 되므로, "부처님의 탑이 있는 곳과 마찬가지"라고 하셨다. 이런 인물
이 짓는 복덕은 무한해 다함이 없다는 사실을 알아야 한다.

감산풀이 여기서는 반야 법신이 어디든지 항상 있음을 찬탄하고 있다.

"또한 수보리여! 선남자와 선여인이 이 경전을 곁에 지니고 독송
할 때, 그를 다른 사람이 무시하면, 그는 지난날 지은 죄업으로, 나
쁜 세상에 떨어져야 함에도 지금 세상 사람이 그를 천대하는 까닭
에, 곧 죄업이 소멸되어 최상의 올바른 깨달음을 얻게 되리라."1)

"復次, 須菩提! 善男子, 善女人, 受持讀誦此經, 若爲人輕
부차 수보리 선남자 선여인 수지독송차경 약위인경

賤, 是人, 先世罪業, 應墮惡道. 以今世人, 輕賤故, 先世罪
천   시인 선세죄업 응타악도 이금세인 경천고   선세죄

> 業, 即爲消滅, 當得阿耨多羅三藐三菩提."
> 업　즉위소멸　당득아누다라삼먁삼보리

1) 이 경전을 지니는 인물은 세상의 하늘과 사람의 공경과 공양을 받지만, 지
   난 여러 생의 업장이 두터운 까닭에, 지금 현생에서 비록 부처님의 깊은
   경전의 가르침을 얻기는 했으나, 다른 사람의 천대를 당할 뿐 공경과 공양
   을 받지 못한다. 그러나 스스로 경전을 지녀 자기와 사람 등에 대한 집착
   이 일어나지 않아 원수와 친구를 가림 없이 항상 공경하여 마음에 아무런
   감정의 흔들림이 없고, 마음이 확연해 추호의 분별도 없이 항상 반야바라
   밀을 행하여 조금도 물러나지 않는다. 그는 이와 같이 수행한 까닭에 무량
   겁 이전부터 지금 생에 이르기까지 쌓인 두터운 업장이 단숨에 소멸되는
   것이다. 또한 이치로 말하자면 지난 생이란 곧 이전의 허망한 생각이고,
   지금 생이란 곧 뒤의 깨달음이다. 뒤의 깨달은 마음으로 앞의 허망한 망상
   을 무너뜨리면, 허망한 생각이 견디지 못한다. 따라서 "지난날 지은 죄업
   이 곧 소멸된다"고 하셨다. 허망한 생각이 이처럼 소진되니, 죄업이 만들
   어지지 않아 곧 깨달음을 얻게 된다.

　　감산풀이　여기서는 장애와 속박에서 풀려나게 하는 반야의 이로움을
찬탄하고 있다. 반야는 죄업을 소멸시킬 뿐만 아니라 또한 뛰어난 과보
를 얻게 한다는 것이다.

> "수보리여! 내가 한량없는 아승지겁을 회상해 보면, 연등불을 만
> 나기 전 8백4천만억 나유타 부처님을 만나 한 분도 빠짐없이 공
> 양을 바치고 받들어 섬겼지 그냥 지나친 적이 없었다.¹⁾ 또한 어
> 떤 사람이 말세에 《금강경》을 지니고 독송하면, 그의 공덕에 내

가 부처님께 공양한 공덕은 백 분의 일에도 미치지 못하고, 천 분의 일, 만 분의 일에도 미치지 못한다. 더욱이 아무리 계산을 잘하고 비유를 잘하더라도, 거기에 미칠 수 없다.[2]

수보리여! 선남자와 선여인이 말세에 《금강경》을 곁에 지니고 독송할 경우, 그 공덕을 상세히 말하면, 듣는 사람은 마음이 어지러워 믿기 어려울 것이다.[3] 수보리여! 이 경전은 이치도 불가사의하고, 과보 또한 불가사의하다."[4]

"須菩提! 我念過去, 無量阿僧祇劫, 於燃燈佛前, 得值
　수보리　아념과거　무량아승지겁　어연등불전　득치

八百四千萬億, 那由他諸佛, 悉皆供養承事, 無空過者. 若復
팔백사천만억　나유타제불　실개공양승사　무공과자　약부

有人, 於後末世, 能受持讀誦此經, 所得功德, 於我所供養,
유인　어후말세　능수지독송차경　소득공덕　어아소공양

諸佛功德, 百分不及一, 千萬億分, 乃至, 算數譬喩, 所不能及.
제불공덕　백분불급일　천만억분　내지　산수비유　소불능급

須菩提! 若善男子, 善女人, 於後末世, 有受持讀誦此經, 所
수보리　약선남자　선여인　어후말세　유수지독송차경　소

得功德, 我若具說者, 或有人聞, 心卽狂亂, 狐疑不信.
득공덕　아약구설자　혹유인문　심즉광란　호의불신

須菩提! 當知, 是經, 義, 不可思議, 果報, 亦不可思議."
수보리　당지　시경　의　불가사의　과보　역불가사의

1) '아승지'(asamkhya)는 '헤아릴 수 없음'을 뜻한다. '나유타'(nayuta)는 1000억에 해당되는 매우 큰 숫자이다.

2) 갠지즈강 모래알만큼이나 많은 부처님을 공양하고, 삼천대천세계를 보배로 가득 채우며, 티끌의 숫자만큼 많은 자기 육신을 버린 공덕이 있더라도, 이 경전을 지닌 것만 같지 못하다. 이 경전을 지니고 수행하면, 단숨에 '형상에서 벗어난 도리'를 깨달아 무언가 바라는 마음이 끊어지고, 중생의 뒤

바뀐 생각에서 멀리 벗어나게 되어, 곧바로 바라밀의 저 언덕에 도달해 3계의 괴로움에서 영원히 벗어나 무여열반(無餘涅槃)을 증득하기 때문이다.

3) 말법 시대 중생들의 복덕은 얇고 업장은 두터우며 질투는 더욱 깊다. 말세에 성인은 나타나지 않고, 삿된 소견이 한층 횡행한다. 이런 혼란의 와중에서 어떤 선남자나 선여인이 《금강경》을 지니고 독송하면, 모든 형상에서 벗어나게 되고, 아무것도 얻을 게 없는 이치를 깨닫게 된다. 순간순간마다 항상 자비를 베풀고, 겸손하고 온화하여 궁극에는 최상의 올바른 깨달음을 얻게 되리라. 그러나 성문의 자그마한 소견머리는 여래의 가르침이 결코 없어지지 않음을 모른다. 여래가 세상을 떠난 뒤 말세에 이르러 어느 누가 '형상에서 벗어난 진리'를 성취하고, '형상에서 벗어난 행위'를 하여 최상의 올바른 깨달음을 얻었다고 하면, 두려워하여 의심할 뿐 믿으려 하지 않는다.

4) 이 경전의 이치란 곧 '어디에도 머무르지 않아 형상에서 벗어난 행위'(無着無相行)를 가리킨다. 불가사의하다는 말은 어디에도 머무르지 않아 형상에서 벗어난 행위가 능히 최상의 올바른 깨달음을 성취한다는 의미이다.

감산풀이 반야를 깨달은 인물은 홀연 불교를 신봉하는 집안에 태어나 대대로 부처의 품에서 떠나지 않으므로, 여기서는 이 공덕의 뛰어남을 찬탄하고 있다. 후세 말법 시대에 부처님 말씀을 온 마음으로 믿는 사람은 그 공덕이 매우 광대하다. 반야의 공덕은 불가사의한 까닭에, 그 과보 또한 불가사의하다. 맨 첫머리에서 "어디에 자기 마음을 머무르게 하며, 어떻게 자기 마음을 다스리는가"를 수보리가 여쭈었다. 이에 일반인(凡夫) 가운데 광대한 마음을 내어 보살행을 닦으려 하는 인물이 일으키는 갖가지 의문을 부처님께서는 전부 해소하셨다.

그런데 집착에는 '아집'(我執)과 '법집'(法執)이 있고, 제각기 거친 번뇌와 미세한 번뇌 2가지가 있다. 지금까지는 '거친 2가지 집착'을 소

진시켰다. 그들은 오온으로 구성된 몸과 마음을 자기라 집착한다. 바로
이것이 아집(我執)이다. 또 자기가 지은 바에 집착해 대상의 인연에 따
라 6도(六道)에서 수행하여 깨달음을 구하려는 것이 바로 법집(法執)이
다. 2가지 집착은 모두 형상에 애착하기 때문에 생겼다. 그래서 지금까
지 부처님께서는 처음 발심한 보살이 가지는 반야에 대한 의심을 해소
하셨다. 요컨대 아래로 중생을 제도할 것이 없다는 의미이다.

　다음에서는 '미세한 아집과 법집'을 무너뜨리신다. 이미 반야의 뜻
을 이해한 보살이 지혜를 증득해 머무르려고 하는 것이 '자기에 대한 집
착'(我相)이고, 진여를 증득하려 하는 것이 바로 '사람에 대한 집착'(人
相)이며, 능히 증득해 깨닫고자 하는 것이 바로 '중생에 대한 집착'(衆
生相)이고, 증득해 깨달아야 하지만 아직 번뇌를 떨어내지 못해 목숨에
애착하는 것이 '영혼에 대한 집착'(壽者相)이다. 4가지는 지극히 세밀
한 번뇌여서 '미세한 아집과 법집'이라 일컫는다. 따라서 다음부터는
자기(我)라는 문자가 자주 등장한다. 이와 같은 아집이 타파되면, 위로
부처의 과보를 따로 구할 필요가 없으리라. 여기까지와 다음부터는 경
전의 문장이 똑같이 첫머리의 2가지 의문에 대한 답변이기는 해도, 그
의미는 이처럼 서로 다르다. 그러므로 읽는 사람은 마땅히 이 점에 유
념해야 한다.

그때 수보리가 부처님께 말씀을 올렸다. "세존이시여! 선남자와
선여인이 최상의 올바른 깨달음을 얻고자 한다면, 어디에 마음을
머무르게 해야 합니까? 어떻게 마음을 다스려야 합니까?"[1]
부처님께서 수보리에게 말씀하셨다. "선남자의 선여인이 최상의
올바른 깨달음을 성취하려면, 마땅히 다음과 같이 마음을 써야
한다. '모든 중생을 열반에 들게 하겠다. 모든 중생을 열반에 들

게 한 뒤에는, 어느 한 중생도 열반에 들게 하지 않았다'[2] 어째서
그러한가?

수보리여! 어떤 보살이 '자기', '사람', '중생', '영혼'에 대한 집착
이 조금이라도 남아 있다면, 그는 보살이라고 할 수 없기 때문이다.
왜 그럴까? 수보리여! 어떤 법이 있어서 최상의 올바른 깨달음을
구하는 마음을 따로 내는 것이 아니기 때문이다."[3]

爾時, 須菩提, 白佛言: "世尊! 善男子, 善女人, 發阿耨多羅
이시　수보리　백불언　세존　선남자　선여인　발아누다라

三藐三菩提, 云何應住, 云何降伏其心?"
삼먁삼보리　운하응주　운하항복기심

佛告須菩提: "若善男子, 善女人, 發阿耨多羅三藐三菩提心
불고수보리　약선남자　선여인　발아누다라삼먁삼보리심

者, 當生如是心, '我應滅度, 一切衆生. 滅度一切衆生已, 而
자　당생여시심　아응멸도　일체중생　멸도일체중생이　이

無有一衆生, 實滅度者.' 何以故?
무유일중생　실멸도자　하이고

須菩提! 若菩薩, 有我相, 人相, 衆生相, 壽者相, 卽非菩薩.
수보리　약보살　유아상　인상　중생상　수자상　즉비보살

所以者何? 須菩提! 實無有法, 發阿耨多羅三藐三菩提心者."
소이자하　수보리　실무유법　발아누다라삼먁삼보리심자

---

1) "최상의 올바른 깨달음을 얻고자 한다면, 어디에 마음을 머무르게 해야
하며, 어떻게 마음을 다스려야 합니까?" 이 질문은 앞에서 수보리가 했던
질문과 똑같다. 제1부는 '거친 아집과 법집'과 관계되고, 여기 제2부에서
는 '미세한 아집과 법집'을 어떻게 해소하는지를 수보리는 부처님께 다음
과 같이 여쭌 것이다. "여래께서 열반하여 말세에 이르러 어떤 사람이 최
상의 올바른 깨달음을 얻고자 한다면, 그는 어떤 가르침을 따라야 하고,
어떻게 자기 마음을 다스려야 합니까?"

2) 부처님께서는 다음과 같이 말씀하신 것이다. "마땅히 모든 중생을 열반에 들게 하겠다는 마음을 내야 한다. 모든 중생을 열반에 들게 하여 모두 성불하게 한 뒤에는, 어느 한 중생도 자신이 열반에 들게 하지 않았다고 해야 한다. 왜냐하면 다만 주관과 객관의 대립을 제거하기 위함이고, 중생이 있다는 망상을 없애기 위함이며, 또한 자기가 있다는 허물을 무너뜨리기 위함이기 때문이다."

3) '어떤 법이 있다'(有法)는 말은 자기, 사람, 중생, 영혼에 대한 4가지 법을 가리킨다. 만일 4가지를 무너뜨리지 못한다면, 끝내 깨달음을 성취하지 못할 것이다. 혹은 자기는 깨달음을 구하지도 않는다고 말하더라도, 이 또한 '4가지 허물'에 떨어진다. 4가지가 바로 번뇌의 근본 뿌리이다.

감산풀이 여기서부터는 '미세한 아집과 법집' 2가지를 타파하고 있다. 《금강경》 첫머리에서 "어디에 마음을 머무르게 하고, 어떻게 마음을 다스려야 합니까?"라고 수보리가 부처님께 여쭌 바 있다. 처음으로 발심한 보살은 일반인(凡夫) 가운데 광대한 마음을 지닌 중생으로, 이제 중생을 제도하려는 마음을 내기는 했지만, 아직까지 갖가지 형상에 집착한다. 오온(五蘊)으로 된 자기 육신에 애착해 수행한다. 그가 행하는 보시는 곧 6가지 티끌처럼 거칠은 것에서 복덕과 과보를 구하고, 그가 추구하는 열반은 32상이란 형상이 있는 화신(化身) 부처님이며, 그가 바라는 국토 또한 갖가지 보배로 치장된 곳이다. 이와 같이 행동 하나하나가 형상에서 벗어나지 못했으므로, 반야라는 근원에서 멀리 떨어지고 만다.

여기까지는 수보리가 갖가지로 의심을 일으켰으나, 부처님께서 그때마다 그 자리에서 타파하셨다. 마침내 모든 형상에서 벗어나게 되어 비로소 반야 지혜에 계합, 그 결과 수보리는 깨닫게 되었고 그 모임에 참석한 대중은 의심이 없어지게 되었다. 그렇기 때문에 《금강경》은 불가사의한 가르침이다. 바로 이것이 여기까지의 대체적인 줄거리이다. 여기까지에서 다룬 아집은 '일반인(凡夫)의 분별'에 의해, 예컨대 오온으로 된 형상 있는 육신에 집착하기 때문에 일어나는 것이다. 즉 '4가지 거친 번뇌'(四相) 때문이다.

이제 다음부터는 '반야를 증득한 보살'이 내는 의심을 타파하신다. 그는 반야 지혜를 자기가 증득해야 한다는 생각에서 아직 벗어나지 못해 여전히 '자기에 대한 애착'이 남아 있다. 바로 이것이 '미세한 아집과 법집'이다. 그러므로 이 경전에서는 자기(我)라는 한 글자를 자주 언급하고 있다. 예컨대 "내가 모든 중생을 열반에 들게 한다"고 말하기만 할 뿐 보시를 언급하지는 않는다. 공덕과 수행은 원융해지기는 했지만, 아직 중생과 부처라는 분별이 소진되지 못한 것이다. 그러므로 앞부분에서는 '거친 번뇌'를 밝혔다면, 여기에서는 '미세한 번뇌'를 말한다고 할 수 있다.

어떤 사람이 물었다.

"여기서는 보살이 반야의 지혜를 자기라 한다고 했는데, 왜 또다시 '어디에 자기 마음을 머무르게 하고, 어떻게 자기 마음을 다스리는가'라는 의문을 던졌습니까? 질문이 앞에서와 같은 까닭은 무엇입니까?"

이에 감산은 다음과 같이 답한다.

"두 번째 의심, '어떻게 자기 마음을 다스리는가' 하는 문제에서 보살은 이미 오온을 떠나기는 했지만, 자신의 오래된 습기(習氣)를 아직 떨쳐 내지 못한 까닭에, 진여의 지혜 가운데서 편히 머물려고 하는 것이다. 또한 황망하게 깨달음을 구해 깨달음이야말로 편히 머무를 곳이라 집착하지만 아무리 애써 추구해도 얻지 못하니, 그의 마음이 불안한 것이다. 따라서 '어떻게 마음을 다스리는가'를 묻게 되었다. 이와 같이 부처를 구하려하니 그 마음이 편안하지 못하고, 중생과 부처를 분별하는 망상이 수그러지지 않으니 평등한 경지에 이르지 못할 뿐이다. 따라서 질문은 동일하더라도 그 의심 속에 담긴 의미는 서로 다르므로, 세존께서는 다음과 같이 말씀하신 것이다. 선남자와 선여인이 최상의 올바른 깨달음을 성취하려면, 마땅히 다음과 같이 마음을 써야 한다. '모든 중생을 열반에 들게 하겠다. 모든 중생을 열반에 들게 한 뒤에는, 어느 한 중생도 열반에 들게 하지 않았다'고 생각해야 한다."

왜냐하면 중생은 본래 성불했기에, 또다시 열반에 들어갈 필요가 없기 때문이다. 만일 모든 중생을 열반에 들게 했다고 고집한다면, 곧 '4가지 번뇌'(四相)에 떨어져 보살이라 이름할 수 없다. 바로 이것이 구제할 중생이 없다는 뜻이다. 중생과 부처가 본래 평등하고 중생이 이미 열반에 들어 있으므로, 보살이 깨달음을 추구하기 위해 발심할 것도 없음은 당연하다. 중생은 본래 적멸 가운데 있기에, 어찌 따로 깨달음을 구할 필요가 있겠는가! 이것이 바로 부처의 과보를 구하지 않는다는 의미이다.

20장. 깨달음은 얻는 게 아니라면, 부처님께서 얻으신 깨달음은 어떻게 된 것인가

【수보리의 의심】 이와 같이 실로 깨달음은 구하는 게 아니라면, 우리가 얻은 반야는 부처님의 가르침이 아닌가. 연등불께서 세상에 계실 때, 이 가르침에 의해 깨달음을 얻으리라는 수기를 세존께서는 얻으신 게 아닌가. 그렇다면 무엇 때문에 어느 하나도 얻은 바가 없다고 말씀하시는가? 이런 의문을 부처님께서는 풀어 주신다.

"수보리여! 그대는 어떻게 생각하는가? 연등불께서 세상에 계실 때 최상의 올바른 깨달음을 얻는다는 수기를 여래는 받은 일이 있는가?"

"그렇지 않습니다, 세존이시여! 제가 부처님 가르침을 이해하기로는, 연등불께서 세상에 계실 때, 최상의 올바른 깨달음을 얻으리라는 수기를 부처님께서 받으신 적이 없습니다.[1]

부처님께서 말씀하셨다. "그렇다, 정말 그렇다! 수보리여! 여래는 최상의 올바른 깨달음을 얻은 일이 전혀 없다. 수보리여! 여래가 최상의 올바른 깨달음을 얻을 것이라고 생각한다면, 연등불께서 내게 수기를 내리면서 '그대는 미래에 성불하리니, 이름을 석가모니라 불러라' 라고 말씀하시지 않았을 것이다. 깨달음을 얻을 것이라고 여래가 생각하지 않으니까, 연등불께서 내게 수기를 내리면서 '그대는 미래에 성불하리니, 이름을 석가모니라 불러라' 라고 말씀하셨던 것이다."[2]

"須菩提! 於意云何? 如來, 於燃燈佛所, 有法得, 阿耨多羅
　수보리　어의운하　여래　어연등불소　유법득　아누다라

三藐三菩提不?"
삼먁삼보리부

"不也, 世尊! 如我解佛所說義, 佛於燃燈佛所, 無有法得, 阿
  불야 세존 여아해불소설의 불어연등불소 무유법득 아

耨多羅三藐三菩提."
누다라삼먁삼보리

佛言: "如是如是. 須菩提! 實無有法, 如來得, 阿耨多羅三藐
불언   여시여시 수보리 실무유법 여래득 아누다라삼먁

三菩提. 須菩提! 若有法, 如來得, 阿耨多羅三藐三菩提者,
삼보리 수보리 약유법 여래득 아누다라삼먁삼보리자

燃燈佛, 卽不與我授記, '汝於來世, 當得作佛, 號釋迦牟尼.'
연등불 즉불여아수기   여어래세   당득작불 호석가모니

以實無有法得, 阿耨多羅三藐三菩提, 是故, 燃燈佛, 如我授
이실무유법득 아누다라삼먁삼보리 시고 연등불 여아수

記, 作是言, '汝於來世, 當得作佛, 號釋迦牟尼.'"
기 작시언   여어래세 당득작불 호석가모니

1) 부처님께서는 수보리에게 다음과 같이 말씀하셨다. "내가 스승 연등불로부터 '4가지 번뇌'(四相)를 끊지 않고 수기를 받았겠느냐?" 그러자 수보리는 '형상에서 벗어난 이치'를 깊이 이해하고 깨달음을 분별해서는 안 되므로, "그렇지 않다"고 답했다.

2) 부처님의 말씀은 다음과 같은 뜻이다. 실로 자기, 사람, 중생, 영혼 4가지 분별이 끊어져야 비로소 깨달음의 수기를 얻을 수 있다. 부처님께서 깨달음을 얻기 위해 깨달음에 집착하셨다면, 연등불께서는 수기를 내리시지 않았을 것이다. 참으로 아무것도 얻으려 하지 않았고 '4가지 번뇌'(四相)를 끊으셨기에, 연등불께서 깨달음의 수기를 내리셨다는 것이다.

감산풀이 여기서는 깨달음이란 얻는 게 아니라고 부처님께서 말씀하심으로써 성불에 집착한 수보리의 의심을 해소하고 있다. 연등불로부

터 깨달음을 얻으리라는 수기를 받으신 게 아닐까, 라고 수보리가 의심
하자, 부처님께서는 그의 잘못된 소견을 타파하여 실로 어느 하나도 얻
을 게 없음을 곧바로 드러내신 것이다.

21장. 성불의 인이 없다면, 어떻게 깨달음의 과보를 얻을 수 있을까

【수보리의 의심】 반야의 가르침이 성불의 참된 원인이라고 말씀하신다. 이제 이런 진리가 없다고 한다면, 그 원인 또한 없게 된다. 이처럼 성불의 원인이 없다면, 어떻게 깨달음이란 과보를 얻을 수 있을까. 법신은 인과에 속하지 않는다는 말로 부처님께서는 이 의문을 해소하신다.

"왜 그럴까? 여래란, 모든 것이 바로 그대로 진여라는 뜻이다.[1] 사람들은 여래가 최상의 올바른 깨달음을 얻었다고 말한다. 수보리여! 부처는 최상의 올바른 깨달음을 얻은 일이 전혀 없다.[2]

수보리여! 여래가 얻은 최상의 올바른 깨달음은 참되지도 않고, 헛되지도 않다.[3] 따라서 여래는 일체법이 모두 부처님 가르침이라 말하는 것이다.[4]

수보리여! 일체법은 곧 일체법이 아니므로, 이를 일체법이라 일컫는 것이다.[5] 수보리여! 예를 들어 키가 큰 사람의 경우와 마찬가지이다."

이에 수보리가 말했다. "세존이시여! 키가 큰 사람은 곧 키가 크지 않으므로, 그를 키가 크다고 이름한다고 여래께서 말씀하십니다."[6]

"何以故, 如來者, 卽諸法如義. 若有人言, '如來得, 阿耨多
하이고   여래자   즉제법여의   약유인언   여래득   아누다
羅三藐三菩提.' 須菩提! 實無有法, 佛得, 阿耨多羅三藐三
라삼먁삼보리   수보리   실무유법   불득   아누다라삼먁삼
菩提.
보리

須菩提! 如來所得, 阿耨多羅三藐三菩提, 於是中, 無實無虛.
수보리 여래소득 아누다라삼먁삼보리 어시중 무실무허

是故, 如來說, 一切法, 皆是佛法.
시고 여래설 일체법 개시불법

須菩提! 所言一切法者, 卽非一切法, 是故, 名一切法.
수보리 소언일체법자 즉비일체법 시고 명일체법

須菩提! 譬如人身長大."
수보리 비여인신장대

須菩提言: "世尊, 如來說, 人身長大, 卽爲非大身, 是名大身."
수보리언 세존 여래설 인신장대 즉위비대신 시명대신

1) "모든 것(諸法)이 바로 그대로 진여라는 뜻이다"는 말에서, 모든 것이란 형상, 소리, 냄새, 맛, 감촉, 의식의 대상이라는 6가지 티끌이다. 6가지 티끌은 각각 구별되기는 하지만, 본체(本體)는 담연하여 오염되지 않고, 어디에도 얽매이지 않아 조금도 흔들리지 않는다. 마치 허공처럼 움직이지 않아 원융하게 꿰뚫어 오랜 겁이 지나도 항상 그대로인 까닭에, 모든 것이 그대로 진여라 했다. 《보살영락경》(菩薩瓔珞經)에서는 "비방해도 칭송해도, 조금도 요동하지 않아야 여래의 행위라고 할 수 있다"고 했다. 또 《입불경계경》(入佛境界經)에서는 "어떠한 탐욕에도 오염되지 않으므로, 공경을 받더라도 받은 바가 없다"고 했다.

2) "깨달음을 얻은 일이 없다"는 말은 다시 말해 "깨달음은 깨달음이 아니다"(즉비)는 뜻이다.

3) 부처님 말씀의 의미는 다음과 같다. 참으로 아무것도 구하지 않는 마음으로 깨달음을 얻었고, 얻으려는 생각이 전혀 일어나지 않았으므로, 비로소 깨달음을 성취하게 된 것이다. 이 마음 밖에 따로 깨달음을 얻는 것이 아닌 까닭에, "참되지도 않다"고 하셨다. 얻으려는 생각이 전혀 없어 "일체를 꿰뚫는 지혜"(一切智)가 본래적으로 있게 되고, 온갖 행(萬行)이 참으

로 원만해 무한한 덕성이 있어 아무리 써도 조금도 줄어들지 않으므로, "헛되지도 않다"고 지적하셨다.

4) 모든 것을 마음으로 취하지도 않고 버리지도 않으며, 또한 주관과 객관의 대립에서 벗어난다면, 모든 것이 먼지처럼 자욱하게 일어나더라도, 마음은 항상 공적(空寂)하게 된다. 따라서 일체법이 모두 부처님 가르침이 되는 것이다.

5) "일체법은 곧 일체법이 아니므로, 이를 일체법이라 일컫는 것이다." 이 문장 역시 '즉비시명'의 논리를 담고 있다. 미혹한 사람은 보는 것마다 집착한 채 진리로 여길까 염려하여, 이 허물을 씻어 내기 위해 "일체법은 곧 일체법이 아니다"고 부처님께서 지적하셨다(즉비). 마음에 주관과 객관의 차별이 전혀 없어 고요하면서도 항상 밝게 비추면, 선정과 지혜(定慧)가 함께 빛나고 근본과 작용(體用)이 하나로 귀일하므로, "일체법은 곧 일체법이라 이름한다"고 부처님께서 말씀하셨다(시명).

6) "키가 큰 사람은 곧 키가 크지 않으므로, 그를 키가 크다고 이름한다고 여래께서 말씀하신다." 이 문장도 '즉비시명'의 논리를 담고 있다. 이 문장이 의미하는 바는 다음과 같이 풀이할 수 있다. 형상 있는 몸은 비록 크다 하더라도 안으로 지혜가 갖추어져 있지 않으면, 곧 크지 않다고 말한다(즉비). 형상 있는 육신이 설령 작다 하더라도 그의 마음에 지혜가 갖추어져 있다면, 크다고 일컫는다. 그러나 비록 지혜가 있기는 해도 실행에 옮기지 못하면, 곧 크다고 할 수 없다. 부처님의 가르침에 따라 수행하여 부처님처럼 최상의 지혜에 계합해 마음이 한량없어지면, "몸이 광대하다"고 이름한다(시명).

감산풀이 여기서는 '법신이 인과에 속하지 않음'을 밝히고 있다. '법신이 인과에 속하지 않음'을 제대로 알지 못한 수보리는 여래께서 수행하여 무언가를 얻으셨으리라고 생각한다. 따라서 부처님께서는 아무것도 얻은 바가 없다는 말로 수보리의 의문을 해소하신다. 수보리가 제대로 알지 못할까 염려한 부처님께서는 다음과 같이 곧바로 일러 주신다.

"무슨 까닭으로 깨달음을 얻지 않았다고 하는가? 여래란 말은 형상 있는 존재를 가리키는 말이 아니고, 모든 것은 당체(當體)가 여여(如如)할 뿐이란 뜻이다. 또한 모든 것이 본래적으로 여여하거늘, 어찌 따로 증득할 게 있겠는가! 따라서 나는 부처가 되기 위해 깨달음을 새삼스럽게 얻을 필요가 없다고 말하는 것이다."

선문(禪門)에 따르면, 근원으로 육박해 들어가는 길에서 과거, 현재, 미래 3세의 모든 부처님께서는 그 어디에도 눈을 빼앗겨서는 안 된다고 하셨다. 어느 한곳에라도 눈을 주면 눈을 다치게 된다. 근원으로 들어가는 과정에서 어느 것도 취하거나 찾아서는 안 되기 때문이다. 여래의 깨달음이란 기이하거나 별다른 것이 아니고, 단지 모든 것에 대해 단멸된다 혹은 변하지 않는다는 뒤바뀐 소견을 일으키지 않을 뿐이다. 그러므로 참되지도 않고 헛되지도 않다고 말하는 것이다. 왜냐하면 일체법은 곧 일체법이 아니기 때문이다. 만일 커다란 육신이 곧 육신이 아님을 보게 되면, 일체법이 일체법 아님을 알게 되리라.

22장. 중생 제도가 없는 것이라면, 중생 제도를 위해 존재하는 보살은 어떻게 된 것인가

【수보리의 의심】 "그 무엇을 지향하는 발심이 용납되지 않는다"는 부처님 말씀을 듣고서, 중생을 제도하기 위해 보살은 존재하는 게 아닌가, 라고 수보리는 의심한다. 이미 중생 구제가 있지 않을진대, 어째서 보살이란 호칭이 있게 되었을까. 부처님께서는 무아, 무법이란 말로 수보리의 의심을 타파하신다.

> "수보리여! 보살 또한 이와 마찬가지이다. 보살이 '모든 중생을 열반에 들게 하겠다'고 하면, 그는 보살이라고 말할 수 없다.[1) 왜 그러한가? 수보리여! 보살이라고 일컬을 게 없기 때문이다. 따라서 일체법에는 자기, 사람, 중생, 영혼에 대한 집착이 본래 없다고 여래는 말한다.[2)
>
> 수보리여! 보살이 '불국토를 장엄한다'고 말하면, 그는 보살이라고 할 수 없다. 왜냐하면 불국토를 장엄하는 것은 곧 장엄이 아니므로, 이를 불국토 장엄이라 이름한다고 여래는 말하기 때문이다.[3)
>
> 수보리여! 보살이 무아(無我)와 무법(無法)의 도리에 통달한다면, 그는 참으로 보살이라고 여래는 말할 것이다."[4)

> "須菩提! 菩薩亦如是, 若作是言, '我當滅度, 無量衆生.' 卽
> 수보리 보살역여시 약작시언 아당멸도 무량중생 즉
> 不名菩薩. 何以故? 須菩提! 實無有法, 名爲菩薩. 是故,
> 불명보살 하이고 수보리 실무유법 명위보살 시고
> 佛說, 一切法, 無我, 無人, 無衆生, 無壽者.
> 불설 일체법 무아 무인 무중생 무수자

須菩提! 若菩薩, 作是言, '我當莊嚴佛土.' 是不名菩薩.
수보리   약보살   작시언   아당장엄불토   시불명보살

何以故? 如來說, 莊嚴佛土者, 即非莊嚴, 是名莊嚴.
하이고   여래설   장엄불토자 즉비장엄 시명장엄

須菩提! 若菩薩, 通達無我法者, 如來說名, 眞是菩薩."
수보리   약보살   통달무아법자   여래설명   진시보살

1) "보살이 '모든 중생을 열반에 들게 하겠다'고 하면 그는 보살이라고 말할 수 없다." 이 문장은 '즉비의 부정적 사유'를 담고 있다. 간단히 말하면, 보살은 보살이 아니라는 것이다. 원문은 '불명보살'(不名菩薩)이란 표현을 사용했다. 구마라집이 한역 작업을 하면서 '즉비' 표현을 조금 바꾼 것이다.

2) "보살이라고 일컬을 게 없기 때문이다"는 곧 보살은 보살이 아니라는 뜻이다(즉비). 보살이 저 사람의 번뇌를 제거하겠다고 한다면, 이는 곧 법아(法我)에 떨어진다. 또 자기가 중생을 구제한다고 말하면, 이는 자기와 대립된 대상(我所)이 있는 것이다. 중생을 제도했다 하더라도, 마음에 주관과 객관의 차별이 있어 자기와 다른 사람에 대한 분별이 여전히 남아 있으면, 보살이라 일컬을 수 없다. 온 마음으로 갖가지 방편을 사용하여 중생을 제도하면서도 마음에 주관과 객관의 차별이 끊어져야, 비로소 그 사람은 보살이라고 일컬을 수 있다.

3) "보살이 '불국토를 장엄한다'고 말하면, 그는 보살이라고 할 수 없다." 이 문장은 '즉비의 부정적 사유'를 담고 있다. 보살은 보살이 아니라는 뜻이다. "왜냐하면 불국토를 장엄하는 것은 곧 장엄이 아니므로, 이를 불국토 장엄이라 이름한다고 여래는 말하기 때문이다." 이 문장은 '즉비시명'의 사유를 표현하고 있다. 어떤 보살이 만일 자기는 불국토를 장엄한다고 말하면, 그는 보살이 아니다. 비록 불국토를 장엄하더라도, 마음에 주관과

객관의 구분이 남아 있다면 보살이라고 할 수 없는 것이다. 온 마음으로 불국토를 장엄하면서도 주관과 객관의 분별이 일어나지 않아야 보살이라 일컫는다. 《최승묘정경》(最勝妙定經)에서는 "가령 어떤 사람이 하얀 은(銀)으로 절을 지어 삼천대천세계에 가득하더라도, 한순간의 선정(禪定)만 같지 못하다"고 했다. 마음에 주체와 객체의 대립이 있다면, 선정이라고 할 수 없다. 주객 대립이 끊어져야 선정이라 일컫는다. 선정이야말로 마음의 청정한 상태이기 때문이다.

4) '진리에 막힘이 없음'을 '통달'(通達)이라 한다. 진리를 안다고 하지 않아야 무아(無我)와 무법(無法)의 이치에 계합했다고 말한다. '무아'란 '자기가 본래 없는 이치', '무법'이란 '법이 따로 있는 게 아님'을 뜻한다. 앞에서 다음과 같이 말한 바 있다. "최상의 올바른 깨달음을 구하는 마음을 따로 내는 것이 아니다." "부처님께서는 최상의 올바른 깨달음을 얻으신 일이 전혀 없다." 그러므로 여기서 무아와 무법의 이치에 통달한 사람이야말로, 보살이라 일컫는다고 여래께서는 말씀하신다. 자기 처지에 맞게 행하는 사람도 보살이라고 할 수도 있기는 하지만, 진정한 의미에서 보살이라고 할 수는 없다. 진리에 대한 이해와 일상에서의 구체적 실행이 원만해져 모든 차별심이 끊어져야 비로소 참된 보살인 것이다.

감산풀이 여기서는 법신의 무아(無我) 이치로 보살의 '미세한 아집과 법집'을 무너뜨린다고 말하고 있다. 수보리가 중생을 제도하는 법을 실행해야 보살이라고 고집하자, 세존께서는 '어떤 법도 있지 않다'는 말씀으로 수보리의 법집(法執)을 타파하신다. 또 수보리가 중생 제도하는 법이 없다면 어떻게 불국토를 장엄하는지 의심하사, 세존께서는 상적광토(常寂光土)란 따로 장엄할 게 없다는 말씀으로, 어디에든지 머물려고 하는 수보리의 마음, 그의 아집을 무너뜨리신다. 바로 이것이 2가지 무아(無我)인 '법무아'(法無我-無法)와 '인무아'(人無我-無我)이다. 진실로 이 도리에 계합하지 못하면, 그를 보살이라 일컬을 수 없다. 따라서 "무아(無我)와 무법(無法)의 이치에 통달한다면, 그는 참으로 보살이라고 여래는 말한다"고 지적하셨다.

2. 제2부: 19장 – 36장

23장. 부처님의 5가지 눈으로 보는 세계와 중생이 마땅히 있어야 하지 않은가

【수보리의 의심】 만일 보살이 중생을 제도하지도 않고 국토를 청정하게 하지도 않는다면, 여래께서는 어떻게 '5가지 눈'(五眼)을 지니실 수 있는가. 중생은 '육신의 눈'으로 보지만, 여래의 5가지 눈은 이와는 다르다는 말씀으로 수보리의 의심을 풀어 주신다.

> "수보리여! 그대는 어떻게 보는가? 여래는 '육신의 눈'을 가지고 있는가?"
>
> "그렇습니다, 세존이시여! 여래께서는 '육신의 눈'을 가지고 계십니다."
>
> "수보리여! 그대는 어떻게 생각하는가? 여래는 '하늘의 눈'을 가지고 있는가?"
>
> "그렇습니다, 세존이시여! 여래께서는 '하늘의 눈'을 가지고 계십니다."
>
> "수보리여! 그대는 어떻게 보는가? 여래는 '지혜의 눈'을 가지고 있는가?"
>
> "그렇습니다, 세존이시여! 여래께서는 '지혜의 눈'을 가지고 계십니다."
>
> "수보리여! 그대는 어떻게 보는가? 여래는 '진리의 눈'을 가지고 있는가?"
>
> "그렇습니다, 세존이시여! 여래께서는 '진리의 눈'을 가시고 계십니다."
>
> "수보리여! 그대는 어떻게 보는가? 여래는 '부처의 눈'을 가지고

있는가?"

"그렇습니다, 세존이시여! 여래께서는 '부처의 눈'을 가지고 계십니다."[1]

"수보리여! 그대는 어떻게 생각하는가? 갠지스 강변의 모래알을 여래는 모래라고 말하는가?"

"그렇습니다, 세존이시여! 여래께서는 모래라 말씀하십니다."

"수보리여! 그대는 어떻게 보는가? 예컨대 갠지스 강변의 모래알 숫자만큼 갠지스강이 많이 있고, 여러 갠지스강의 모래만큼 부처의 세계가 있다면, 부처의 세계가 많다고 하겠는가?"

"매우 많습니다, 세존이시여!"[2]

부처님께서 수보리에게 말씀하셨다. "이렇게 많은 세계에 모든 중생의 마음을 여래는 낱낱이 꿰뚫고 있다. 어째서 그러한가? 모든 중생의 마음은 마음이 아니므로, 이를 마음이라 이름한다고 여래는 말한다.[3] 왜 그런가?

수보리여! 왜냐하면 과거의 마음을 찾을 수 없고, 지금 현재의 마음도 구할 수 없으며, 미래의 마음 또한 얻을 수 없기 때문이다."[4]

"須菩提! 於意云何? 如來, 有肉眼不?"
수보리 어의운하 여래 유육안부

"如是, 世尊! 如來, 有肉眼."
여시 세존 여래 유육안

"須菩提! 於意云何? 如來, 有天眼不?"
수보리 어의운하 여래 유천안부

"如是, 世尊! 如來, 有天眼."
여시 세존 여래 유천안

"須菩提! 於意云何? 如來, 有慧眼不?"
수보리 어의운하 여래 유혜안부

"如是, 世尊! 如來, 有慧眼."
여시 세존 여래 유혜안

"須菩提! 於意云何? 如來, 有法眼不?"
수보리 어의운하 여래 유법안부

"如是, 世尊! 如來, 有法眼."
여시 세존 여래 유법안

"須菩提! 於意云何? 如來, 有佛眼不?"
수보리 어의운하 여래 유불안부

"如是, 世尊! 如來, 有佛眼."
여시 세존 여래 유불안

"須菩提! 於意云何? 如恒河中, 所有沙, 佛說是沙不?"
수보리 어의운하 여항하중 소유사 불설시사부

"如是, 世尊! 如來說是沙."
여시 세존 여래설시사

"須菩提! 於意云何? 如一恒河中, 所有沙, 有如是沙等恒河,
수보리 어의운하 여일항하중 소유사 유여시사등항하

是諸恒河, 所有沙數, 佛世界, 如是寧爲多不?"
시제항하 소유사수 불세계 여시영위다부

"甚多, 世尊!"
심다 세존

佛告須菩提: "爾所國土中, 所有衆生, 若干種心, 如來悉知.
불고수보리 이소국토중 소유중생 약간종심 여래실지

何以故? 如來說, 諸心, 皆爲非心, 是名爲心. 所以者何?
하이고 여래설 제심 개위비심 시명위심 소이자하

須菩提! 過去心, 不可得, 現在心, 不可得, 未來心, 不可得."
수보리 과거심 불가득 현재심 불가득 미래심 불가득

1) 누구나 5가지 눈을 가지고 있지만 미혹에 휩싸여 제대로 드러나지 못한
다. 따라서 미혹을 제거하기만 하면, 곧 5가지 눈이 밝게 나타나고 매 순
간마다 반야바라밀을 행하게 된다고 부처님께서 말씀하신다. 처음 미혹을
제거함을 '육신의 눈'(肉眼)이라 이름한다. 모든 중생에게 불성이 있음을

보아 가련한 마음을 내면, 이를 '하늘의 눈'(天眼)이라 일컫는다. 어리석은 생각을 내지 않으면, 이를 '지혜의 눈'(慧眼)이라 말한다. 진리에 집착하지 않으면, '진리의 눈'(法眼)이라 이름한다. 미세한 번뇌가 영원히 끊어져 원융한 밝음이 두루 비추면, '부처의 눈'(佛眼)이라 일컫는다. 또한 육신에 법신이 있음을 보면, '육신의 눈'이라 이름한다. 모든 중생이 각각 반야를 갖춘 것을 보면, '하늘의 눈'이라 말한다. 반야바라밀이 3세의 일체법을 낳는 것을 보면, '지혜의 눈'이라 일컫는다. 모든 부처님의 가르침이 본래 갖추어져 있음을 보는 눈이 바로 '진리의 눈'이다. 본성을 밝게 꿰뚫어 주객 대립이 영원토록 제거되면 '부처의 눈'을 증득한다.

2) 갠지즈강은 인도의 기원정사(祇園精舍) 근처에 있는 강이다. 여래는 설법할 때 항상 이 강을 비유로 활용했다. 부처님께서는 갠지즈 강변 모래 한 알을 부처님의 세계 하나에 견주어, 갠지스강 모래알만큼 부처의 세계가 많다면, 부처의 세계는 많은가, 라고 물으셨다. 수보리가 매우 많다고 답했다. 부처님께서 이처럼 수많은 국토를 거론하신 것은 바로 그 국토에 있는 중생 한 사람 한 사람 마음의 움직임이 이만큼 한량없기 때문이다.

3) "모든 중생의 마음은 마음이 아니므로, 이를 마음이라 이름한다고 여래는 말한다." 이 문장 역시 전형적인 '즉비시명'의 논리이다. 한량없는 국토의 중생 하나하나는 갖가지로 차별된 서로 다른 마음이 있다. 마음의 움직임이 다양하기는 해도, 모두 허망한 마음에 불과하다. 허망한 마음이 우리의 마음자리가 아닌 줄 알면, 이를 본래의 마음이라 일컫는다. 이 마음이야말로 참마음이고, 결코 변하지 않는 마음(常心)이며, 부처의 마음이고, 반야바라밀의 마음이며, 청정한 깨달음이자, 열반이기도 하다.

4) "왜냐하면 과거의 마음을 찾을 수 없고, 지금 현재의 마음도 구할 수 없으며, 미래의 마음 또한 얻을 수 없기 때문이다." 이 문장 역시 전형적인 '즉비'의 논리이다. '과거의 마음을 찾을 수 없다'는 말은, 이전의 허망

한 마음이 문득 이미 지나가서 아무리 찾아보아도 어디에도 있지 않다는 뜻이다. '현재의 마음을 구할 수 없다' 함은, 참마음은 형상에서 벗어나 있으니, 어떻게 볼 수 있겠느냐는 것이다. '미래의 마음을 얻을 수 없다'는 것은 아직 오지 않아서 본래 있지 않다는 의미이다. 지난날의 습기(習氣)가 이미 녹아 다시는 습기가 생기지 않아 3가지 마음이 얻을 수 없음을 안다면, 그를 부처라 일컫는다는 것이다. 과거, 현재, 미래의 마음을 얻을 수 없다는 《금강경》 말씀과 관련해 중국 선불교에서 유명한 일화는 47쪽 참조.

감산풀이 여기서는 마음, 부처, 중생 3가지는 서로 아무런 차이가 없음을 제시하고 있다. 부처님께서는 5가지 눈을 갖추고 계신다. 각각의 눈으로 보는 대상이 따로 있고, 세계와 중생이 따로 있어야 마땅하지 않은가, 라고 수보리는 의심한다. 그래서 세존께서는 자신이 갖춘 5가지 눈은 눈이 아니고, 단지 중생의 마음을 읽는 것으로 눈이라고 일컬을 따름이라고 말씀하신다.

또한 "여러 갠지즈강의 모래알만큼이나 무한히 많은 중생 하나하나의 마음을 여래는 낱낱이 알고 빠짐없이 본다"는 말은, 다름이 아니라 중생이 곧 여래 마음 한가운데 있다는 것이다. 따라서 중생이 한 생각을 움직이면, 여래께서는 저절로 자기 마음을 움직이시는 것이다. 그러니 어찌 알지 못하고 보지 못함이 있겠는가.

그렇다고 한다면 중생 마음에는 생멸이 있으므로, 부처님 마음에도 생멸이 있는가, 라고 수보리는 갸우뚱한다. 이에 세존께서는 중생의 마음이란 본래 한결같아서(如如) 생멸이 없으셨기에, 여래의 마음과 똑같이 적멸하고 평등하다고 말씀하신다. 여래와 중생은 동일하게 담연해 마음이 조금도 흔들리지 않아 생사가 끊어져 오고 감이 없다. 이른바 마음, 부처, 중생 이 셋은 아무런 차이가 없다는 말이다. 그러므로 과거, 현재, 미래에서 마음을 아무리 샅샅이 뒤져도 마음을 찾을 수 없는 것이다.

24장. 중생과 국토가 있지 않다면, 복을 받을 수 없고, 수행할 필요도 없지 않은가

【수보리의 의심】 부처님께서는 장엄할 국토도 없고, 제도받을 중생도 없다 하여 집착을 끊게 하셨다. 하지만 수보리는 이런 세존의 말씀을 듣고 다음과 같이 생각한다. 중생과 국토가 있지 않다면, 보시를 해도 복을 받을 수 없고, 또 애써 수행할 필요도 없지 않느냐는 것이다. 이에 세존께서는 '복 아닌 복'(無福之福)이야말로 매우 광대하다는 말씀으로 수보리의 의문을 소진시키신다.

"수보리여! 그대는 어떻게 보는가? 어떤 사람이 삼천대천세계에 7가지 보배를 가득 쌓아 놓고 보시한다면, 그는 이 인연으로 많은 복을 받겠는가?"

"그렇습니다, 세존이시여! 그는 이 인연으로 복을 많이 받습니다."

"수보리여! 복덕이 실제로 있다고 하면, 여래는 복덕이 많다고 말하지 않는다. 복덕이 없는 까닭에, 여래는 복덕이 많다고 말하는 것이다."[1]

"須菩提! 於意云何? 若有人, 滿三千大千世界七寶, 以用布
　수보리　　어의운하　　약유인　　만삼천대천세계칠보　　이용보
施, 是人, 以是因緣, 得福多不?"
시　시인　이시인연　득복다부

"如是, 世尊! 此人, 以是因緣, 得福甚多."
　여시　세존　차인　이시인연　득복심다

"須菩提! 若福德, 有實, 如來不說, 得福德多. 以福德, 無
　수보리　약복덕　유실　여래불설　득복덕다　이복덕　무
故, 如來說, 得福德多."
고　여래설　득복덕다

1) "복덕이 실제로 있다고 하면, 여래는 복덕이 많다고 말하지 않는다. 복덕
   이 없는 까닭에, 여래는 복덕이 많다고 말하는 것이다." 이 문장도 '즉비
   시명'의 사유를 표현하고 있다. 한자 원문을 보면, '즉비' 대신 불설(不
   說)을 사용했고 '시명' 대신 설(說)을 썼다. '즉비'와 '불설'은 부정, '시
   명'과 '설'은 긍정을 뜻한다. "복덕이 실제로 있다고 하면, 여래는 복덕이
   많다고 말하지 않는다(즉비). 복덕이 없는 까닭에, 여래는 복덕이 많다(시
   명)고 말하는 것이다." 7가지 보배를 보시하는 것은 성불의 과보를 성취
   하지 못하므로 복이 없다고 말했다. 7가지 보배는 양적으로 베푸는 보시
   이므로 양적으로는 많기는 하지만, 진정한 의미에서는 아무런 복이 없다는
   것이다. 복덕은 복덕이 아니다(즉비). 형상에서 벗어난 '복 아닌 복'(無福
   之福)이야말로 매우 광대하다고 부처님께서는 말씀하신다. 따라서 이를
   복덕이라 이름한다(시명).

감산풀이 여기서는 '형상에서 벗어난 복덕'을 말하고 있다. 수보리는
보배 보시처럼 '형상 있는 보시'에 집착해 복덕이 실제로 있다고 착각
하지만, 6가지 티끌(六塵)이 본래 있지 않아 복덕 또한 있지 않은 것을
수보리는 알지 못한다. 따라서 세존께서는 복덕이 없기에 복덕이 많다
는 말로 그의 미혹을 소진시키신다. 이른바 복덕이 없다는 말은 복덕이
전혀 없다는 뜻이 아니고, 마음이 허공처럼 광대해져야 그 복이 더욱
커진다는 의미이다.

25장. 중생과 국토 같은 성불의 인이 없고, 깨달음도 없으니, 과보도 없어 인과가 끊어져 부처도 없다. 그렇다면 부처님 32상은 어떻게 해서 있는 것인가

【수보리의 의심】 형상에 집착하지 말고, 중생을 제도하려 하지 말며, 국토를 장엄하려 하지 말라는 가르침을 들은 수보리는 다음과 같이 의심한다. 중생 제도와 국토 장엄은 곧 성불의 인(因)이고, 이로 인해 갖가지 복덕은 장엄의 과보(果報)를 구축하게 된다. 하지만 이제 제도할 중생이 없고, 장엄할 국토가 없다고 했다. 이는 성불의 인이 없다는 말이다. 또 증득할 깨달음마저 없다고 했다. 이는 과보가 없다는 뜻이다. 이와 같이 인과가 끊어졌으니, 부처 또한 없게 된다. 그렇다면 지금 눈앞에 보이는 부처님의 32상은 대체 어떻게 해서 있게 된 것인가. 수보리는 이런 식으로 갸우뚱한다. 이에 부처님께서는 32상으로 여래를 보아서는 안 된다고 말씀하심으로써 수보리의 의심을 해소하신다.

> "수보리여! 그대는 어떻게 보는가? 육신을 잘 갖추었다고 부처라고 볼 수 있겠는가?"
>
> "그렇지 않습니다, 세존이시여! 육신을 잘 갖추었다고 부처라고 볼 수는 없습니다. 왜냐하면 육신을 잘 갖춘 것은 육신을 잘 갖춘 것이 아니므로, 이를 육신을 잘 갖추었다고 여래께서는 말씀하시기 때문입니다."[1]
>
> "수보리여! 그대는 어떻게 보는가? 모든 상호를 갖추었다고 여래라고 볼 수 있겠는가?"
>
> "그렇지 않습니다, 세존이시여! 모든 상호를 갖추었다고 여래라고 볼 수는 없습니다.[2] 왜냐하면 모든 상호를 갖춘 것은 곧 모든

상호를 갖춘 것이 아니므로, 이를 모든 상호를 갖추었다고 일컫기 때문입니다."[3]

"須菩提! 於意云何? 佛可以具足色身, 見不?"
수보리　어의운하　불가이구족색신　견부

"不也, 世尊! 如來, 不應以具足色身, 見. 何以故?
불야　세존　여래　불응이구족색신　견　하이고

如來說, 具足色身, 卽非具足色身, 是名具足色身."
여래설　구족색신　즉비구족색신　시명구족색신

"須菩提! 於意云何? 如來, 可以具足諸相, 見不?"
수보리　어의운하　여래　가이구족제상　견부

"不也, 世尊! 如來, 不應以具足諸相, 見. 何以故?
불야　세존　여래　불응이구족제상　견　하이고

如來說, 諸相具足, 卽非具足, 是名諸相具足."
여래설　제상구족　즉비구족　시명제상구족

1) "왜냐하면 육신을 잘 갖춘 것은 육신을 잘 갖춘 것이 아니므로, 이를 육신을 잘 갖추었다고 여래께서는 말씀하시기 때문입니다." 이 문장도 '즉비시명'의 사유를 전형적으로 표현하고 있다. 부처님의 말씀은 다음과 같은 의미이다. 중생이 법신을 보지 못한 채 잘 갖추어진 황금빛 불상만 보고, 이를 여래의 참모습(眞身)으로 여길까 염려하여 이런 미혹을 떨쳐 버리기 위해 수보리에게 물음을 던진 것이다. "육신을 잘 갖추었다고 부처라고 볼 수 있겠는가?" 형상을 잘 갖추었다고 해서 육신을 잘 갖춘 것이 아니다(즉비). 마음에 32가지 청정한 행을 갖추어야 육신을 잘 갖추었다고 일컫는다(시명). 청정한 행이란 곧 6바라밀을 가리킨다. 5가지 눈(五根)으로 6바라밀을 닦고, 의근(意根)으로 선정과 지혜를 함께 닦아야(定慧雙修) 육신을 잘 갖추었다고 이름한다. 한갓 여래의 잘 갖추어진 형상에만 애착할 뿐 마음으로 32가지 청정행을 닦지 않으면, 원만하다고 하지 않는

다. 잘 갖추어진 불상에 애착하지 않고 능히 청정행을 실행한다면, 그 사람은 육신을 잘 갖추었다고 칭송받을 것이다.

2) 앞의 15장에서 "32상으로 여래를 볼 수 없다"고 했다.

3) "모든 상호를 갖추었다"(具足諸相)에서 한자 원문 '제상'(諸相)은 부처님의 32상과 80종호를 가리킨다. "왜냐하면 모든 상호를 갖춘 것은 곧 모든 상호를 갖춘 것이 아니므로, 이를 모든 상호를 갖추었다고 일컫기 때문입니다." 이 문장도 '즉비시명'의 사유를 전형적으로 표현하고 있다. 여래란 곧 '형상에서 벗어난 법신'(無相法身)을 가리키는 말이다. '육신의 눈'(肉眼)으로 볼 수 없고 '지혜의 눈'(慧眼)이 열려야 여래를 볼 수 있다. '지혜의 눈'이 밝지 못해 자기와 사람 등에 대한 애착이 남아 있어 32상을 갖춘 불상을 여래로 여기지만, 이를 모든 상호를 갖추었다고 말하지 않는다(즉비). '지혜의 눈'이 밝아져 자기와 사람 등에 대한 집착이 일어나지 않고 바른 지혜 광명이 항상 비추면, 비로소 모든 상호를 구비했다고 이름한다(시명). 탐욕(貪), 분노(瞋), 어리석음(癡)의 3가지 미혹(三毒)이 아직 녹지 않은 채 여래의 참모습을 본 일은 일찍이 없었다. 설령 친견했다 하더라도, 화신(化身)에 불과하지 형상에서 벗어난 참된 법신은 아니라는 것이다.

감산풀이 여기서는 보신(報身)이 형상이 있다는 의심을 타파하여 법신과 보신이 하나임을 밝히고 있다. 육신을 잘 갖춘 부처님 형상이란 온갖 덕으로 장엄된 보신 부처를 가리킨다. 여러 겁에 걸쳐 중생을 제도하고 불국토를 장엄한 과보로 여래께서는 거룩한 형상을 구비하게 되셨던 것이다.

또 이 보신은 본래 법신인 까닭에, "육신을 잘 갖춘 것이 아니다"라고 하셨고, 법신과 보신은 하나이므로 "이를 육신을 잘 갖추었다"고 지

적하셨다. 여기까지는 눈에 보이는 형상에 대한 미혹을 타파하셨다고
할 수 있다. 이어서 보는 주체의 미혹을 무너뜨리신다. 보신은 곧 법신
이므로, 어떤 상호(相好)로도 볼 수 없다. 지혜가 근본직으로 한결같아
야 미혹이 소멸되고 경계와 지혜가 하나로 계합해야 법신이 저절로 드
러나게 되는 것이다.

　무릇 '그것은 곧 그것이라는 긍정'(시명)과 '그것은 곧 그것이 아니
라는 부정'(즉비)은 수보리가 잘못된 소견에 빠지는 허물을 막기 위한
말씀이다. 여래께서는 옳다 그르다는 시비의 소견에 제자가 떨어질까
염려하여 왼쪽이든 오른쪽이든 모두 부정하고 타파하신다. 따라서 여
래께서는 무엇 하나라도 말씀하실 것이 없지만, 단지 중생의 미혹을 타
파하고 잘못된 소견을 일으키지 않도록 하기 위해, 중생의 이런저런 집
착과 그 어디에든지 머물려는 습기를 씻어 내고자 하실 따름이었다. 그
러므로 배우는 사람은 부처님의 이런 간곡함에 유념해야 한다.

26장. 부처님을 형상으로 볼 수 없다면, 도대체 누가 설법하는가

【수보리의 의심】 부처님께서는 본래 형상 너머에 계시어 볼 수 없다는 말을 듣자, 수보리는 이미 형상이 없다면 대체 누가 설법을 하는가, 라고 의심한다. 이에 부처님께서는 한마디도 말한 바 없다고 설파하신다.

"수보리여! 그대는 내가 설법을 한다고 짐작해서는 안 된다. 결코 그렇지 않다. 왜냐하면 '여래가 설법한다'고 어떤 사람이 말하면, 그는 여래를 비방한 것이 되기 때문이다.[1] 그는 내 말뜻을 제대로 파악하지 못했기 때문에, 그렇게 말하는 것일 뿐이다. 수보리여! 여래의 설법은 어느 하나도 말한 바가 없기에, 이를 설법이라 이름하는 것이다."[2]

"須菩提! 汝勿謂, 如來作是念, '我當有所說法.' 莫作是念.
　수보리　여물위　　여래작시념　　아당유소설법　　막작시념

何以故? 若人言, '如來, 有所說法.' 卽爲謗佛, 不能解我所
하이고　약인언　　여래　유소설법　　즉위방불　불능해아소

說故.
설고

須菩提! 說法者, 無法可說, 是名說法."
수보리　설법자　무법가설　시명설법

---

1) "'여래가 설법한다'고 어떤 사람이 말하면, 그는 여래를 비방한 것이 되기 때문이다." 이 문장에도 역시 '즉비'의 부정이 표출되어 있다. '즉비' 논리로 바꾸면 다음과 같이 된다. 설법은 곧 실법이 아니다." 일반인의 설법은 마음에 얻는 바가 있다. 따라서 부처님께서는 수보리에게 "여래의 설법은 마음에 조금도 얻음이 없다"고 말씀하신 것이다. 일반인은 분별상

으로 말하지만, 여래께서는 입을 열든지 침묵하든지 한결같아 입에서 나오는 말씀이 소리에 따라 울리는 메아리 같으시다. 여래께서는 무심하게 입을 열고 닫으실 뿐이므로, 일반인이 생멸심으로 하는 말과는 크게 다르다. 그래서 여래의 설법이 생멸심에서 나온다고 말하면, 부처를 비방하는 것이라고 지적하셨다.

2) "여래의 설법은 어느 하나도 말한 바가 없기에, 이를 설법이라 이름하는 것이다."(說法者, 無法可說, 是名說法.) 이 문장 역시 '즉비시명' 논리의 표출이다. 한자 원문에서는 '즉비시명'을 그대로 사용하지 않았고, '즉비시명'의 사유를 바탕으로 구마라집이 한역 작업을 하면서 변형시켰다. 《유마경》(維摩經)에서는 다음과 같이 말했다. "무릇 설법이란 한마디도 말한 바 없고, 아무것도 제시한 바가 없다. 설법을 들음에 한마디도 귀로 말이 들어가지 않고, 조금도 얻은 바가 없다." 모든 것이 공적(空寂)하여 온갖 언어 문자가 헛되다(즉비). 성품이 공(空)한 자리에서 이런저런 말로 간절하게 여러 가르침을 일러 주기는 하지만, 아무런 형상이 없고 추호의 거짓도 없이 미혹한 중생을 이끌어 그로 하여금 본성을 보게 함으로써 최상의 올바른 깨달음을 증득하게 하는 것이야말로 설법이라고 할 수 있다(시명).

감산풀이 여기서는 보신 부처님께서 설법하신다는 의심을 타파하고 있다. 여래께서는 세상에 출현하여 설법하신 적이 없다는 것이다. 다만 중생이 집착하는 바에 나아가 그때그때 상황에 알맞게 허물을 소진시키기 위해 단지 한마디 말씀하신 것에 불과하다. '아니다', '그렇지 않다' 같이 부정으로 부처님께서 일관하신 것은 중생의 전도된 소견을 제거하기 위함이었다. 이는 중생을 보살피기 위함이었다. 그러므로 "이를 설법이라 이름한다"고 밝히신 것이다.

27장. 미래의 중생이 오묘한 진리를 믿을 수 있을까

【수보리의 의심】 법신은 이미 한마디도 말한 바 없고, 아무것도 제시한 바가 없으니, 가르침이 매우 깊고 오묘함을 수보리는 알게 되었다. 다만 수보리는 미래의 중생이 이 진리를 믿고 받아들일 수 있을지 의심한다. 이에 세존께서는 중생이 어디 있는가, 라는 말로 그의 의심을 해소하신다.

그때 혜명 수보리가 부처님께 말씀을 올렸다.[1] "세존이시여! 중생이 미래에 이 가르침을 듣고 믿음을 낼 수 있겠습니까?" 부처님께서 말씀하셨다. "수보리여! 그들은 중생이 아니며, 중생이 아닌 것도 아니다.[2] 어째서 그럴까? 수보리여! 중생은 중생이 아니므로, 그들을 중생이라 일컫는다고 여래는 말하기 때문이다."[3]

爾時, 慧命須菩提, 白佛言："世尊! 頗有衆生, 於未來世, 聞
이시   혜명수보리   백불언   세존 파유중생   어미래세 문
說是法, 生信心不?"
설시법   생신심부

佛言："須菩提! 彼非衆生, 非不衆生. 何以故?
불언   수보리   피비중생   비불중생   하이고

須菩提! 衆生衆生者, 如來說, 非衆生, 是名衆生."
수보리   중생중생자   여래설   비중생   시명중생

---

1) 혜명은 수보리 호칭 중 하나이다.

2) "그들은 중생이 아니며, 중생이 아닌 것도 아니나." 이 문구는 '즉비시명' 사유를 새로운 방식으로 표현한 것이다. "그는 중생이 아니며," 이 구절은 '즉비'에 해당된다. 중생이 어떻게 오묘한 진리를 믿을 수 있을지 수보리가

의심하자, 부처님께서는 중생은 중생이 아니라면서, 중생이 어디 있느냐고 반문하셨다. 중생은 부처님이나 다름없이 청정한 본성을 지니고 있으므로, 중생이 아니라는 것이다. "중생이 아닌 것도 아니다." 이 구절은 부정의 부정으로 '시명'에 해당된다. 중생은 탐욕, 분노, 어리석음의 3독(三毒)에 빠져 있으므로, 중생이 아니라고 할 수도 없다. 따라서 이와 같은 새로운 표현 방식은 '즉비시명' 논리의 이해에 도움이 된다. '즉비'를 통해 부정하고, 부정한 것을 다시 부정함으로써 차원 높은 긍정의 세계가 열리게 되는 것이다.

3) "중생은 중생이 아니므로, 그들을 중생이라 일컫는다고 여래는 말하기 때문이다." 이 문장에는 전형적인 '즉비시명'의 논리가 담겨 있다.

감산풀이 여기서는 중생과 진리가 하나임을 말하여 중생의 미혹을 타파하고 있다. 수보리는 법신을 묘하게 깨달아 믿고 받들고 있기는 하지만, 이 가르침은 깊고 깊어 미래의 중생이 믿을 수 있을지 갸우뚱한다. 이는 다름 아니라 생멸하는 미혹을 수보리가 아직까지 떨쳐 내지 못했기에, 미래의 중생에 대해 이런 분별을 하게 된 것이다.

이에 세존께서는 다음과 같이 말씀하신다. 중생은 본래 한결같아 진리와 다름이 없거늘 어찌 미래가 따로 있겠는가. 중생은 여여(如如)하여 과거, 현재, 미래 3세에 조금도 변함없이 평등하다. 바로 이것이 반야의 궁극 원리이다. "그들은 중생이 아니며," 이하는 다음과 같이 풀이된다. 중생은 본래 여여(如如)하므로, "그들은 중생이 아니다." 하지만 진여는 인연에 따라 여러 가지 일을 성취하는 까닭에 "중생이 아닌 것도 아니다." 이를 또다시 해석하면, 중생이란 곧 진여가 인연 따라 이루어진 것, 여러 가지가 화합하여 이루어진 것으로, 따라서 중생이란 거짓으로 중생이라 이름 붙인 것뿐이기에, 중생이 아닌 것이다. 참으로 중생이 있지 않으므로, 이를 중생이라 일컫는다고 여래께서는 말씀하신다.

28장. 법신이 어디에도 없다면, 깨달음을 어떻게 얻을 수 있을까

【수보리의 의심】 법신은 그 어디에도 있지 않으니, 어떻게 선을 닦아 깨달음을 증득할 수 있을까. 부처님께서는 "아무것도 얻은 바 없고, 본래 평등하다"는 말씀으로 이 의심을 풀어 주신다.

수보리가 부처님께 말씀을 올렸다. "세존이시여! 부처님께서는 최상의 올바른 깨달음을 얻은 일이 없으십니까?"

부처님께서 말씀하셨다. "그렇다, 참으로 그렇다! 수보리여! 나는 최상의 올바른 깨달음을 조금도 얻은 바가 없으므로, 이를 최상의 올바른 깨달음이라 이름한다.[1] 또한 수보리여! 부처님 가르침은 평등하여 높고 낮음이 없으므로, 최상의 올바른 깨달음이라 일컫는다.[2]

자기, 사람, 중생, 영혼에 대한 집착이 전혀 없는 마음으로 갖가지 선(善)을 행하면, 곧 최상의 올바른 깨달음을 얻게 된다.[3] 수보리여! 선법(善法)이란 선법이 아니기에, 이를 선법이라 일컫는다고 여래는 말한다."[4]

須菩提, 白佛言: "世尊, 佛得, 阿耨多羅三藐三菩提, 爲無所
수보리　백불언　세존　불득　아누다라삼먁삼보리　위무소
得耶?"
득야

佛言: "如是如是. 須菩提! 我於阿耨多羅三藐三菩提, 乃至,
불언　여시여시　수보리　아어아누다라삼먁삼보리　내지
無有小法可得, 是名阿耨多羅三藐三菩提. 復次, 須菩提! 是
무유소법가득　시명아누다라삼먁삼보리　부차　수보리　시
法平等, 無有高下, 是名阿耨多羅三藐三菩提.
법평등　무유고하　시명아누다라삼먁삼보리

以無我, 無人, 無衆生, 無壽者, 修一切善法, 卽得阿耨多羅
이무아 무인 무중생 무수자 수일체선법 즉득아누다라

三藐三菩提. 須菩提! 所言善法者, 如來說, 卽非善法, 是名
삼먁삼보리 수보리 소언선법자 여래설 즉비선법 시명

善法."
선법

1) 이 문장을 '즉비시명' 논리로 바꾸면 다음과 같다. "깨달음을 얻은 바가
   없다. 따라서 이를 깨달음이라고 이름한다." 부처님께서는 깨달음을 실로
   구하지도 않고, 또 아무것도 얻고자 하지 않으셨다(즉비). 이와 같은 까닭
   에 최상의 올바른 깨달음을 얻었다고 말씀하시는 것이다(시명).

2) "부처님 가르침은 평등하여 높고 낮음이 없으므로(즉비), 최상의 올바른
   깨달음이라 일컫는다(시명)." 이 문장 역시 '즉비시명' 사유를 응용한 것
   이다.

3) 깨달음이란 위로 모든 부처님에 이르고 아래로 삼라만상에 이르기까지 어
   느 것이나 근본 지혜를 머금고 있어 부처와 조금도 다르지 않다는 말이
   다. 따라서 평등하여 높고 낮음이 없다고 말한다. 다만 '4가지 번뇌'(四
   相)에서 벗어나 갖가지 선을 닦으면 곧 깨달음을 얻게 된다. '4가지 번뇌'
   를 떨쳐 내지 않고 갖가지 선을 닦는다면, 자기와 사람에 대한 애착만 갈
   수록 더해져 해탈하고자 아무리 애써도 헛수고에 그칠 따름이다. 만일 '4
   가지 허물'에서 떠나 모든 선을 닦으면, 언젠가는 해탈을 증득할 것이다.
   모든 선을 닦는 사람은 일체에 대해 애착을 일으키지 않아 갖가지 경계에
   직면해서도 약간의 흔들림이나 추호의 동요도 없고, 세간법과 출세간법에
   탐욕이나 애착을 내지도 않으며, 어느 경우에든지 항상 방편을 행하여 중
   생의 뜻에 맞추어 줌으로써 그를 기쁘게 하여 마음으로 좇게 하고, 바른
   가르침(正法)을 알려 주어 깨달음을 얻게 한다.

4) "선법이란 선법이 아니기에, 이를 선법이라 일컫는다고 여래는 말한다." 이 문장도 전형적인 '즉비시명'에 해당된다. 모든 선법을 닦아 그 과보를 바라면, 곧 선법이 되지 못한다(즉비). 6도(六道)에서 만행(萬行)을 온 마음으로 실천하기는 해도, 과보를 얻고자 하지 않아야 선법이라고 할 수 있다(시명).

감산풀이 여기서는 부처와 그의 가르침에 대한 미혹을 지적하고 있다. 수보리는 이미 법신이 청정하여 아무것도 얻을 게 없음을 알았다. 하지만 부처님께서는 모든 선을 닦아 깨달음을 얻으셨다. 이는 무언가를 얻음이지 않은가. 어찌하여 여래께서는 깨달음이란 과보를 얻은 바 없다고 하시는지 수보리는 의심한다.

이에 부처님께서는 다음과 같이 말씀하신다.

실로 아무것도 얻은 바 없다. 왜냐하면 중생과 부처는 본래 평등해 둘이 아니고, 서로 구분되지 않는다. 바로 이것이 깨달음이다. 이와 같을 뿐이거늘, 어찌 증득해 얻은 바가 있겠는가.

이른바 선(禪)을 닦아 깨달음을 얻는다는 말뜻은 다음과 같다. 단지 '4가지 허물'(四相)에서 떠나고 수행함이다. 곧 이와 같이 수행하면, 곧 아무것도 닦는 바가 없다. 따라서 깨달음을 얻었다 하지만, 또한 아무것도 얻은 바 없다(즉비). 조금도 얻은 바가 없으므로, 이를 참되다고 이름한다(시명).

29장. 선을 닦아도 깨달음을 얻지 못하는 게 아닌가

【수보리의 의심】 선(善)이 이미 선이 아니라면, 무엇을 행해야 하는가.
여기서는 반야에 통달하는 것이 가장 뛰어나다고 지적하신다.

> "수보리여! 삼천대천세계에 있는 여러 수미산을 합쳐 놓은 것만
> 큼 7가지 보배를 쌓아 놓고서 보시하더라도, 어느 누가《금강경》
> 혹은 4구게 등을 지니고 독송하고 다른 사람에게 알려 준다면, 그
> 공덕에 보배 보시는 백 분의 일에도 미치지 못하고, 천 분의 일,
> 만 분의 일, 억 분의 일, 혹은 어떤 계산이나 어떤 비유로도 미치
> 지 못한다."[1]
>
> "須菩提! 若三千大千世界中, 所有諸須彌山王, 如是等七寶
> 　수보리　　약삼천대천세계중　　소유제수미산왕　　여시등칠보
>
> 聚, 有人, 持用布施. 若人, 以此般若波羅蜜經, 乃至, 四句
> 취　유인　지용보시　약인　이차반야바라밀경　내지　사구
>
> 偈等, 受持讀誦, 爲他人說, 於前福德, 百分不及一, 百千萬
> 게등　수지독송　위타인설　어전복덕　백분불급일　백천만
>
> 億分, 乃至, 算數譬喩, 所不能及."
> 억분　내지　산수비유　소불능급

1) 아무리 보배를 산더미처럼 쌓아 놓고 보시하더라도, 번뇌가 남아 있으면,
   해탈하지는 못한다. 그러나 4구게는 비록 짧기는 해도, 이에 의지해 수행
   하면, 곧 성불하게 된다. 경전을 곁에 지니면, 중생으로 하여금 깨달음을
   증득하게 하므로, 보배 보시와는 견줄 수 없다는 것이다.

감산풀이 　여기서는 '형상에서 벗어난 반야의 공덕'이 제일 수승함을

찬탄하고 있다. 선을 실행해도 깨달음을 얻지 못하니, 선의 실행은 복덕이 뛰어나다고 할 수 없다. 그렇다면 어떻게 해야 하는가. 부처님은 반야 이치에 통달함이야말로 가장 수승하다고 말씀하신다. 예컨대 삼천대천세계에 있는 백억 개의 수미산만큼이나 되는 7가지 보배 등으로 보시하면 그 복이 많다고 할 수도 있겠지만, 이런 보시의 복은 반야의 4구게를 보시하는 복보다 뛰어나지 못하다. 보배 보시는 보배라는 형상에 집착해 이익을 구하려고 탐착하기 때문이다. 반야는 형상에서 벗어난 까닭에, 가장 수승하고 그 복덕이 한량없으니, 어떤 비유로도 그에 미치지 못한다.

30장. 중생과 부처가 평등하다면, 부처님께서 어떻게 중생을 제도할 수 있는가

【수보리의 의심】 앞에서 중생과 부처가 평등하다는 부처님의 말씀을 들은 바 있다. 이와 같이 평등하다면, 중생은 없는 셈이다. 그렇다면 어째서 여래께서는 중생을 제도한다고 하시는가. 이는 자기와 사람에 대한 집착이 아닌가. 부처님께서는 자기와 사람에 대한 미혹에서 벗어나라는 말씀으로 수보리의 의심을 타파하신다.

"수보리여! 그대는 어떻게 보는가? 그대는 '여래가 중생을 제도한다'고 생각해서는 안 된다. 수보리여! 이렇게 짐작해서는 안 된다. 왜 그럴까? 실로 한 중생도 여래가 제도한 일이 없기 때문이다.[1] 만일 여래가 중생을 제도한다고 한다면, 여래는 자기, 사람, 중생, 영혼에 대한 집착이 남아 있는 셈이다.[2]
수보리여! 여래가 말하는 자기는 곧 자기가 아니거늘, 사람들은 자기가 있다고 착각한다.[3] 수보리여! 범부는 곧 범부가 아니므로, 그를 범부라고 여래는 말한다."[4]

"須菩提! 於意云何? 汝等, 勿謂如來, 作是念, '我當度衆生.'
수보리 어의운하 여등 물위여래 작시념 아당도중생

須菩提! 莫作是念. 何以故? 實無有衆生, 如來度者. 若有衆
수보리 막작시념 하이고 실무유중생 여래도자 약유중

生, 如來度者, 如來, 卽有我人, 衆生壽者.
생 여래도자 여래 즉유아인 중생수자

須菩提! 如來說, 有我者, 卽非有我, 而凡夫之人, 以爲有我.
수보리 여래설 유아자 즉비유아 이범부지인 이위유아

須菩提, 凡夫者, 如來說, 卽非凡夫, 是名凡夫."
수보리 범부자 여래설 즉비범부 시명범부

1) "실로 한 중생도 여래가 제도한 일이 없기 때문이다." 이 문장은 '즉비'를 표현한 것이다. '즉비'로 바꿔 말하면 "중생 제도는 곧 중생 제도가 아니다."

2) 수보리가 마음속으로 여래께서는 중생을 제도하지 않으시는가, 라고 생각하자, 부처님께서는 수보리의 이런 의심을 타파하기 위해 그렇게 짐작하지 말라고 말씀하신 것이다. 모든 중생이 본래 부처이니, 만일 여래가 중생을 제도하여 성불했다고 말한다면, 이는 망령된 말이다. 이 말이 맞다면 여래는 자기, 사람, 중생, 영혼에 대한 미혹이 남아 있는 셈이다. 따라서 중생을 제도한다고 여기지 않는 것은 주관과 객관의 대립을 타파하기 위함이다.

3) 자기가 있다는 여래의 말씀은 청정한 본성의 '상락아정'(常樂我淨) 가운데 '자기'(我)를 뜻한다. 이는 탐욕, 분노, 무명(無明), 허망함 같은 참되지 않음으로 가득 찬 범부의 아집을 가리키지 않는다. 따라서 일반 사람은 아집을 일컬어 자기가 있다고 말한다고 부처님께서는 지적하시면서, "여래가 말하는 자기는 곧 자기가 아니거늘, 사람들은 자기가 있다고 착각한다"고 말씀하셨다. '즉비시명'의 논리를 활용하면, 자기와 사람에 대한 애착이 있으면 일반 사람이요(즉비), 이런 애착이 일어나지 않으면 일반 사람이 아니다(시명). 마음에 생멸이 있으면 일반 사람이요(즉비), 생멸이 끊어지면 일반 사람이 아니다(시명). 반야바라밀의 이치를 모르고 깨닫지 못하면 일반 사람이요(즉비), 반야바라밀의 도리를 깨달으면 일반 사람이 아니다(시명). 마음에 주객의 대립이 남아 있으면 일반 사람이요(즉비), 주객의 차별이 일어나지 않으면 일반 사람이 아니다(시명).

4) "범부는 곧 범부가 아니므로, 그를 범부라고 여래는 말한다"(凡夫者, 如來說, 即非凡夫, 是名凡夫)는 구절에서 구마라집 번역본에는 "그를 범부라고 한다(是名凡夫)"는 구절이 생략되어 있다. 의미상으로 볼 때 "그를 범부라고 한다"는 구절을 포함시키는 게 훨씬 의미 전달이 쉬울 것이다. 범부는 산스크리트어로 '어리석은 일반인'을 가리킨다.

감산풀이 부처님에게 자기와 사람에 대한 미혹이 남아 있는 것으로 수보리가 의심하자, 세존께서는 법신이 참된 자기라는 말씀으로 그의 의문을 타파하신다.

이른바 중생과 부처가 평등하다고 했으니, 정말 평등하다면 부처도 없고 중생도 없거늘, 어째서 여래께서는 중생을 제도한다고 말씀하시는 것일까. 여래께서 중생을 제도하신다고 한다면, 여래와 중생의 구분이 있게 된다. 이처럼 여래와 중생의 구분이 완연하면, '4가지 미혹'이 아직 제거되지 않은 것이다. 선문(禪門)에는 이른바 "법신 근처에 이르기는 했어도, 아직 법신을 꿰뚫지는 못했다"는 향상일구(向上一句)가 있다.

따라서 부처님께서 중생을 제도하는 것으로 생각하신다고 짐작하지 말라는 것이다. 그런 분별이 남아 있다면, 곧 일반 사람에 불과하다. 여래께서는 사람은 사람이 아니라 말씀하시거늘, 어찌 여래께 '자기에 대한 미혹'이 남아 있겠는가. 따라서 이와 같이 성인과 일반인의 구별이 함께 녹아 버려 만물을 하나로 포용하는 도(道)로 가지런히 평등해야, 반야라는 근본 가르침에 계합할 것이다.

31장. 지금 수보리 눈앞에 있는 32상을 갖춘 분이 여래가 아닌가

【수보리의 의심】 법신은 이미 '자기에 대한 애착'이 조금도 남아 있지 않고, 부처님을 형상으로 볼 수 없다면, 지금 수보리 눈에 보이는 32상을 지닌 분이 부처님이 아니라면, 도대체 무엇이란 말인가. 수보리는 이렇게 의심한다.

"수보리여! 32상으로 여래를 볼 수 있겠는가?"

이에 수보리가 답했다. "그렇습니다, 참으로 그렇습니다. 32상으로 여래를 볼 수 있습니다."[1]

부처님께서 말씀하셨다. "수보리여! 32상으로 여래를 볼 수 있다면, 32상을 갖춘 전륜성왕이 곧 여래이겠구나!"[2]

이에 잘못을 알아차린 수보리가 부처님께 다시 말씀드렸다. "세존이시여! 제가 부처님 말씀을 이해하기로는 32상으로 여래를 볼 수 없습니다."[3]

그러자 세존께서 게송을 읊으셨다.

"만일 형상에서 여래를 보거나,

소리에서 여래를 구하려 한다면,

그는 삿된 짓을 행하는 것이니,

결코 여래를 보지 못하리라."[4]

"須菩提! 於意云何? 可以三十二相, 觀如來不?"
수보리 어의운하 가이삼십이상 관여래부

須菩提言: "如是如是. 以三十二相, 觀如來."
수보리언 여시여시 이삼십이상 관여래

佛言: "須菩提! 若以三十二相, 觀如來者, 轉輪聖王, 卽是如來."
불언 수보리 약이삼십이상 관여래자 전륜성왕 즉시여래

須菩提, 白佛言:"世尊! 如我解佛所說義, 不應以三十二相,
수보리 백불언 세존 여아해불소설의 불응이삼십이상

觀如來."
관여래

爾時, 世尊, 而說偈言:"若以色見我, 以音聲求我, 是人行邪
이시 세존 이설게언 약이색견아 이음성구아 시인행사

道, 不能見如來."
도 불능견여래

1) 형상에 집착하는 수보리의 병통이 아직 제거되지 않자, 세존께서 먼저 이
런 질문을 던지셨다. 수보리는 아직 부처님의 이런 뜻을 제대로 알지 못
해, "그렇습니다, 참으로 그렇습니다"라고 답했으므로, 제대로 이해하지
못한 것이다.

2) 이처럼 진리에서 벗어나자, 부처님께서는 그의 어리석음을 제거하기 위해
"32상으로 여래를 볼 수 있다면, 32상을 갖춘 전륜성왕이 곧 여래이겠구
나"라고 말씀하셨다. 전륜성왕은 부처님처럼 32상을 갖추기는 했지만, 어
찌 그가 여래이겠는가. 세존께서 이렇게 말씀을 던지신 까닭은 형상에 집
착하는 수보리의 허물을 제거하고, 그로 하여금 진리에 깊이 사무치게 하
기 위함이다.

3) 부처님의 이런 반문에 수보리의 미혹은 단숨에 녹아내렸다. 그래서 "제가
부처님 말씀을 이해하기로는 32상으로 여래를 볼 수 없습니다"라고 수보
리가 답했다. 수보리는 대화를 통해 이런 허물을 드러냈고, 세존께서는 그
의 미혹을 제거하기 위해 대화를 이끄셨다. 후세 중생이 수보리처럼 병통
에 빠지지 않도록 배려하신 것이다. 앞 15장에서도 "32상으로 여래를 볼
수 없다"고 하셨다. 또 25장에서도 "육신을 잘 갖추었다고, 모든 상호를
갖추었다고 여래라고 볼 수 없다"고 지적하신 바 있다.

4) 게송은 '즉비'의 논리를 구체화한 것이다. 약이(若以)는 게송을 시작하는

발어사이다. 색(色)은 형상, 견(見)은 안다는 의미이다. 아(我)는 모든 중생의 몸 가운데 있는 거짓 없고 형상에서 벗어난 청정한 성품 자체를 뜻한다. 아무리 소리 높여 염불해도 성취하지 못하고, 바르고 분명한 견해가 갖추어져야만 제대로 이해할 수 있다. 만일 형상이나 소리 2가지로 구한다면 여래를 볼 수 없다. 형상으로 부처를 보거나 소리에서 진리를 찾으려 하면, 마음에 생멸이 일어나 여래를 볼 수 없으리라.

감산풀이 여기서는 화신(化身)은 참되지 못하고, 법신(法身)은 형상에서 벗어나 있다고 지적하고 있다. 수보리는 법신은 무아(無我)이고 보신(報身)은 형상이 아니어서, 32상이 참된 부처님이라고 이해하여 눈앞에 보이는 32상은 여래의 모습이 아닌가, 라고 의심한다. 바로 이것이 여래에 대한 수보리의 이해이다.

그래서 세존께서는 "32상으로 여래를 볼 수 있겠느냐?"라고 물으신 것이고, 수보리는 32상에 집착해 필시 여래의 형상이라고 단정적으로 말했던 것이다. 세존께서 전륜성왕 또한 32상을 갖추고 있다고 말씀하시자, 수보리는 마침내 32상으로 여래를 볼 수 없는 줄 알게 되었다. 그래서 세존께서 게송을 읊으신 것이다. "만일 형상에서 여래를 보거나, 소리에서 여래를 구하려 한다면, 그는 삿된 짓을 행하는 것이니, 결단코 여래를 보지 못하리라."

32장. 법신은 실체로 없는 게 아닌가

【수보리의 의심】 "법신과 보신은 형상이 없고, 화신은 참되지 않다"는 부처님 말씀을 들은 수보리는 '법신은 단멸(斷滅)'이라고 짐작하고 있다. 따라서 수보리는 법신이란 '참된 자아'(眞我)에 계합하지 못하게 된다. 이에 부처님께서는 단멸이 아님을 밝혀 그의 허물을 벗겨 주신다.

> "수보리여! 그대는 이렇게 생각하는구나. '여래가 모든 상호를 갖추지 않았으므로, 최상의 올바른 깨달음을 얻었다.' 수보리여! '여래는 모든 상호를 갖추지 않았으므로, 최상의 올바른 깨달음을 얻었다'고 생각해서는 안 된다.[1]
>
> 수보리여! 그대는 또 이렇게 생각하는구나. '최상의 올바른 깨달음을 얻은 사람은 아무것도 있지 않은 단멸을 말한다.' 그렇게 생각해서도 안 된다. 왜 그런가? 최상의 올바른 깨달음을 얻는 인물은 아무것도 있지 않은 단멸을 말하지도 않기 때문이다.[2]
>
> 수보리여! 어떤 보살이 바닷가 모래알만큼이나 많은 세계에 7가지 보배를 가득 채워 놓고 보시하더라도, 또 다른 보살이 모든 것이 무아임을 알아 반야의 지혜를 성취한다면,[3] 이 보살은 저 보살보다 많은 복덕을 얻을 것이다.[4] 왜 그럴까? 수보리여! 보살은 복덕을 받지 않기 때문이다."
>
> 수보리가 부처님께 여쭈었다. "왜 보살은 복덕을 받지 않는 것입니까?"
>
> "수보리여! 보살은 복덕을 짓기는 하지만, 복덕을 탐내지도 않고 복덕을 애착하지도 않으므로, 복덕을 받지 않는다고 말하는 것이다."[5]

"須菩提! 汝若作是念, '如來, 不以具足相故, 得阿耨多羅三
수보리   여약작시념   여래   불이구족상고   득아누다라삼

藐三菩提.' 須菩提! 莫作是念. '如來, 不以具足相故, 得阿耨
막삼보리   수보리   막작시념   여래   불이구족상고   득아누

多羅三藐三菩提.'
다라삼먁삼보리

須菩提! 汝若作是念, '發阿耨多羅三藐三菩提心者, 說諸法
수보리   여약작시념   발아누다라삼먁삼보리심자   설제법

斷滅.' 莫作是念. 何以故? 發阿耨多羅三藐三菩提心者, 於
단멸   막작시념   하이고   발아누다라삼먁삼보리심자   어

法, 不說斷滅相.
법   불설단멸상

須菩提! 若菩薩, 以滿恒河沙等, 世界七寶, 持用布施. 若復
수보리   약보살   이만항하사등   세계칠보   지용보시   약부

有人, 知一切法無我, 得成於忍, 此菩薩, 勝前菩薩, 所得功
유인   지일체법무아   득성어인   차보살   승전보살   소득공

德. 何以故? 須菩提! 以諸菩薩, 不受福德故."
덕   하이고   수보리   이제보살   불수복덕고

須菩提, 白佛言: "世尊! 云何菩薩, 不受福德?"
수보리   백불언   세존   운하보살   불수복덕

"須菩提! 菩薩, 所作福德, 不應貪着, 是故, 說不受福德."
수보리   보살   소작복덕   불응탐착   시고   설불수복덕

1) "여래는 모든 상호를 갖추지 않았으므로, 최상의 올바른 깨달음을 얻었
다."(如來, 不以具足相故, 得阿耨多羅三藐三菩提.) 이 부분을 옮긴 번역서
를 살펴보면 2가지로 상반된다. 한자 원문은 다음과 같이 번역할 수도 있다.
"여래가 모든 상호를 갖추었으므로, 최상의 올바른 깨달음을 얻은 게 아니
다." 그러나 31장에서 "여래를 32상으로 볼 수 없다. 형상에서 여래를 찾
지 마라"고 말한 것과, '법신은 단멸'이라고 수보리가 여기에서 의심하고
있음을 감안하면, 이런 번역은 합당하지 않다. 이 장에서 수보리는 다음과

같이 의심하는 것이다. 형상에서 여래를 찾지 말라는 부처님 말씀을 들은 수보리는 "법신은 단멸하므로, 깨달음 성취와 상호를 갖추는 것은 서로 무관하다"고 추측한다. 따라서 "여래가 모든 상호를 갖추지 않았으므로, 최상의 올바른 깨달음을 얻었다"고 그는 의심하는 것이다. 부처님께서는 이런 의심을 해소하신다. 눈에 보이는 형상으로 여래를 보아서도 안 되지만, 법신은 단멸한다고 생각해서도 안 된다는 것이다.

2) "참된 자기(眞身)는 형상에서 떠났다"는 말을 들은 수보리가 "법신은 단멸한다"고 착각해, 곧 32가지 청정행을 닦지 않고 깨달음을 성취한다고 하자, 부처님께서는 다음과 같이 말씀하신 것이다. "여래가 32가지 청정행을 닦지 않고 깨달음을 성취했다고 말하지 마라. 만일 32가지 청정행을 닦지 않고, 최상의 올바른 깨달음을 성취한다고 말한다면, 이는 부처의 종자를 없애는 행위로 절대로 그렇지 않다."

3) "또 다른 보살이 모든 것이 무아임을 알아 반야의 지혜를 성취한다면"(若復有人, 知一切法無我, 得成於忍)의 한자 원문에서, '인'(忍, ksānti)은 진리를 깨달아 평화로운 마음 상태를 뜻한다. '다른 보살'의 원문은 '다른 사람'으로 되어 있다. 번역을 보면, '어떤 보살', '다른 보살'(한자 원문은 '다른 사람'), '이 보살', '저 보살'을 말하고 있다. 따라서 '다른 사람'을 '다른 보살'로 옮겨 이해하기 쉽게 했다.

4) 일체의 도리에 통달하여 주객 대립이 끊어진 사람은 진리에 계합했다고 한다. 그런 사람이 얻는 복덕은 7가지 보배 보시의 복덕보다 훨씬 뛰어나다.

5) "보살은 복덕을 짓기는 하지만, 복덕을 탐내지도 않고 애착하지도 않으므로, 복덕을 받지 않는다고 말하는 것이다." 이 문장도 '즉비'의 사유를 표현하고 있다. "복덕은 복덕이 아니다." '즉비'의 가능 근거는 무엇인가. 보살은 복덕을 탐내지도 애착하지도 않기 때문이다. 따라서 보살은 복덕에 집착하지 않으므로, 복덕은 복덕이 아니라고 했다. 보살이 복덕을 짓는

것은 자기를 위함이 아니라 모든 중생을 이익되게 하기 위함이므로, 복덕을 받지 않는다고 말한다.

감산풀이 여기서는 '아무것도 있지 않다' 는 단멸(斷滅)이란 허물을 타파하고 있다. 형상에서 떠나야 부처를 볼 수 있다는 말을 들은 수보리는 아무것도 없다는 의심을 일으켜 여래는 32가지 상호를 갖추지 않았기에, 깨달음을 얻은 것이라고 생각한다. 그래서 부처님께서는 그렇게 생각하지도 말라고 일러 주신 것이다. 만일 그렇게 생각하면, 모든 것이 있지 않은 단멸에 빠지고 만다. 따라서 깨달음을 얻는 인물은 모든 것이 단멸한다고 말하지 않는 대신, 단지 모든 것이 무아(無我)임을 알 뿐이다.

만일 어떤 사람이 일체법이 무아(無我)임을 안다면, 그 자신이 바로 진리가 된다. 이 보살의 공덕은 바닷가 모래알만큼 7가지 보배를 보시한 공덕보다 뛰어나다. 왜냐하면 이 보살은 복덕을 받지 않기 때문이다. 이른바 받지 않는다는 말은 복덕이 있지 않다는 말이 아니다. 단지 복덕에 애착하지 않을 따름이란 뜻이다. 말하자면 복덕을 짓는 사람도 없고 복덕을 지음도 없으며, 복덕을 받지도 않지만 선악의 업 또한 잊지 않는다는 말이다.

세존께서 이 세상에 출현하신 이래 49년 설법은 단지 '없다' 는 한 마디에 불과하다. 이런 연유에서 '즉비' 를 제시하시게 되었던 것이다. 9계(九界) 중생이 모두 일체법에 자기가 있다고 집착하니, 부처님께서는 단지 '자기가 없다' (無我)는 말로 타파하고자 하셨다. 바로 이것이 "금강 같은 바른 안목으로 향상일로(向上一路)를 직관(直觀)함" 이다. 따라서 선문(禪門)에서는 근본 가르침을 난직으로 진히고 근본 인리를 곧바로 가리키는(直指) 가풍이 있다. 오직 금강 같은 바른 안목이 있어야만 진리의 세계로 들어갈 수 있기 때문이다.

33장. 수보리 눈앞에서 여래는 지금 움직이고 있는 게 아닌가

【수보리의 의심】 자기가 없고 복을 받지도 않는다 했지만, 시금 수보리의 눈앞에서는 부처님께서 머무르고 앉아서 움직이고 계신다. 바로 이분이 부처님 아니겠는가. 이는 3가지 몸(三身)이 같기도 하고 다르기도 하다는 미혹이 아직 없어지지 않은 것으로, 평등한 법신을 제대로 알지 못했기 때문이다.

> "수보리여! 어떤 사람이 여래는 오기도 하고, 가기도 하며, 앉기도 하고, 눕기도 한다고 말하면, 그는 내가 말한 뜻을 제대로 이해하지 못한 것이다. 왜 그럴까? 여래는 오지도 않고, 가지도 않는다. 따라서 이를 여래라 일컫기 때문이다."[1]
>
> "須菩提! 若有人言, 如來, 若來若去, 若坐若臥, 是人, 不解
> 　수보리　약유인언　여래　약래약거　약좌약와　시인　불해
> 我所說義. 何以故? 如來者, 無所從來, 亦無所去, 故名如來."
> 아소설의　하이고　여래자　무소종래　역무소거　고명여래

1) "여래는 오지도 않고, 가지도 않는다. 따라서 이를 여래라 일컫기 때문이다." 이 문장도 '즉비시명'의 논리를 활용했다. '여래'란 오지도 않고 오지 않음도 아니며, 가지도 않고 가지 않음도 아니며, 앉지도 않고 앉지 않음도 아니다(즉비). 행주좌와(行住坐臥) 4가지 행동을 하더라도, 항상 공적(空寂)한 인물이 바로 여래이다(시명).

감산풀이 여기서는 법신의 참모습을 밝히고 있다. 수보리는 여래께서 일상의 움직임 가운데 위엄이 있으시다고 여기지만, 이는 단지 오고 간

다는 움직임에 대한 분별에 불과하다. 어찌 여래에게 오고 감이 있겠는가! 여기에 이르자, 집착이 끊어지고 모든 감정이 사라져 동정(動靜)이 둘이 아닌 여여(如如)한 실제가 지극하게 제시된 것이다. 다만 같다느니 다르다느니 하는 허물이 아직 벗겨지지 않아 3가지 몸(三身)이 하나인 뜻에 아직 계합하지는 못했다. 따라서 아래에서 미진(微塵) 세계를 말씀하심으로써 이 병통을 타파하신다.

"수보리여! 선남자와 선여인이 삼천대천세계를 부수어 티끌로 만든다면 그대는 어떻게 보는가? 티끌이 많다고 보는가?"

수보리가 답했다. "매우 많습니다, 세존이시여! 왜냐하면 티끌이 실제로 있다고 하면, 부처님께서 티끌이라고 말씀하시지 않았을 것이기 때문입니다. 왜냐하면 티끌은 곧 티끌이 아니므로, 이를 티끌이라 이름한다고 부처님께서는 말씀하시기 때문입니다.[1]

세존이시여! 여래께서 말씀하신 삼천대천세계도 곧 세계가 아니므로, 이를 세계라 일컫습니다.[2] 왜냐하면 세계가 실제로 있다고 하면, 곧 화합하여 하나로 성립된 것이기 때문입니다. 화합하여 하나로 성립된 것은 곧 화합하여 성립된 것이 아니므로, 이를 화합하여 하나로 성립되었다고 부처님께서는 이름하십니다."[3]

"수보리여! 화합하여 이루어진 것은 이처럼 말로 표현할 수 없거늘, 단지 세상 사람들이 그에 탐착하는 것이다."[4]

"須菩提! 若善男子, 善女人, 以三千大千世界, 碎爲微塵, 於
수보리 약선남자 선여인 이삼천대천세계 쇄위미진 어
意云何? 是微塵衆, 寧爲多不?"
의운하 시미진중 영위다부

須菩提言: "甚多, 世尊! 何以故? 若是微塵衆, 實有者, 佛卽
수보리언 심다 세존 하이고 약시미진중 실유자 불즉

不說, 是微塵衆. 所以者何? 佛說, 微塵衆, 即非微塵衆, 是
불설 시미진중 소이자하 불설 미진중 즉비미진중 시

名微塵衆.
명미진중

世尊! 如來所說, 三千大千世界, 即非世界, 是名世界. 何以
세존 여래소설 삼천대천세계 즉비세계 시명세계 하이

故? 若世界, 實有者, 即是 一合相. 如來說, 一合相, 即非一
고 약세계 실유자 즉시일합상 여래설 일합상 즉비일

合相, 是名一合相."
합상 시명일합상

"須菩提, 一合相者, 即是不可說, 但凡夫之人, 貪着其事."
수보리 일합상자 즉시불가설 단범부지인 탐착기사

1) "티끌은 곧 티끌이 아니므로, 이를 티끌이라 이름한다." 이 문장은 전형적
  인 '즉비시명'의 사유 구조를 담고 있다. 부처님께서 삼천대천세계를 말
  씀하신 것은 중생 한 사람 한 사람에게 허망한 생각이 삼천대천세계의 모
  든 티끌처럼 많음을 말하기 위함이다. "티끌은 곧 티끌이 아니므로, 이를
  티끌이라 이름한다"는 말은 다음과 같은 뜻이다. 경전의 말씀을 듣고 도
  를 얻음에, 그 지혜가 항상 비춰 깨달음을 지향하므로, 매 순간마다 그 어
  디에도 머물지 않아(즉비) 항상 청정하다. 이와 같이 청정한 티끌을 티끌
  이라 일컫는다는 말이다(시명).

2) "삼천대천세계도 곧 세계가 아니므로, 이를 세계라 일컫는다." 이 문장도
  전형적인 '즉비시명'의 사유 구조를 담고 있다. 삼천(三千)이란 말은 이
  치로 말하면 탐욕, 분노, 어리석음이란 허망한 생각이 각각 1천씩 갖추어
  졌다는 뜻이다. 마음이 선악의 근본 뿌리이니, 마음으로 인해 일반인도
  되고 성인도 될 수 있으므로, 마음은 그 움직임을 도무지 헤아릴 수 없을
  정도로 광대무변하다. 따라서 대천세계(大千世界)라 일컫는다. 마음의 밝
  음은 자비와 지혜 2가지에 지나지 않으니, 이 둘로 말미암아 깨달음을 얻

게 된다.

3) "화합하여 하나로 성립된 것은 곧 화합하여 성립된 것이 아니므로, 이를
화합하여 하나로 성립되었다고 부처님께서도 이름하십니다." 이 문장도
전형적인 '즉비시명'의 사유 구조를 담고 있다.

4) 화합하여 성립된다는 말은, 마음에 얻음이 있는 까닭에, 곧 화합하여 하나
로 성립된 것이 아니다(즉비). 마음에 얻음이 없으므로, 이를 화합하여 하
나로 성립된다고 이름한다(시명). 자비와 지혜 2가지로 말미암아 부처의
과보인 깨달음을 성취하는 것이니, 말로 다할 수 없고 오묘함을 무어라 할
수 없거늘, 일반인은 언어 문자에 집착하여 지혜와 자비는 행하지도 않은
채 최상의 올바른 깨달음을 구하려고 하니, 어찌 얻을 수 있겠는가.

감산풀이   여기서는 '같다와 다르다'(一異)는 미혹을 타파하고 있다.
수보리는 '3가지 몸이 하나'(三身一體)인 줄 알지 못하므로, 세존께서
는 티끌처럼 수많은 세계가 같지도 않고 다르지도 않음을 밝히신다. 예
컨대 삼천대천세계의 수많은 티끌을 말하면 하나가 아니게 되고, 하나
인 세계를 말하면 다르지 않게 된다. 티끌들이 모여 하나의 세계가 성
립되니, 다른 것을 바탕으로 하여 다르지 않게 된다(卽異而不異). 또 세
계는 흩어져 티끌이 되니, 하나를 근본으로 하여 하나가 아니게 된다
(卽一而不一). 이와 같이 본다면 같음도 다름도 얻을 수 없다. 둘 다 얻
을 수 없으므로, 실제로 있지 않다는 말이다.

만일 실제로 같음과 다름이 있다고 한다면, 화합하여 하나로 된다고
말하지만, 화합하여 하나로 된다는 말 역시 한쪽에 치우친 소견에 불과
하다. 왜냐하면 하나로 합했다면 서로 다를 수 없게 되고, 서로 나르다
고 한다면 하나로 될 수 없기 때문이다. 만일 티끌이 실제로 있다고 하
면 티끌이 모여 세계를 이룰 수 없을 것이고, 또 세계가 실제로 있다고

하면 흩어져 티끌로 나누어질 수 없을 것이다. 그럼에도 어리석은 사람은 이를 화합하여 하나로 성립되었다고 말한다. 그러나 여래께서는 이렇게 말씀하시지 않는다. 어레께서는 같다 혹은 다르나는 2가지 미혹을 떠난(離二邊) 까닭에, 화합하여 성립되었다고 말씀하신다. 2가지를 이미 떠났기에, 말로 표현할 수 없다는 것이다. 그러나 일반 사람은 '있다와 없다' (有無), '같다와 다르다' (一異) 이런 2가지 허물을 떠나지 못한 채 어느 한쪽이든 집착하므로, '3가지 몸이 하나' (三身一體)라는 평등한 법신의 이치에 계합하지 못하게 된다.

34장. 법신은 형상으로 볼 수 없다면, 부처님께서는 왜 '4가지 번뇌'를 말씀하시는 것일까

【수보리의 의심】 이와 같이 법신이 평등하고 모든 것이 실제로 있지 않아 볼 수 없다고 하셨는데, 왜 부처님께서는 '4가지 번뇌'(四相)를 말씀하시는 것일까. 수보리 마음속 이런 의문을 읽으신 세존께서는 먼저 질문을 던져 그의 미혹을 타파하신다.

> "수보리여, '부처가 자기, 사람, 중생, 영혼에 대한 집착을 말했다'고 어떤 사람이 전한다면, 그대는 어떻게 생각하는가? 내가 말한 뜻을 그는 제대로 이해하고 있는가?"
>
> "아닙니다, 세존이시여! 그는 여래의 말씀을 제대로 이해하고 있지 않습니다. 왜냐하면 자기, 사람, 중생, 영혼에 대한 집착은 곧 자기, 사람, 중생, 영혼에 대한 집착이 아니므로, 이를 자기, 사람, 중생, 영혼에 대한 집착이라고 이름한다고 세존께서는 말씀하시기 때문입니다."[1]
>
> "수보리여, 최상의 올바른 깨달음에 계합하는 사람은[2] 모든 것에 대해 이와 같이 알고, 이와 같이 보며, 이와 같이 믿고 이해하여 부처님 가르침을 조금도 분별하지 않는다.[3] 수보리여, 진리는 곧 진리가 아니므로, 이를 진리라 여래는 일컫는다."[4]

> "須菩提! 若人言, '佛說, 我見, 人見, 衆生見, 壽者見.' 須
> 　수보리　약인언　불설　아견　인견　중생견　수자견　수
>
> 菩提! 於意云何? 是人, 解我所說義不?"
> 보리　어의운하　시인　해아소설의부
>
> "不也, 世尊! 是人, 不解如來所說義. 何以故? 世尊說, 我
> 　불야　세존　시인　불해여래소설의　하이고　세존설　아

見, 人見, 衆生見, 壽者見, 即非我見, 人見, 衆生見, 壽者
견 인견 중생견 수자견 즉비아견 인견 중생견 수자

見, 是名我見, 人見, 衆生見, 壽者見."
견 시명아견 인견 중생견 수자견

"須菩提! 發阿耨多羅三藐三菩提心者, 於一切法, 應如是知,
수보리 발아누다라삼먁삼보리심자 어일체법 응여시지

如是見, 如是信解, 不生法相. 須菩提! 所言法相者, 如來說,
여시견 여시신해 불생법상 수보리 소언법상자 여래설

即非法相, 是名法相."
즉비법상 시명법상

1) "자기, 사람, 중생, 영혼에 대한 집착은 곧 자기, 사람, 중생, 영혼에 대한
집착이 아니므로, 이를 자기, 사람, 중생, 영혼에 대한 집착이라고 이름한
다고 세존께서는 말씀하시기 때문입니다." 이 문장도 전형적인 '즉비시
명'의 사유를 담고 있다. 여래께서 이 경전을 말씀하시어 모든 중생으로
하여금 스스로 반야 지혜를 깨달아 깨달음의 과보를 증득하도록 한 것이
다. 그러나 사람들은 이런 부처님의 뜻을 이해하지 못한 채 자기와 사람
등에 대한 미혹이 부처님께 남아 있다고 짐작한다. 형상에서 벗어나고 조
금도 거짓이 없는 깊고 깊은 반야바라밀을 전한 여래의 뜻을 알지 못하는
것이다. 여래께서 말씀하시는 자기와 사람 등에 대한 분별은 일반 사람의
그것과 다르다. 여래의 4가지 분별은 다음과 같다. "모든 중생이 불성(佛
性)을 갖추었다"는 말은 '자기에 대한 견해'(我見)이고, "일체 중생이 무
루(無漏)의 지혜를 본래 구비했다"는 말은 '사람에 대한 견해'(人見)이
며, "누구나 본래 번뇌가 없다" 함은 '중생에 대한 견해'(衆生見)이고,
"모든 중생의 성품이 본래적으로 불생불멸한다"는 것은 '영혼에 대해 견
해'(壽者見)이다.

2) 깨달음을 얻는다 함은 "모든 중생이 불성이 있음을 본다"는 뜻이고, "모든

중생이 무루(無漏)의 지혜를 본래적으로 구비했다"는 의미이며, "일체 중생은 성품이 본래 생멸이 끊어졌다"는 뜻이다.

3) "최상의 올바른 깨달음에 계합하는 사람은 모든 것에 대해 이와 같이 알고, 이와 같이 보며, 이와 같이 믿고 이해하여 부처님 가르침에 조금도 집착하지 않는다."(發阿耨多羅三藐三菩提心者, 於一切法, 應如是知, 如是見, 如是信解, 不生法相.) 한자 원문에서 '불생법상'(不生法相)은 우리말로 옮기기 쉽지 않다. '법상'(法相)은 산스크리트어로 'dharma-samjñā'이므로, '법에 대한 지각 혹은 관념'을 뜻한다. 구마라집 번역에서 '형상 상'(相)은 '생각할 상'(想)과 같아서 '집착'(執着)의 의미를 띈다. 아상(我相), 인상(人相) 등에서 '상'(相)이 바로 집착을 뜻한다. 한문 문장을 우리말로 직역하면, 적합한 표현을 구하기 어려워 조금 바꾸었다. '법'(法)은 최상의 올바른 깨달음을 말하고 있으므로, '부처님 가르침'으로 번역했고, '불생법상'(不生法相)은 "부처님 가르침에 조금도 집착하지 않는다"로 옮겼다. 앞의 7장에도 다음 문장이 나온다. "이런 중생은 자기, 사람, 중생, 영혼에 대한 집착이 남아 있지 않기 때문이다. 또한 '진리에 대한 집착'이 조금도 남아 있지 않을 뿐만 아니라, '진리 아닌 것'마저도 집착하지 않기 때문이다."(是諸衆生, 無復我相, 人相, 衆生相, 壽者相. 無法相, 亦無非法相.) 이 문장에서 '법상'(法相)은 '진리에 대한 집착'으로 옮겼다. 똑같은 '법상'(法相)이라 해도, 문맥에 따라 알기 쉽게 하기 위해 약간씩 바꾸었다.

4) "진리란 곧 진리가 아니므로, 이를 진리라 여래는 일컫는다"(法相者, 如來說, 卽非法相, 是名法相.) '법상'(法相)에서 '법'(法)은 이 단락에서 부처님 말씀을 제대로 이해하고 있는지 여부를 나누고 있고, '상'(相)은 형상이 아니라 관념이나 지각으로 이해될 수 있다. 구마라집 번역에서 '형상 상'(相)은 '집착'(執着)의 의미를 띈다. 따라서 '법상'은 부처님 가르침을

어떻게 이해하고 있는지, 이해 정도로 해석될 수 있다. 일체법에서 '법상' 은 어떤 고정된 모습 혹은 하나의 틀로 일체법을 고정시켜 집착하지 말라는 것이다. 일체법에 대한 고정관념으로 굳어져 거기에 얽매여 있고 치우쳐 있는 것이 바로 '법상' 인 것이다. '법상' 은 우리말로 옮기기 쉽지 않지만, '진리' 라는 말 자체가 관념 혹은 지각의 의미를 포함하고 있으므로, 다음과 같이 옮겼다. "진리란 곧 진리가 아니므로, 이를 진리라 여래는 일컫는다." 이 문장도 전형적인 '즉비시명' 의 사유를 담고 있다. 입으로는 형상에서 벗어난 도리를 떠들지만, 마음에 주객의 차별이 있으면 곧 부처님 가르침에 계합되지 못한다(즉비). 마음으로 '형상에서 벗어난 이치' 를 행하여 주객 대립이 끊어져야 이를 부처님 가르침에 합치된다고 일컫는다(시명).

감산풀이 여기서는 형상에서 벗어난다는 견해에 대한 집착을 무너뜨리고 있다. 수보리는 이미 평등하고 여여(如如)한 법신의 이치는 알았지만, 법신 자체에 대한 의심이 여전히 남아 있다. 이미 형상으로 볼 수 없다 했거늘, 어째서 세존께서는 '4가지 번뇌' 에서 벗어난 견해를 말씀하시는가. 부처님께서는 수보리 마음속에 이런 의심이 있는 줄 아시고 미리 말씀하신다.

"가령 세존이 '4가지 번뇌' 에서 벗어난 견해를 말한다고 어떤 사람이 전한다면, 수보리여! 그대는 이 사람이 나의 말뜻을 제대로 이해했다고 생각하는가?"

수보리는 곧 부처님의 뜻을 알아차리고, 그는 여래의 말씀을 제대로 이해하지 못했다고 대답한다. 왜냐하면 세존께서 말씀하신 4가지에 대한 견해는 곧 실제로 이런 것이 있어 이를 가리켜 말한 것이 아니고, 4

가지가 있다는 생각에 집착하는 허물을 타파하기 위함이기 때문이다. 따라서 "4가지 집착은 곧 집착이 아니다"라고 지적하셨다.

그런데 여기서의 "A는 A가 아니다"(즉비)라는 말은 앞에서 '아니다'라고 답한 말과 그 뜻이 다르다. 앞에서 반복해 말한 '아니다'라는 말은 옳지 않다는 뜻이지만, 여기서는 미혹을 타파하기 위함이다. 다시 말해 중생의 마음속에 흐르고 있는 번뇌의 찌꺼기와 분별에 대한 집착을 떨쳐 내기 위한 말이다. 부처님께서 이런 번뇌가 있다고 분별하시는 것이 아니라 중생에게 이런저런 번뇌의 흔적과 분별이 있다는 의미이다. 그러므로 "이를 집착이라 이름한다"고 말씀하셨다.

또한 여기서 말한 "이를 A라 이름한다"(시명)는 또한 앞에서 자주 사용한 경우와 그 뜻이 같지 않으니, 마땅히 그 차이점을 깊이 되새겨야 한다. 중생은 미혹해서 번뇌의 찌꺼기와 분별을 떨쳐 내 자신의 집착을 타파하기가 쉽지 않다. 따라서 부처님께서는 금강같이 견고한 지혜로 타파하여 중생으로 하여금 근본 지혜와 법신이란 참된 자기를 보도록 하신 것이다.

(1) 먼저 중생이 오온(五蘊)으로 된 몸과 마음, 그리고 6가지 티끌(六塵)에 집착해 형상에 머물면서 보시함으로써 복덕을 구하자, 이에 세존께서는 "어디에도 머물지 말라"(無住)는 가르침으로 중생의 미혹을 소진시키셨다.

(2) 또 깨달음에 중생이 애착하자, 부처님께서는 "아무것도 얻은 바 없다"(無所得)는 말씀으로 타파하셨다.

(3) 또 보시를 하여 불국토를 장엄하려 하자, 부처님께서는 "불국토를 장엄할 수 없다"고 지적하셨다.

(4) 또한 복덕을 지어 보신(報身) 부처님께 감응하려 하자, 세존께

서는 "육신을 잘 갖춘 것이 아니다"라고 말씀하셨다.

(5) 또한 "3가지 몸의 형상"(三身相)이 있다고 분별하자, 부처님께서는 "같지도 않고 다르지도 않다"는 가르침으로 이런 의혹을 해소하셨다.

거듭해서 "모든 것이 옳지 않다"(一體皆非)고 말씀하시어 모든 망상이 소진되고 자기 마음에도 머무르지 않아 이치가 지극해지고 온갖 분별이 녹아내리자, 이에 법신의 실제(實際)를 곧바로 가르치신(直指) 것이다. 대상의 허망한 형상이 이와 같이 공(空)하게 된다면, 주관의 헛된 소견 또한 타파된다. 바로 이것이 진실로 반야가 궁극으로 삼는 경계여서 '법신의 향상일로'(法身向上一路)를 곧바로 꿰뚫는다. 그러므로 부처님께서는 다음과 같이 말씀하신 것이다.

깨달음을 성취하는 사람은 모든 것에 대해 마땅히 이와 같이 알고, 마땅히 이와 같이 보며, 마땅히 이와 같이 믿고 이해하여 조금도 분별해서는 안 된다. 이렇게 해야만 비로소 제대로 알고, 제대로 보며, 제대로 믿고 이해하게 되니, 다시는 모든 형상에 대해 미혹되지 않으리라.

따라서 주관과 객관이 모두 사라지고 성인과 일반인의 차별이 함께 소멸되어 언어의 길이 끊어지고 마음의 움직임이 일어나지 않게 된다 (言語道斷, 心行處滅). 마음을 일으키면 곧 어긋나게 되고, 생각이 흐르면 괴리되므로(擧心卽錯, 動念卽乖), 다시 중생의 미혹을 떨쳐 내기 위해 세존께서는 다음과 같이 말씀하신다. "진리는 곧 진리가 아니다." 그래야만 비로소 참된 가르침이 되니, 뒤바뀐 소견과는 비교할 수 없다는 것이다. 여기에 이르러야 반야의 이치는 그 오묘함을 다하게 된다.

35장. 화신 부처님은 법신 경계에 도달하지 못한 게 아닐까

【수보리의 의심】 수보리는 이미 법신 전체를 깨닫기는 했지만, 법신은 설법하지 않고 화신(化身)이 설법하고, 화신의 가르침은 법신 경계에 이르지 못한다고 의심한다. 그렇다면 어떻게 이 가르침으로 복덕을 얻을 수 있을까. 그래서 부처님께서는 '3가지 몸이 곧 하나'(三身一體)이므로, 화신 부처님의 가르침도 진실되다고 지적하신다.

"수보리여, 어느 누가 한량없는 아승지 세계에 7가지 보배를 가득 채워 놓고 보시하더라도, 선남자와 선여인이 보리심을 내어 이 경전을 곁에 지니고, 4구게 등을 독송하며 다른 사람에게 전해 준다면, 보배 보시 공덕보다 훨씬 뛰어날 것이다.

다른 사람에게 어떻게 전해 주어야 하는가? 어떤 형상에도 집착하지 않아 마음이 조금도 흔들리지 않아야 된다."[1]

"須菩提! 若有人, 以滿無量阿僧祇, 世界七寶, 持用布施. 若
　수보리　　약유인　　이만무량아승지　세계칠보　지용보시　약

有善男子, 善女人, 發菩提心者, 持於此經, 乃至, 四句偈等,
유선남자　선여인　발보리심자　지어차경　내지　사구게등

受持讀誦, 爲人演說, 其福勝彼.
수지독송　위인연설　기복승피

云何爲人演說? 不取於相, 如如不動."
운하위인연설　불취어상　여여부동

---

1) 어떤 사람이 보리심을 일으켜 《금강경》의 4구게 등을 시니고 다른 사람에게 전한다면, 이 복덕이 보배 보시보다 10억 배 이상이니 비교할 수조차 없다. 설법할 때는 상대방의 근기(根機)에 맞게 방편을 써서 합당하게 세

존의 가르침을 전해야 한다. 가르침을 받는 사람은 각각 다르지만, 누구든
지 분별심을 일으켜서는 안 된다. 다만 공적(空寂)하고 한결같아 아무것
도 얻지 않고, 다른 사람과 다투지 않으며, 구하는 마음이 조금도 없고,
마음에 생멸이 끊어져야, 비로소 "어떤 형상에도 집착하지 않아 마음이
조금도 흔들리지 않는다"(如如不動)고 이름한다.

감산풀이 여기서는 화신 부처님이 여여(如如)하게 설법한다고 지적하
고 있다. 화신 부처님의 설법은 법신 경계에 도달하지 못했으니, 어떻
게 복을 얻을 수 있느냐고 수보리는 의심했다. 이에 세존께서는 다음과
같이 말씀하신다. 화신의 설법은 바로 법신의 그것이다. 왜냐하면 3가
지 몸이 서로 다르지 않기 때문이다. 《금강경》 법문에 따르면, 4구게를
마음에 지니고 다른 사람에게 전해 준다면, 그 복덕은 가장 뛰어날 것
이다. 형상을 취하지 않아 마음에 번뇌가 조금도 흐르지 않기 때문이
다. 여기에 이르러야 '티끌이 매 순간마다 치열하게 설법함'이라고 할
수 있다.

36장. 적멸한 법신이 어떻게 설법할 수 있는가

【수보리의 의심】 법신은 적멸(寂滅)하거늘, 어떻게 적멸한 법신이 설법할 수 있을까. 이에 부처님께서는 정관(正觀)을 제시하신다. 반야의 공적(空寂)한 이치는 모든 것이 허망하다는 가관(假觀)으로부터 들어간다. 현상(假)으로부터 공(空)에 들어가므로, '참된 공'(眞空)이라 일컫는다. 현상(假)은 진리(眞)를 바탕으로 하기 때문이다.

> "왜 그럴까?
> 중생이 하는 모든 행위는
> 꿈, 환상, 물거품, 그림자 같고[1]
> 이슬 같고 또한 번갯불 같나니
> 마땅히 이와 같이 보아야 하느니라."
>
> "何以故?
> 하 이 고
> 一切有爲法, 如夢幻泡影, 如露亦如電, 應作如是觀."
> 일 체 유 위 법   여 몽 환 포 영   여 로 역 여 전   응 작 여 시 관

1) 게송은 '즉비시명'을 활용했다. 이 게송으로 《금강경》 법회는 마무리되므로, 게송에 '즉비시명'의 가르침이 그대로 담겨 있다. 중생의 모든 행위는 꿈같고 환상 같아 허망하다(즉비). "마땅히 이와 같이 보아야 한다"는 말은 아무런 집착 없이 삶을 영위하라는 뜻이다(시명). '즉비'의 부정에 철저히 임하면, 부정을 다시 부정함으로써 긍정의 세계가 저절로 열리게 된다. 바로 이것이 '반야의 참된 공'이다. 꿈이란 우리 몸이 허망하다는 말이고, 환상이란 우리의 생각이 헛되다는 뜻이다. 물거품이란 우리 번뇌가

물거품처럼 일어난다는 의미이고, 그림자란 중생의 업과 장애가 허깨비라는 뜻이다.

감산풀이 여기서는 '반야의 참된 공'(般若眞空)이란 묘관(妙觀)을 밝히고 있다. 반야진공은 고요하고 아무런 자취가 없어 현상(假)에 의지해 관(觀)해야 한다. 6가지 곧 꿈, 환상, 물거품, 그림자, 이슬, 번갯불에 비유해 관을 성립시켰으니, '참된 공'(眞空)이 저절로 현현하게 된다. 이렇게 하여 이치 자체가 나타나니, 세존께서는 이렇게 관법(觀法)을 세세하게 가르쳐 주셨다. 따라서 모든 수행인이 이렇게 닦아야만 법신이란 참된 경계가 극진하게 될 것이다.

이렇게 해서 부처님께서 《금강경》 설법을 마치셨다. 그러자 장로 수보리, 비구와 비구니, 우바새와 우바이,[1] 그리고 모든 세상의 하늘, 사람, 아수라가[2] 부처님 말씀을 듣고 크게 환희심을 내어 반야 가르침을 굳게 믿고 받들었다.

佛說是經已, 長老須菩提, 及諸比丘, 比丘尼, 優婆塞, 優婆
불설시경이   장로수보리   급제비구   비구니   우바새   우바

夷, 一切世間, 天人阿修羅, 聞佛所說, 皆大歡喜, 信受奉行.
이   일체세간   천인아수라   문불소설   개대환희   신수봉행

---

1) 속세에 있으면서 불교를 믿는 남성 신도가 우바새이고, 속세에 있으면서 불교를 믿는 여성 신도가 우바이이다.
2) 여섯 세계 가운데 하늘, 사람, 아수라는 3가지 좋은 세계(三善道)이고, 축생, 아귀, 지옥은 3가지 나쁜 세계(三惡道)이다.

감산풀이   이는 경전을 결집한 사람이 마지막에 관례적으로 붙이는 표현이다. 부처님 말씀을 듣고 환희심을 냈으니, 필시 마음은 묘하게 가르침에 계합하게 될 것이다. 부처님 마음에 계합할 수 있다면, 그 믿음이 한층 간절해져 《금강경》 가르침을 더욱 절실하게 신봉하게 되리라.

부록

1. 독송을 위한 한글 금강경

제1부

1장

이와 같이 나는 들었다. 어느 때 부처님께서는 사위국 기수급고독원에서 뛰어난 비구 1250명과 함께 계셨다. 그때 세존께서는 공양 시간이 되자, 가사를 입으시고, 발우를 드시고, 사위성에 들어가 걸식하실 적에 성 안에서 차례대로 걸식을 마치셨다. 다시 본래 머물던 곳으로 돌아와 공양을 하신 뒤 가사와 발우를 제자리에 놓으시고 발을 씻은 다음, 자리를 펴고 앉아 선정에 드셨다.

2장

그때 장로 수보리가 대중 가운데 있다가, 자리에서 일어나, 오른쪽 어깨를 드러내고, 오른쪽 무릎을 땅에 꿇으며, 합장한 뒤 부처님께 공손히 아뢰었다. "희유하십니다, 세존이시여! 여래께서는 모든 보살을 하나도 빠짐없이 보살펴 주시며 모든 보살에게 낱낱이 부촉해 주십니다. 세존이시여! 선남자와 선여인이 최상의 올바른 깨달음을 얻고자 하는 보리심을 일으키면, 마땅히 어디에 마음을 머무르게 해야 합니까? 어떻게 마음을 다스려야 합니까?"

부처님께서 말씀하셨다. "참으로 잘 말했고 참으로 잘 물었다, 수보리여! 그대가 말한 바대로, 여래는 모든 보살을 빠짐없이 보살펴 주고, 모든 보살에게 낱낱이 부촉해 준다. 그대를 위해 말할 테니, 내 말을 잘 들어라. 선남자와 선여인이 최상의 올바른 깨달음을 얻고자 하는 보리심을 일으키면, 응당 마음을 이렇게 머무르게 해야 하고, 마음을 이렇게 다스려야 한다."

"그렇습니다, 세존이시여! 가르침을 기쁜 마음으로 듣고자 합니다."

3장

부처님께서 수보리에게 말씀하셨다. "모든 보살과 마하살은 응당 이렇게 자기 마음을 다스려야 한다. 모든 중생, 예컨대 알로 생겨나는 생명, 태로 생겨나는 생명, 습기 있는 데서 태어나는 생명, 변화해서 나오는 생명, 형상이 있는 생명, 형상이 없는 생명, 생각이 있는 생명, 생각이 없는 생명, 생각이 있지도 않은 생명, 생각이 없지도 않은 생명, 모두를 나는 '조금도 번뇌가 없는 열반'에 들게 하겠다.

하지만 나는 이와 같이 모든 중생을 구제하기는 해도, 실은 어느 한 중생도 구한 게 없다. 어째서 그러한가? 수보리여! 보살이 자기, 사람, 중생, 영혼에 대한 집착이 조금이라도 남아 있다고 한다면, 그는 보살이 아니기 때문이다."

4장

"수보리여! 보살은 마땅히 어디에도 집착함이 없이 보시해야 한다. 어떤 형상에도 집착함이 없이 보시하고, 어떠한 소리, 냄새, 맛, 감촉, 의식의 대상에도 집착하지 말고 보시해야 한다.
　수보리여, 보살은 마땅히 이와 같이 보시하여 어떤 것에도 집착하지 말아야 한다."

5장

"어째서 그러한가? 보살이 어떤 것에도 집착함이 없이 보시하면, 그 복은 헤아릴 수 없을 만큼 크기 때문이다. 수보리여! 그대는 어떻게 보는가? 동쪽 허공의 크기를 그대는 상상할 수 있는가?"

이에 수보리가 말했다. "상상할 수 없습니다, 세존이시여!"

"수보리여! 남쪽, 서쪽, 북쪽 그리고 네 가지 간방, 위와 아래의 허공이 얼마나 큰지 짐작할 수 있겠는가?"

"도무지 짐작할 수 없습니다, 세존이시여!"

"수보리여! 보살이 어디에도 집착함이 없이 보시하면, 그 복 또한 허공과 마찬가지로 상상할 수 없을 만큼 크다. 수보리여! 보살은 단지 내가 이와 같이 가르친 바대로 그 무엇에도 집착하지 말아야 한다."

6장

"수보리여! 그대는 어떻게 생각하는가? 형상으로 여래를 볼 수 있는가?"

"볼 수 없습니다, 세존이시여! 형상으로는 여래를 볼 수 없습니다. 왜냐하면 여래께서 말씀하신 몸은 형상이 있지 않기 때문입니다."

그러자 부처님께서는 게송을 읊으셨다.

"무릇 형상이 있는 것은
모두 다 허망하나니,
모든 형상이 원래 형상이 아님을 알면,
그는 곧 여래를 보게 되리라."

7장

수보리가 부처님께 여쭈었다. "세존이시여! 중생이 형상에서 벗어난 부처님의 가르침을 듣고 참된 믿음을 낼 수 있겠습니까?"

부처님께서 수보리에게 말씀하셨다. "수보리여! 그렇게 말하지 말라. 여래가 열반한 뒤, 말법 시대에 계율을 지키고 복을 짓는 인물이라면, 《금강경》 가르침을 듣고 능히 믿음을 내어 금강반야가 참되다고 생각할 것이다. 이런 사람은 첫 번째 부처님, 두 번째 부처님, 세 번째, 네 번째, 다섯 번째 부처님이 세상에 계실 때만 갖가지 착한 행동을 닦은 게 아니다. 이미 무수히 많은 부처님이 세상에 계실 때, 온갖 착한 행동을 쌓았기에, 《금강경》 법문을 듣자마자 단숨에 청정한 믿음을 내는 것임을 알아야 한다.

수보리여! 여래는 모든 것을 다 알고 모든 것을 다 보나니, 이 경전의 가르침을 믿는 중생들은 한량없는 복을 얻게 될 것이다. 왜 그럴까? 이런 중생은 자기, 사람, 중생, 영혼에 대한 집착이 남아 있지 않기 때문이다. 또한 진리에 대한 집착이 조금도 남아 있지 않을 뿐만 아니라, '진리 아닌 것'마저도 집착하지 않기 때문이다.

어째서 그러한가? 마음으로 무언가에 집착하면 곧 자기, 사람, 중생, 영혼에 대한 고정관념에 빠지게 되기 때문이다. 진리라 할지라도, 집착한다면 곧 자기, 사람, 중생, 영혼에 대한 고정관념에 빠지게 된다. '진리 아닌 것'에 집착할지라도, 자기, 사람, 중생, 영혼에 대한 고정관념에 빠지게 되기 때문이다.

그러므로 마땅히 진리도 취하지 말고 '진리 아닌 것' 또한 취하지 말아야 한다. 따라서 여래는 항상 다음과 같이 말하는 것이다. '그대들은 나의 설법을 비유컨대, '강을 건너는 뗏목'으로 알고 강을 건넜으면, 응당 뗏목을 버려야 할 것이나. 진리마저도 버려야 하거늘, 하물며 '진리 아닌 것'이야 두말할 나위도 없지 않은가!'"

8장

"수보리여! 그대는 어떻게 생각하는가? 여래는 최상의 올바른 깨달음을 얻은 일이 있느냐? 여래는 설법한 일이 있는가?"

수보리가 말했다. "제가 알기로는 최상의 올바른 깨달음이라 일컬을 게 없으며, 또한 어떤 진리도 여래께서는 설법하지 않으셨습니다. 왜냐하면 여래의 설법은 취할 수 없고, 무어라 이름할 수도 없으며, 진리를 말하는 것도 아니고 진리 아닌 것을 말하는 것도 아니기 때문입니다. 왜냐하면 모든 성인과 현인은 추호도 거짓이 없는 그 자리에서 이런저런 다양한 모습으로 나타나기 때문입니다."

9장

"수보리여! 그대는 어떻게 생각하는가? 만일 어떤 사람이 삼천대천세계에 가득 찰 정도로 많은 7가지 보배로 보시하면, 그가 얻는 복덕이 많지 않겠는가?"

수보리가 말했다. "매우 많습니다. 세존이시여! 왜냐하면 복덕은 곧 복덕이 아니므로, 복덕이 많다고 여래께서는 말씀하시기 때문입니다."

"어떤 사람이 만일 이 경전 가운데 4구게만이라도 지녀 다른 사람을 위해 말해 주면, 그 복이 저 7가지 보배 보시보다 뛰어날 것이다. 수보리여! 왜냐하면 모든 부처님과 최상의 올바른 깨달음이 모두 이 경전에서부터 나오기 때문이다. 수보리여! 이른바 부처님 가르침은 곧 부처님 가르침이 아니므로, 이를 부처님 가르침이라고 이름한다."

10장

"수보리여! 그대는 어떻게 생각하는가? 수다원을 증득한 사람이 '자기는 수다원이란 과보를 얻었다'고 생각하겠는가?"

수보리가 답했다. "아닙니다, 세존이시여! 왜냐하면 수다원이란 편안한 흐름에 들어갔다는 뜻이기는 하지만, 어디에도 들어간 바 없기 때문입니다. 형상, 소리, 냄새, 맛, 감촉, 의식의 대상 6가지에 들어가지 않았으므로, 수다원이라 일컫는 것입니다."

"수보리여! 그대는 어떻게 생각하는가? 사다함을 얻은 사람이 '자신이 사다함이란 과보를 얻었다'고 생각하겠는가?"

수보리가 말했다. "그렇지 않습니다, 세존이시여! 사다함이란 한 번 오고 간다는 의미이기는 하지만, 오고 감이 없으므로, 이를 사다함이라 이름한 것입니다."

"수보리여! 그대는 어떻게 생각하는가? 아나함이 '자신은 아나함이란 경계를 얻었다'고 생각하겠는가?"

　수보리가 답했다. "그렇지 않습니다, 세존이시여! 왜냐하면 아나함이란 오는 것이 없다는 뜻이기는 해도, 오지 않음도 없으므로, 이를 아나함이라 이름합니다."

　"수보리여! 그대는 어떻게 보느냐? 아라한의 경지를 증득한 인물이 '자기가 아라한이란 과보를 얻었다' 고 생각하겠느냐?"

　수보리가 말했다. "아닙니다, 세존이시여! 왜냐하면 아라한이라 일컬을 것이 전혀 없기 때문입니다. 세존이시여! 어떤 아라한이 '자신은 아라한의 도를 증득했다' 고 분별하면, 곧 자기, 사람, 중생, 영혼에 대한 집착이 남아 있는 셈입니다. 세존이시여! 부처님께서는 다음과 같이 말씀하신 적이 있습니다. '수보리는 '다툼이 없는 삼매' 를 얻은 사람 가운데 으뜸이다. 욕심을 떠난, 제일 뛰어난 아라한이다.'

　세존이시여! 하지만 저는 '자신이 욕심을 떠난 아라한' 이라 생각하지 않습니다. 세존이시여! 만일 '제가 아라한의 경계를 얻었다' 고 분별한다면, 세존께서는 '수보리가 다툼 없는 삼매를 얻었다' 고 말씀하시지 않았을 것입니다. 저는 아무것도 증득한 바 없으므로, '다툼 없는 삼매' 를 즐긴다고 일컬어지고 있습니다."

11장

부처님께서 수보리에게 말씀하셨다. "그대는 어떻게 생각하는가? 여래는 지난날 연등불께서 세상에 계실 때, 깨달음을 얻으리라는 수기를 받은 일이 있는가?"

이에 수보리가 답했다. "그렇지 않습니다, 세존이시여! 연등불께서 세상에 계실 때, 여래께서는 실로 아무것도 얻으신 바가 없으셨습니다."

12장

"수보리여! 그대는 어떻게 생각하는가? 보살은 불국토를 장엄한 일이 있느냐?"

"아닙니다, 세존이시여! 불국토를 장엄한다는 것은 곧 장엄함이 아니므로, 이를 장엄한다고 말합니다."

"그러므로 수보리여! 모든 보살과 마하살은 마땅히 이와 같이 청정한 마음을 내야 한다. 마땅히 형상에 집착하는 마음을 일으켜서도 안 되며, 소리, 냄새, 맛, 감촉, 의식의 대상에 머무르는 마음을 일으켜서도 안 된다. 응당 어디에도 집착함이 없이 마음을 내야 한다."

13장

"수보리여! 비유컨대, 어떤 사람의 몸이 수미산처럼 광대하다고 한다면, 그의 몸은 크다고 할 수 있는가?"

수보리가 답했다. "매우 큽니다, 세존이시여! 왜냐하면 광대한 몸은 곧 광대한 몸이 아니므로, 이를 광대한 몸이라 한다고 부처님께서 말씀하시기 때문입니다."

"수보리여! 인도 갠지스강의 수많은 모래알처럼 갠지스강이 많다면, 그대는 어떻게 생각하는가? 모든 갠지스강들의 모래가 많다고 하지 않겠는가?"

수보리가 답했다. "엄청나게 많습니다, 세존이시여! 모든 갠지스강들만 해도 엄청나거늘, 하물며 모든 갠지스강들의 모래는 더 말할 나위도 없지 않겠습니까!"

"수보리여! 내가 이제 진리를 말해 주겠다. 선남자와 선여인이 모든 갠지스강들의 모래알만큼이나 많은 삼천대천세계를 7가지 보배로 가득 채워 놓고 보시하면, 그 사람이 얻는 복덕이 많겠는가?"

수보리가 말했다. "매우 많습니다, 세존이시여!"

부처님께서 수보리에게 말씀하셨다. "선남자와 선여인이 《금강경》에서 4구게 등을 지니고서 다른 사람에게 말해 준다면, 이 복덕은 재물 보시를 통해 얻는 복덕보다 훨씬 뛰어날 것이다. 또한 수보리여! 《금강경》에서 4구게만이라도 다른 사람에게 전해 준다면, 그가 있는 곳은 모든 세상의 하늘, 사람, 아수라들이 마치 부처님의 탑과 사찰처럼 봉양할 것이다. 하물며 어떤 사람이 이 경전을 곁에 지니고 독송하는 경우에 있어서는 두말할 나위도 없지 않은가! 수보리여! 그는 세상에서 드문 최상의 진리를 성취할 것

이다. 이 경전이 갖춰진 곳이 바로 부처님과 그의 존경받는 제자
가 있는 곳이기 때문이다."

그때 수보리가 부처님께 말씀드렸다. "세존이시여! 이 경전 명
칭은 무엇입니까? 저희가 이 경전을 어떻게 받들어야 합니까?"

부처님께서 수보리에게 말씀하셨다. "이 경전은 《금강반야바라
밀경》으로 받들도록 해야 할 것이다. 왜 그런가? 수보리여! 반야
바라밀은 곧 반야바라밀이 아니므로, 이를 반야바라밀이라 일컫
는다고 부처가 말하기 때문이다.
수보리여! 그대는 어떻게 생각하느냐? 여래가 한 번이라도 입
을 열어 설법한 일이 있는가?"

수보리가 부처님께 말씀을 올렸다. "세존이시여! 여래께서는
단 한마디도 말씀하신 일이 없습니다."

14장

"수보리여! 그대는 어떻게 생각하는가? 삼천대천세계에 가득 찬
티끌이 많다고 할 수 있는가?"

수보리가 답했다. "매우 많습니다, 세존이시여!"

"수보리여! 모든 티끌은 티끌이 아니므로, 이를 티끌이라고 여
래는 일컫는다. 세계는 세계가 아니므로, 이를 세계라 여래는 부

른다.”

15장

“수보리여! 그대는 어떻게 생각하느냐? 32상으로 여래를 볼 수 있는가?”

“그렇지 않습니다, 세존이시여! 32상으로 여래를 볼 수 없습니다. 왜냐하면 32상은 곧 32상이 아니므로, 이를 32상이라 여래께서 일컬으시기 때문입니다.”

“수보리여! 선남자와 선여인이 갠지스강의 모래알처럼 많이 자기 생명을 보시하더라도, 어떤 사람이 《금강경》 4구게 등을 지니고서 다른 사람에게 말해 준다면, 이 사람의 복이 훨씬 많을 것이다.”

그때 수보리는 《금강경》 법문을 듣고 그 뜻을 깊이 이해하여 눈물을 흘리면서 부처님께 말씀을 올렸다. “희유하십니다, 세존이시여! 부처님께서 말씀하신 이처럼 깊고 깊은 진리가 담긴 가르침은 제가 ‘지혜의 눈’이 열린 이후 한 번도 들어 보지 못했습니다. 세존이시여! 어떤 사람이 이 경전 말씀을 듣고 청정한 믿음을 낸다면, 그는 실상을 깨닫게 되어 가장 희유한 공덕을 성취하게 될 것입니다. 세존이시여! 실상이란 곧 실상이 아니므로, 이를 실상이라고 여래께서 말씀하십니다.
세존이시여! 이제 제가 이 경전 말씀을 듣고 받들기는 그다지 어렵지 않습니다. 말세 중생이 가르침을 듣고 그대로 믿어 받든다면, 그는 곧 세상에서 참으로 희유할 것입니다. 왜냐하면 그는 '자기', '사람', '중생', '영혼'에 대한 집착이 끊어졌기 때문입니다.

또한 '자기에 대한 집착'은 곧 '자기에 대한 집착'이 아닙니다. '사람', '중생', '영혼'에 대한 집착도 '사람', '중생', '영혼'에 대한 집착이 아닙니다. 왜냐하면 모든 것에서 떠나야 곧 부처라 이름하기 때문입니다."

부처님께서 수보리에게 말씀하셨다. "그렇다! 참으로 잘 말했다. 어떤 사람이《금강경》가르침을 듣고 조금도 놀라지 않고, 조금도 두려워하지 않으며, 조금도 겁내지 않는다면, 그는 참으로 희유한 사람이다. 수보리여! 왜냐하면 제일바라밀은 곧 제일바라밀이 아니므로, 이를 제일바라밀이라 여래는 일컫기 때문이다."

16장

"수보리여! 인욕바라밀은 인욕바라밀이 아니므로, 이를 인욕바라밀이라 여래는 이름한다. 왜 그럴까? 수보리여! 내가 지난날 가리왕에 의해 몸이 갈기갈기 찢어져도, 그때 나는 '자기', '사람', '중생', '영혼'에 대한 집착이 조금도 남아 있지 않았다. 왜냐하면 지난날 몸이 갈기갈기 찢어질 때, '자기', '사람', '중생', '영혼'에 대한 집착이 추호라도 남아 있었다고 한다면, 마땅히 성내고 원한을 품었을 것이기 때문이다.

수보리여! 또한 내가 옛날 5백 생 동안 인욕선인이었던 당시를 회상하면, 그때에도 '자기', '사람', '중생', '영혼'에 대한 집착을 조금도 찾아볼 수 없었다. 따라서 수보리여! 보살은 마땅히 모든 것을 떠나 최상의 올바른 깨달음을 내야 한다. 응당 어떤 형상에도 집착하는 마음을 일으키지도 말아야 하고, 소리, 냄새, 맛, 감촉, 의식의 대상에 집착하는 마음을 내지도 말아야 하며, 마땅히 어디에도 집착하지 않고 마음을 내야 한다.

마음이 어딘가에 머무르게 되면, 이는 참되지 못하다. 그러므로 부처님께서는 마음을 어디에라도 머무르면서 보시를 해서는 안 된다고 보살에게 가르치신다. 수보리여! 보살은 모든 중생을 이롭게 하기 위하여 이와 같이 보시해야 한다.

그래서 온갖 것은 곧 그것이 아니라고 말한다. 또한 모든 중생은 곧 중생이 아니라고 여래는 말하는 것이다."

17장

"수보리여! 여래는 진실을 말하고, 참되게 말하며, 사실 그대로 말하고, 허황된 말을 하지 않으며, 결코 진리와 다르게 말하지 않는다. 수보리여! 여래가 얻은 법은 참되지도 않고 헛되지도 않다."

18장

"수보리여! 어떤 보살이 마음을 어딘가에 머물면서 보시한다면, 어두운 곳에 있는 사람이 아무것도 보지 못함과 같을 것이다. 보살이 어디에도 집착함이 없이 보시하면, 눈 밝은 사람이 햇빛 아래서 갖가지 물건을 보는 것과 같으리라."

제2부

19장

"수보리여! 말세에 선남자와 선여인이 《금강경》을 지니고 독송한다면, 여래는 부처의 지혜로 낱낱이 알고 빠짐없이 지켜보아, 그로 하여금 한량없는 공덕을 성취하도록 할 것이다.

수보리여! 선남자와 선여인이 아침에 갠지스강 모래알만큼이나 많은 육신을 보시하고, 낮에 다시 갠지스강 모래알만큼이나 많은 육신을 보시하며, 저녁에 또다시 갠지스강 모래알만큼이나 많은 육신을 보시하고, 더욱이 무한한 세월 동안 몸으로 보시하더라도, 어떤 사람이 《금강경》을 읽어 믿는 마음이 조금도 어긋남이 없다면, 그의 복은 훨씬 뛰어날 것이다. 하물며 《금강경》을 직접 사경하고, 곁에 지녀 독송하며, 게다가 다른 사람에게 전해 주는 경우야 두말할 나위도 없지 않은가!

수보리여! 《금강경》의 핵심을 말하면, 이 경전에는 헤아릴 수 없는 불가사의한 공덕이 무한하게 갖추어져 있다. 이 경전은 여래가 대승법을 닦는 수행인을 위해 말했고, 최상승 진리를 닦는 구도자를 위해 말했다.

어떤 사람이 《금강경》을 항상 몸에 지니고 독송하여 다른 사람에게 전해 주면, 여래는 그의 행동을 낱낱이 알고, 그의 움직임을 빠짐없이 살펴보며, 헤아릴 수 없는 불가사의한 공덕을 무한하게 성취하도록 할 것이다. 이런 사람은 곧 여래의 최상의 올바른 깨달음을 거뜬히 삼낭하게 뇌리라. 왜 그럴까?

수보리여! 소승법을 즐기는 사람은 '자기', '사람', '중생', '영혼'에 집착하게 되어 이 경전을 듣지도 못하고, 몸에 지니지도 못하며, 독송하지도 못하고, 다른 사람에게 전하지도 못하기 때문이다.

수보리여! 어디든지 이 경전이 있는 곳은 모든 세상의 하늘, 사람, 아수라들이 공양을 올릴 것이다. 그곳은 곧 부처님의 탑이 있는 곳과 마찬가지여서 누구나 공경하고, 주위를 돌면서 예배하며, 꽃과 향을 뿌릴 것이다.

또한 수보리여! 선남자와 선여인이 이 경전을 몸에 지니고 독송할 때, 그를 다른 사람이 무시하면, 그는 지난날 지은 죄업으로, 나쁜 세상에 떨어져야 함에도 지금 세상 사람이 그를 천대하는 까닭에, 곧 죄업이 소멸되어 최상의 올바른 깨달음을 얻게 되리라.

수보리여! 내가 한량없는 아승지겁을 회상해 보면, 연등불을 만나기 전 8백4천만억 나유타 부처님을 만나 한 분도 빠짐없이 공양을 바치고 받들어 섬겼지 그냥 지나친 적이 없었다. 또한 어떤 사람이 말세에《금강경》을 지니고 독송하면, 그의 공덕에 내가 부처님께 공양한 공덕은 백 분의 일에도 미치지 못하고, 천 분의 일, 만 분의 일에도 미치지 못한다. 더욱이 아무리 계산을 잘하고 비유를 잘하더라도, 거기에 미칠 수 없다.

수보리여! 선남자와 선여인이 말세에《금강경》을 곁에 지니고 독송할 경우, 그 공덕을 상세히 말하면, 듣는 사람은 마음이 어지러워 믿기 어려울 것이다. 수보리여! 이 경전은 이치도 불가사의하고, 과보 또한 불가사의하다."

그때 수보리가 부처님께 말씀을 올렸다. "세존이시여! 선남자와 선여인이 최상의 올바른 깨달음을 얻고자 한다면, 어디에 마음을 머무르게 해야 합니까? 어떻게 마음을 다스려야 합니까?"

부처님께서 수보리에게 말씀하셨다. "선남자와 선여인이 최상의 올바른 깨달음을 성취하려면, 마땅히 다음과 같이 마음을 써야 한다. '모든 중생을 열반에 들게 하겠다. 모든 중생을 열반에 들게 한 뒤에는, 어느 한 중생도 열반에 들게 하지 않았다.' 어째서 그러한가?

수보리여! 어떤 보살이 '자기', '사람', '중생', '영혼'에 대한 집착이 조금이라도 남아 있다면, 그는 보살이라고 할 수 없기 때문이다. 왜 그럴까? 수보리여! 어떤 법이 있어서 최상의 올바른 깨달음을 구하는 마음을 따로 내는 것이 아니기 때문이다."

20장

"수보리여! 그대는 어떻게 생각하는가? 연등불께서 세상에 계실 때 최상의 올바른 깨달음을 얻는다는 수기를 여래는 받은 일이 있는가?"

"그렇지 않습니다, 세존이시여! 제가 부처님 가르침을 이해하기로는, 연등불께서 세상에 계실 때, 최상의 올바른 깨달음을 얻으리라는 수기를 부처님께서 받으신 적이 없습니다."

부처님께서 말씀하셨다. "그렇다, 정말 그렇다! 수보리여! 여래는 최상의 올바른 깨달음을 얻은 일이 전혀 없다. 수보리여! 여래가 최상의 올바른 깨달음을 얻을 것이라고 생각한다면, 연등불께서 내게 수기를 내리면서 '그대는 미래에 성불하리니, 이름을 석가모니라 불러라'라고 말씀하시지 않았을 것이다. 깨달음을 얻을 것이라고 여래가 생각하지 않으니까, 연등불께서 내게 수기를 내리면서 '그대는 미래에 성불하리니, 이름을 석가모니라 불러라'라고 말씀하셨던 것이다."

21장

"왜 그럴까? 여래란, 모든 것이 바로 그대로 진여라는 뜻이다. 사람들은 여래가 최상의 올바른 깨달음을 얻었다고 말한다. 수보리여! 부처는 최상의 올바른 깨달음을 얻은 일이 전혀 없다.

　수보리여! 여래가 얻은 최상의 올바른 깨달음은 참되지도 않고, 헛되지도 않다. 따라서 여래는 일체법이 모두 부처님의 가르침이라 말하는 것이다.

　수보리여! 일체법은 곧 일체법이 아니므로, 이를 일체법이라 일컫는 것이다. 수보리여! 예를 들어 키가 큰 사람의 경우와 마찬가지이다."

　이에 수보리가 말했다. "세존이시여! 키가 큰 사람은 곧 키가 크지 않으므로, 그를 키가 크다고 이름한다고 여래께서 말씀하십니다."

22장

"수보리여! 보살 또한 이와 마찬가지이다. 보살이 '모든 중생을 열반에 들게 하겠다'고 하면, 그는 보살이라고 말할 수 없다. 왜 그러한가? 수보리여! 보살이라고 일컬을 게 없기 때문이다. 따라서 일체법에는 자기, 사람, 중생, 영혼에 대한 집착이 본래 없다고 여래는 말한다.

수보리여! 보살이 '불국토를 장엄한다'고 말하면, 그는 보살이라고 할 수 없다. 왜냐하면 불국토를 장엄하는 것은 곧 장엄이 아니므로, 이를 불국토 장엄이라 이름한다고 여래는 말하기 때문이다.

수보리여! 보살이 무아(無我)와 무법(無法)의 도리에 통달한다면, 그는 참으로 보살이라고 여래는 말할 것이다."

23장

"수보리여! 그대는 어떻게 보는가? 여래는 '육신의 눈'을 가지고 있는가?"

"그렇습니다, 세존이시여! 여래께서는 '육신의 눈'을 가지고 계십니다."

"수보리여! 그대는 어떻게 생각하는가? 여래는 '하늘의 눈'을 가지고 있는가?"

"그렇습니다, 세존이시여! 여래께서는 '하늘의 눈'을 가지고 계십니다."

"수보리여! 그대는 어떻게 보는가? 여래는 '지혜의 눈'을 가지고 있는가?"

"그렇습니다, 세존이시여! 여래께서는 '지혜의 눈'을 가지고 계십니다."

"수보리여! 그대는 어떻게 보는가? 여래는 '진리의 눈'을 가지고 있는가?"

"그렇습니다, 세존이시여! 여래께서는 '진리의 눈'을 가지고 계십니다."

"수보리여! 그대는 어떻게 보는가? 여래는 '부처의 눈'을 가지고 있는가?"

"그렇습니다, 세존이시여! 여래께서는 '부처의 눈'을 가지고 계십니다."

"수보리여! 그대는 어떻게 생각하는가? 갠지스 강변의 모래알을 여래는 모래라고 말하는가?"

"그렇습니다, 세존이시여! 여래께서는 모래라 말씀하십니다."

"수보리여! 그대는 어떻게 보는가? 예컨대 갠지스 강변의 모래알 숫자만큼 갠지스강이 많이 있고, 여러 갠지스강의 모래만큼 부처의 세계가 있다면, 부처의 세계가 많다고 하겠는가?"

"매우 많습니다, 세존이시여!"

부처님께서 수보리에게 말씀하셨다. "이렇게 많은 세계에 모든 중생의 마음을 여래는 낱낱이 꿰뚫고 있다. 어째서 그러한가? 모든 중생의 마음은 마음이 아니므로, 이를 마음이라 이름한다고 여래는 말한다. 왜 그런가?

수보리여! 왜냐하면 과거의 마음을 찾을 수 없고, 지금 현재의 마음도 구할 수 없으며, 미래의 마음 또한 얻을 수 없기 때문이다."

24장

"수보리여! 그대는 어떻게 보는가? 어떤 사람이 삼천대천세계에 7가지 보배를 가득 쌓아 놓고 보시한다면, 그는 이 인연으로 많은 복을 받겠는가?"

"그렇습니다, 세존이시여! 그는 이 인연으로 복을 많이 받습니다."

"수보리여! 복덕이 실제로 있다고 하면, 여래는 복덕이 많다고 말하지 않는다. 복덕이 없는 까닭에, 여래는 복덕이 많다고 말하는 것이다."

25장

"수보리여! 그대는 어떻게 보는가? 육신을 잘 갖추었다고 부처라고 볼 수 있겠는가?"

"그렇지 않습니다, 세존이시여! 육신을 잘 갖추었다고 부처라고 볼 수는 없습니다. 왜냐하면 육신을 잘 갖춘 것은 육신을 잘 갖춘 것이 아니므로, 이를 육신을 잘 갖추었다고 여래에서는 말씀하시기 때문입니다."

"수보리여! 그대는 어떻게 보는가? 모든 상호를 갖추었다고 여래라고 볼 수 있겠느냐?"

"그렇지 않습니다, 세존이시여! 모든 상호를 갖추었다고 여래라고 볼 수 없습니다. 왜냐하면 모든 상호를 갖춘 것은 곧 모든 상호를 갖춘 것이 아니므로, 이를 모든 상호를 갖추었다고 일컫기 때문입니다."

26장

"수보리여! 그대는 내가 설법을 한다고 짐작해서는 안 된다. 결코 그렇지 않다. 왜냐하면 '여래가 설법한다'고 어떤 사람이 말하면, 그는 여래를 비방한 것이 되기 때문이다. 그는 내 말뜻을 제대로 파악하지 못했기 때문에, 그렇게 말하는 것일 뿐이다.
수보리여! 여래의 설법은 어느 하나도 말한 바가 없기에, 이를 설법이라 이름하는 것이다."

27장

그때 혜명 수보리가 부처님께 말씀을 올렸다. "세존이시여! 중생이 미래에 이 가르침을 듣고 믿음을 낼 수 있겠습니까?"

부처님께서 말씀하셨다. "수보리여! 그들은 중생이 아니며, 중생이 아닌 것도 아니다. 어째서 그럴까? 수보리여! 중생은 중생이 아니므로, 그들을 중생이라 일컫는다고 여래는 말하기 때문이다."

28장

수보리가 부처님께 말씀을 올렸다. "세존이시여! 부처님께서는 최상의 올바른 깨달음을 얻은 일이 없으십니까?"

부처님께서 말씀하셨다. "그렇다, 참으로 그렇다! 수보리여! 나는 최상의 올바른 깨달음을 조금도 얻은 바가 없으므로, 이를 최상의 올바른 깨달음이라 이름한다. 또한 수보리여! 부처님 가르침은 평등하여 높고 낮음이 없으므로, 최상의 올바른 깨달음이라 일컫는다.

자기, 사람, 중생, 영혼에 대한 집착이 전혀 없는 마음으로 갖가지 선을 행하면, 곧 최상의 올바른 깨달음을 얻게 된다. 수보리여! 선법이란 선법이 아니기에, 이를 선법이라 일컫는다고 여래는 말한다."

29장

"수보리여! 삼천대천세계에 있는 여러 수미산을 합쳐 놓은 것만 큰 7가지 보배를 쌓아 놓고서 보시하더라도, 어느 누가 《금강경》 혹은 4구게 등을 지니고 독송하고 다른 사람에게 알려 준다면, 그 공덕에 보배 보시는 백 분의 일에도 미치지 못하고, 천 분의 일, 만 분의 일, 억 분의 일, 혹은 어떤 계산이나 어떤 비유로도 미치지 못한다."

30장

"수보리여! 그대는 어떻게 보는가? 그대는 '여래가 중생을 제도한다'고 생각해서는 안 된다. 수보리여! 이렇게 짐작해서는 안 된다. 왜 그럴까? 실로 한 중생도 여래가 제도한 일이 없기 때문이다. 만일 여래가 중생을 제도한다고 한다면, 여래는 자기, 사람, 중생, 영혼에 대한 집착이 남아 있는 셈이다.

수보리여! 여래가 말하는 자기는 곧 자기가 아니거늘, 사람들은 자기가 있다고 착각한다. 수보리여! 범부는 곧 범부가 아니므로, 그를 범부라고 여래는 말한다."

31장

"수보리여! 32상으로 여래를 볼 수 있겠는가?"

이에 수보리가 답했다. "그렇습니다, 참으로 그렇습니다. 32상으로 여래를 볼 수 있습니다."

부처님께서 말씀하셨다. "수보리여! 32상으로 여래를 볼 수 있다면, 32상을 갖춘 전륜성왕이 곧 여래이겠구나!"

이에 잘못을 알아차린 수보리가 부처님께 다시 말씀드렸다. "세존이시여! 제가 부처님 말씀을 이해하기로는 32상으로 여래를 볼 수 없습니다."

그러자 세존께서 게송을 읊으셨다.

"만일 형상에서 여래를 보거나,
소리에서 여래를 구하려 한다면,
그는 삿된 짓을 행하는 것이니,
결코 여래를 보지 못하리라."

32장

"수보리여! 그대는 이렇게 생각하는구나. '여래가 모든 상호를 갖추지 않았으므로, 최상의 올바른 깨달음을 얻었다.' 수보리여! '여래는 모든 상호를 갖추지 않았으므로, 최상의 올바른 깨달음을 얻었다'고 생각해서는 안 된다.

수보리여! 그대는 또 이렇게 생각하는구나. '최상의 올바른 깨달음을 얻은 사람은 아무것도 있지 않은 단멸을 말한다.' 그렇게 생각해서도 안 된다. 왜 그런가? 최상의 올바른 깨달음을 얻는 인물은 아무것도 있지 않은 단멸을 말하지도 않기 때문이다.

수보리여! 어떤 보살이 바닷가 모래알만큼이나 많은 세계에 7가지 보배를 가득 채워 놓고 보시하더라도, 또 다른 보살이 모든 것이 무아임을 알아 반야의 지혜를 성취한다면, 이 보살은 저 보살보다 많은 복덕을 얻을 것이다. 왜 그럴까? 수보리여! 보살은 복덕을 받지 않기 때문이다."

수보리가 부처님께 여쭈었다. "왜 보살은 복덕을 받지 않는 것입니까?"

"수보리여! 보살은 복덕을 짓기는 하지만, 복덕을 탐내지도 않고 복덕을 애착하지도 않으므로, 복덕을 받지 않는다고 말하는 것이다."

33장

"수보리여! 어떤 사람이 여래는 오기도 하고, 가기도 하며, 앉기도 하고, 눕기도 한다고 말하면, 그는 내가 말한 뜻을 제대로 이해하지 못한 것이다. 왜 그럴까? 여래는 오지도 않고, 가지도 않는다. 따라서 이를 여래라 일컫기 때문이다.
　수보리여! 선남자와 선여인이 삼천대천세계를 부수어 티끌로 만든다면 그대는 어떻게 보는가? 티끌이 많다고 보는가?"

수보리가 답했다. "매우 많습니다, 세존이시여! 왜냐하면 티끌이 실제로 있다고 하면, 부처님께서 티끌이라고 말씀하시지 않았을 것이기 때문입니다. 왜냐하면 티끌은 곧 티끌이 아니므로, 이를 티끌이라 이름한다고 부처님께서는 말씀하시기 때문입니다.
　세존이시여! 여래께서 말씀하신 삼천대천세계도 곧 세계가 아

니므로, 이를 세계라 일컫습니다. 왜냐하면 세계가 실제로 있다고
하면, 곧 화합하여 하나로 성립된 것이기 때문입니다. 화합하여
하나로 성립된 것은 곧 화합하여 성립된 것이 아니므로, 이를 화
합하여 하나로 성립되었다고 부처님께서는 이름하십니다."

"수보리여! 화합하여 이루어진 것은 이처럼 말로 표현할 수 없
거늘, 단지 세상 사람들이 그에 탐착하는 것이다."

34장

"수보리여, '부처가 자기, 사람, 중생, 영혼에 대한 집착을 말했
다'고 어떤 사람이 전한다면, 그대는 어떻게 생각하는가? 내가 말
한 뜻을 그는 제대로 이해하고 있는가?"

"아닙니다, 세존이시여! 그는 여래의 말씀을 제대로 이해하고
있지 않습니다. 왜냐하면 자기, 사람, 중생, 영혼에 대한 집착은
곧 자기, 사람, 중생, 영혼에 대한 집착이 아니므로, 이를 자기, 사
람, 중생, 영혼에 대한 집착이라고 이름한다고 세존께서는 말씀하
시기 때문입니다."

"수보리여, 최상의 올바른 깨달음에 계합하는 사람은 모든 것에
대해 이와 같이 알고, 이와 같이 보며, 이와 같이 믿고 이해하여
부처님의 가르침을 조금도 분별하시 않느나. 수보리여, 진리는 곧
진리가 아니므로, 이를 진리라 여래는 일컫는다."

35장

"수보리여, 어느 누가 한량없는 아승지 세계에 7가지 보배를 가득
채워 놓고 보시하더라도, 선남자와 선여인이 보리심을 내어 이 경
전을 곁에 지니고, 4구게 등을 독송하며 다른 사람에게 전해 준다
면, 보배 보시 공덕보다 훨씬 뛰어날 것이다.

다른 사람에게 어떻게 전해 주어야 하는가? 어떤 형상에도 집
착하지 않아 마음이 조금도 흔들리지 않아야 된다."

36장

"왜 그럴까?

중생이 하는 모든 행위는
꿈, 환상, 물거품, 그림자 같고
이슬 같고 또한 번갯불 같나니
마땅히 이와 같이 보아야 하느니라."

이렇게 해서 부처님께서 《금강경》 설법을 마치셨다. 그러자 장
로 수보리, 비구와 비구니, 우바새와 우바이, 그리고 모든 세상의
하늘, 사람, 아수라가 부처님 말씀을 듣고 크게 환희심을 내어 반
야 가르침을 굳게 믿고 받들었다.

2. 독송을 위한 한문 금강경

제1부

1장

如是我聞, 一時, 佛在舍衛國, 祇樹給孤獨園, 與大比丘衆,
여시아문　일시　불재사위국　기수급고독원　여대비구중

千二百五十人俱. 爾時, 世尊, 食時, 着衣持鉢, 入舍衛大城,
천이백오십인구　이시　세존　식시　착의지발　입사위대성

乞食. 於其城中, 次第乞已, 還至本處, 飯食訖. 收衣鉢, 洗
걸식　어기성중　차제걸이　환지본처　반사흘　수의발　세

足已, 敷座而坐.
족이　부좌이좌

2장

時, 長老, 須菩堤, 在大衆中, 卽從座起, 偏袒右肩, 右膝着
시　장로　수보리　재대중중　즉종좌기　편단우견　우슬착

地, 合掌恭敬, 而白佛言: "希有世尊! 如來, 善護念諸菩薩,
지 합장공경 이백불언   희유세존   여래 선호념제보살

善付囑諸菩薩. 世尊! 善男子, 善女人, 發阿耨多羅三藐三菩
선부촉제보살 세존 선남자 선여인   발아누다라삼약삼보

提心, 應云何住? 云何降伏其心?"
리심 응운하주   운하항복기심

佛言: "善哉! 善哉! 須菩提! 如汝所說, 如來, 善護念諸菩
불언   선재 선재 수보리   여여소설   여래 선호념제보

薩, 善付囑諸菩薩. 汝今諦聽, 當爲汝說. 善男子, 善女人,
살 선부촉제보살   여금체청   당위여설   선남자 선여인

發阿耨多羅三藐三菩提心, 應如是住, 如是降伏其心."
발아누다라삼약삼보리심   응여시주   여시항복기심

"唯然, 世尊! 願樂欲聞."
유연 세존 원요욕문

3장

佛告須菩提: "諸菩薩, 摩訶薩, 應如是降伏其心. 所有一切
불고수보리   제보살 마하살 응여시항복기심 소유일체

衆生之類, 若卵生, 若胎生, 若濕生, 若化生, 若有色, 若無
중생지류 약난생 약태생 약습생 약화생 약유색 약무

色, 若有想, 若無想, 若非有想, 若非無想, 我皆令入, 無餘
색 약유상 약무상 약비유상 약비무상 아개영입 무여

涅槃, 而滅度之.
열반 이멸도지

如是滅度, 無量無數, 無邊衆生, 實無衆生, 得滅度者. 何以故?
여시멸도 무량무수 무변중생 실무중생 득멸도자 하이고

須菩提! 若菩薩, 有我相, 人相, 衆生相, 壽者相, 卽非菩薩."
수보리 약보살 유아상 인상 중생상 수자상 즉비보살

4장

"復次, 須菩提, 菩薩於法, 應無所住, 行於布施.
부차 수보리 보살어법 응무소주 행어보시

所謂不住色布施, 不住聲香味觸法布施.
소위부주색보시 부주성향미촉법보시

須菩提! 菩薩, 應如是布施, 不住於相."
수보리 보살 응여시보시 부주어상

5장

"何以故? 若菩薩, 不住相布施, 其福德, 不可思量.
하이고 약보살 부주상보시 기복덕 불가사량

須菩提! 於意云何, 東方虛空, 可思量不?"
수보리 어의운하 동방허공 가사량부

"不也, 世尊!"
불야 세존

"須菩提! 南西北方, 四維, 上下虛空, 可思量不?"
수보리 남서북방 사유 상하허공 가사량부

"不也, 世尊!"
불야 세존

"須菩提! 菩薩, 無住相布施福德, 亦復如是, 不可思量.
수보리　보살　무주상보시복덕　역부여시　불가사량

須菩提! 菩薩, 但應如所教住."
수보리　보살　단응여소교주

6장

"須菩提! 於意云何? 可以身相, 見如來不?"
수보리　어의운하　가이신상　견여래부

"不也, 世尊! 不可以身相, 得見如來.
불야　세존　불가이신상　득견여래

何以故? 如來, 所說身相, 卽非身相."
하이고　여래　소설신상　즉비신상

佛告須菩提:"凡所有相, 皆是虛妄, 若見諸相非相, 卽見如來."
불고수보리　범소유상　개시허망　약견제상비상　즉견여래

7장

須菩提, 白佛言:"世尊! 頗有衆生, 得聞如是, 言說章句, 生實信
수보리　백불언　세존　파유중생　득문여시　언설장구　생실신
不?"
부

佛告須菩提:"莫作是說. 如來滅後, 後五百歲, 有持戒修福
불고수보리　막작시설　여래멸후　후오백세　유지계수복

者, 於此章句, 能生信心, 以此爲實. 當知, 是人, 不於一佛,
자 어차장구 능생신심 이차위실 당지 시인 불어일불

二佛, 三四五佛, 而種善根, 已於無量, 千萬佛所, 種諸善根.
이불 삼사오불 이종선근 이어무량 천만불소 종제선근

聞是章句, 乃至一念, 生淨信者.
문시장구 내지일념 생정신자

須菩提! 如來, 悉知悉見, 是諸衆生, 得如是無量福德.
수보리 여래 실지실견 시제중생 득여시무량복덕

何以故? 是諸衆生, 無復我相, 人相, 衆生相, 壽者相.
하이고   시제중생 무부아상 인상 중생상 수자상

無法相, 亦無非法相.
무법상 역무비법상

何以故? 是諸衆生, 若心取相, 卽爲着我人, 衆生壽者. 若取
하이고   시제중생 약심취상 즉위착아인 중생수자 약취

法相, 卽着我人, 衆生壽者. 何以故? 若取非法相, 卽着我人,
법상 즉착아인 중생수자 하이고 약취비법상 즉착아인

衆生壽者.
중생수자

是故, 不應取法, 不應取非法. 以是義故, 如來常說, '汝等比
시고 불응취법 불응취비법 이시의고 여래상설   여등비

丘, 知我說法, 如筏喩者. 法尙應捨, 何況非法.'"
구 지아설법 여벌유자 법상응사 하황비법

8장

"須菩提! 於意云何? 如來得, 阿耨多羅三藐三菩提耶? 如來,
수보리 어의운하 여래득 아누다라삼먁삼보리야   여래

有所說法耶?"
유소설법야

須菩提言: "如我解佛所說義, 無有定法, 名阿耨多羅三藐三
수보리언　여아해불소설의　무유정법　명아누다라삼먁삼

菩提, 亦無有定法, 如來可說. 何以故? 如來所說法, 皆不可
보리　역무유정법　여래가설　하이고　여래소설법　개불가

取, 不可說, 非法, 非非法. 所以者何? 一切賢聖, 皆以無爲
취　불가설　비법　비비법　소이자하　일체현성　개이무위

法, 而有差別."
법　이유차별

9장

"須菩提! 於意云何? 若人滿三千大千世界七寶, 以用布施,
수보리　어의운하　약인만삼천대천세계칠보　이용보시

是人所得福德, 寧爲多不?"
시인소득복덕　영위다부

須菩提言: "甚多, 世尊! 何以故. 是福德, 卽非福德性, 是故,
수보리언　심다　세존　하이고　시복덕　즉비복덕성　시고

如來說, 福德多."
여래설　복덕다

"若復有人, 於此經中, 受持, 乃至, 四句偈等, 爲他人說, 其
약부유인　어차경중　수지　내지　사구게등　위타인설　기

福勝彼. 何以故? 須菩提! 一切諸佛, 及諸佛, 阿耨多羅三藐
복승피　하이고　수보리　일체제불　급제불　아누다라삼먁

三菩提法, 皆從此經出. 須菩提! 所謂佛法者, 卽非佛法,
삼보리법　개종차경출　수보리　소위불법자　즉비불법

是名佛法."
시명불법

10장

"須菩提! 於意云何? 須陀洹, 能作是念, '我得須陀洹果不?'"
수보리　어의운하　수다원　능작시념　아득수다원과부

須菩提言: "不也, 世尊! 何以故? 須陀洹, 名爲入流, 而無
수보리언　불야　세존　하이고　수다원　명위입류　이무
所入, 不入色聲香味觸法, 是名須陀洹."
소입　불입색성향미촉법　시명수다원

"須菩提! 於意云何? 斯陀含, 能作是念, '我得斯陀含果
　수보리　어의운하　사다함　능작시념　　아득사다함과
不?'"
부

須菩提言: "不也, 世尊! 何以故? 斯陀含, 名一往來, 而實
수보리언　불야　세존　하이고　사다함　명일왕래　이실
無往來, 是名斯陀含."
무왕래　시명사다함

"須菩提! 於意云何? 阿那含, 能作是念, '我得阿那含果
　수보리　어의운하　아나함　능작시념　　아득아나함과
不?'"
부

須菩提言: "不也, 世尊! 何以故? 阿那含, 名爲不來, 而實
수보리언　불야　세존　하이고　아나함　명위불래　이실

無不來, 是故, 名阿那含."
무불래 시고 명아나함

"須菩提！於意云何？阿羅漢, 能作是念, '我得阿羅漢道
수보리 어의운하 아라한 능작시념 아득아라한도
不?'"
부

須菩提言："不也, 世尊！何以故？實無有法, 名阿羅漢. 世
수보리언 불야 세존 하이고 실무유법 명아라한 세

尊！若阿羅漢, 作是念, '我得阿羅漢道', 卽爲着我人, 衆生
존 약아라한 작시념 아득아라한도 즉위착아인 중생

壽者.
수자

世尊！佛說, '我得無諍三昧人中, 最爲第一, 是第一離欲阿
세존 불설 아득무쟁삼매인중 최위제일 시제일이욕아

羅漢.' 世尊！我不作是念, '我是離欲阿羅漢.'
라한 세존 아부작시념 아시이욕아라한

世尊！我若作是念, '我得阿羅漢道', 世尊卽不說, '須菩提,
세존 아약작시념 아득아라한도 세존즉불설 수보리

是樂阿蘭那行者.' 以須菩提, 實無所行, 而名須菩提, 是樂
시요아란나행자 이수보리 실무소행 이명수보리 시요

阿蘭那行."
아란나행

11장

佛告須菩提："於意云何？如來, 昔在燃燈佛所, 於法, 有所得
불고수보리 어의운하 여래 석재연등불소 어법 유소득

不?"
부

"不也, 世尊! 如來, 在燃燈佛所, 於法, 實無所得."
　불야　세존　여래　재연등불소　어법　실무소득

12장

"須菩提! 於意云何? 菩薩, 莊嚴佛土不?"
　수보리　어의운하　보살　장엄불토부

"不也, 世尊! 何以故? 莊嚴佛土者, 卽非莊嚴, 是名莊嚴."
　불야　세존　하이고　장엄불토자　즉비장엄　시명장엄

"是故, 須菩提! 諸菩薩摩訶薩, 應如是生淸淨心. 不應住色,
　시고　수보리　제보살마하살　응여시생청정심　불응주색
生心, 不應住聲香味觸法, 生心. 應無所住, 而生其心."
생심　불응주성향미촉법　생심　응무소주　이생기심

13장

"須菩提, 譬如有人, 身如須彌山王, 於意云何? 是身爲大
　수보리　비여유인　신여수미산왕　어의운하　시신위대
不?"
부

須菩提言："甚大, 世尊! 何以故? 佛說大身, 卽非大身, 是名
수보리언　심대　세존　하이고　불설대신　즉비대신　시명

大身."
대신

"須菩提, 如恒河中, 所有沙數, 如是沙等恒河, 於意云何?
수보리　여항하중　소유사수　여시사등항하　어의운하

是諸恒河沙, 寧爲多不?"
시제항하사　영위다부

須菩提言："甚多, 世尊! 但諸恒河, 尙多無數, 何況其沙?"
수보리언　심다　세존　단제항하　상다무수　하황기사

"須菩提! 我今實言, 告汝. 若有善男子, 善女人, 以七寶,
수보리　아금실언　고녀　약유선남자　선여인　이칠보

滿爾所恒河沙數, 三千大千世界, 以用布施, 得福多不?"
만이소항하사수　삼천대천세계　이용보시　득복다부

須菩提言："甚多, 世尊!"
수보리언　심다　세존

佛告須菩提："若善男子, 善女人, 於此經中, 乃至, 受持,
불고수보리　약선남자　선여인　어차경중　내지　수지

四句偈等, 爲他人說, 而此福德, 勝前福德.
4구게등　위타인설　이차복덕　승전복덕

復次, 須菩提, 隨說是經, 乃至, 四句偈等, 當知, 此處, 一切
부차　수보리　수설시경　내지　사구게등　당지　차처　일체

世間, 天人阿修羅, 皆應供養, 如佛塔廟. 何況有人, 盡能受
세간　천인아수라　개응공양　여불탑묘　하황유인　진능수

持讀誦!
지독송

須菩提, 當知, 是人, 成就最上第一, 稀有之法. 若是經典所
수보리　당지　시인　성취최상제일　희유지법　약시경전소

在之處, 卽爲有佛, 若尊重弟子."
재지처　즉위유불　약존중제자

爾時, 須菩提, 白佛言: "世尊! 當何名此經, 我等, 云何奉
이시　수보리　백불언　세존　당하명차경　아등　운하봉

持?"
지

佛告須菩提: "是經, 名爲金剛般若波羅蜜, 以是名字, 汝當
불고수보리　시경　명위금강반야바라밀　이시명자　여당

奉持. 所以者何? 須菩提! 佛說, 般若波羅蜜, 卽非般若波羅
봉지　소이자하　수보리　불설　반야바라밀　즉비반야바라

蜜, 是名般若波羅蜜.
밀　시명반야바라밀

須菩提! 於意云何? 如來, 有所說法不?"
수보리　어의운하　여래　유소설법부

須菩提, 白佛言: "世尊! 如來, 無所說."
수보리　백불언　세존　여래　무소설

14장

"須菩提! 於意云何? 三千大千世界, 所有微塵, 是爲多不?"
수보리   어의운하   삼천대천세계   소유미진   시위다부

須菩提言: "甚多, 世尊!"
수보리언   심다   세존

"須菩提! 諸微塵, 如來說, 非微塵, 是名微塵.
수보리   제미진   여래설   비미진   시명미진

如來說, 世界, 非世界, 是名世界."
여래설   세계   비세계   시명세계

15장

"須菩提! 於意云何? 可以三十二相, 見如來不?"
수보리   어의운하   가이삼십이상   견여래부

"不也, 世尊! 不可以三十二相, 得見如來. 何以故?
불야   세존   불가이삼십이상   득견여래   하이고

如來說, 三十二相, 卽是非相, 是名三十二相."
여래설   삼십이상   즉시비상   시명삼십이상

"須菩提! 若有善男子, 善女人, 以恒河沙等身命, 布施,
수보리   약유선남자   선여인   이항하사등신명   보시

若復有人, 於此經中, 乃至, 受持, 四句偈等, 爲他人說, 其
약부유인   어차경중   내지   수지   사구게등   위타인설   기

福甚多."
복심다

爾時, 須菩提, 聞說是經, 深解義趣, 涕淚悲泣, 而白佛言:
이시 수보리 문설시경 심해의취 체루비읍 이백불언
"希有世尊, 佛說如是, 甚深經典, 我從昔來, 所得慧眼,
 희유세존 불설여시 심심경전 아종석래 소득혜안
未曾得聞, 如是之經.
미증득문 여시지경
世尊, 若復有人, 得聞是經, 信心淸淨, 卽生實相. 當知,
세존 약부유인 득문시경 신심청정 즉생실상 당지
是人, 成就第一希有功德. 世尊, 是實相者, 卽是非相, 是故,
시인 성취제일희유공덕 세존 시실상자 즉시비상 시고
如來, 說名實相.
여래 설명실상
世尊, 我今得聞, 如是經典, 信解受持, 不足爲難. 若當來世,
세존 아금득문 여시경전 신해수지 부족위란 약당래세
後五百歲, 其有衆生, 得聞是經, 信解受持, 是人, 卽爲第一
후오백세 기유중생 득문시경 신해수지 시인 즉위제일
希有. 何以故?
희유 하이고
此人, 無我相, 無人相, 無衆生相, 無壽者相. 所以者何?
차인 무아상 무인상 무중생상 무수자상 소이자하
我相, 卽是非相, 人相, 衆生相, 壽者相, 卽是非相. 何以故?
아상 즉시비상 인상 중생상 수자상 즉시비상 하이고
離一切諸相, 卽名諸佛."
이일체제상 즉명제불

佛告須菩提: "如是如是. 若復有人, 得聞是經, 不驚不怖不畏.
불고수보리   여시여시 약부유인 득문시경 불경불포불외

當知, 是人, 甚爲希有. 何以故? 須菩提! 如來說, 第一波羅
당지 시인 심위희유 하이고 수보리 여래설 제일바라

蜜, 卽非第一波羅蜜, 是名第一波羅蜜."
밀 즉비제일바라밀 시명제일비라밀

16장

"須菩提! 忍辱波羅蜜, 如來說, 非忍辱波羅蜜, 是名忍辱波
수보리 인욕바라밀 여래설 비인욕바라밀 시명인욕바

羅蜜. 何以故? 須菩提! 如我昔爲歌利王, 割截身體, 我於爾
라밀 하이고 수보리 여아석위가리왕 할절신체 아어이

時, 無我相, 無人相, 無衆生相, 無壽者相. 何以故? 我於往
시 무아상 무인상 무중생상 무수자상 하이고 아어왕

昔, 節節支解時, 若有我相, 人相, 衆生相, 壽者相, 應生瞋恨.
석 절절지해시 약유아상 인상 중생상 수자상 응생진한

須菩提! 又念過去, 於五百世, 作忍辱仙人, 於爾所世, 無我
수보리 우념과거 어오백세 작인욕선인 어이소세 무아

相, 無人相, 無衆生相, 無壽者相.
상 무인상 무중생상 무수자상

是故, 須菩提! 菩薩, 應離一切相, 發阿耨多羅三藐三菩提心.
시고 수보리 보살 응리일체상 발아누다라삼먁삼보리심

不應住色, 生心, 不應住聲香味觸法, 生心, 應生無所住心.
불응주색 생심 불응주성향미촉법 생심 응생무소주심

若心有住, 卽爲非住. 是故, 佛說, 菩薩, 心不應住色, 布施.
약심유주 즉위비주 시고 불설 보살 심불응주색 보시

須菩提! 菩薩, 爲利益一切衆生, 應如是布施.
수보리 보살 위이익일체중생 응여시보시

如來說, 一切諸相, 卽是非相. 又說, 一切衆生, 卽非衆生."
여래설 일체제상 즉시비상 우설 일체중생 즉비중생

17장

"須菩提！如來，是眞語者，實語者，如語者，不誑語者，
　수보리　　여래　시진어자　실어자　여어자　불광어자

不異語者．須菩提！如來，所得法，此法，無實無虛."
불이어자　수보리　여래　소득법　차법　무실무허

18장

"須菩提！若菩薩，心住於法，而行布施，如人入闇，卽無所
　수보리　약보살　심주어법　이행보시　여인입암　즉무소

見．若菩薩，心不住法，而行布施，如人有目，日光明照，見種
견　약보살　심부주법　이행보시　여인유목　일광명조　견종

種色."
종색

제2부

19장

"須菩提！當來之世，若有善男子，善女人，能於此經，受持讀
　수보리　당래지세　약유선남자　선여인　능어차경　수지독

誦，卽爲如來，以佛智慧，悉知是人，悉見是人，皆得成就，
송　즉위여래　이불지혜　실지시인　실견시인　개득성취

無量無邊功德．
무량무변공덕

須菩提！若有善男子，善女人，初日分，以恒河沙等身，布施，
수보리　약유선남자　선여인　초일분　이항하사등신　보시

中日分，復以恒河沙等身，布施，後日分，亦以恒河沙等身，
중일분　부이항하사등신　보시　후일분　역이항하사등신

布施, 如是無量, 百千萬億劫, 以身布施, 若復有人, 聞此經
보시 여시무량 백천만억겁 이신보시 약부유인 문차경

典, 信心不逆, 其福勝彼. 何況書寫, 受持讀誦, 爲人解說!
전 신심불역 기복승피 하황서사 수지독송 위인해설

須菩提! 以要言之, 是經, 有不可思議, 不可稱量, 無邊功德.
수보리 이요언지 시경 유불가사의 불가칭량 무변공덕

如來, 爲發大乘者說, 爲發最上乘者說.
여래 위발대승자설 위발최상승자설

若有人, 能受持讀誦, 廣爲人說, 如來, 悉知是人, 悉見是人,
약유인 능수지독송 광위인설 여래 실지시인 실견시인

皆得成就, 不可量, 不可稱, 無有邊, 不可思議功德. 如是人
개득성취 불가량 불가칭 무유변 불가사의공덕 여시인

等, 卽爲荷擔, 如來, 阿耨多羅三藐三菩提. 何以故?
등 즉위하담 여래 아누다라삼먁삼보리 하이고

須菩提! 若樂所法者, 着我見, 人見, 衆生見, 壽者見, 卽於
수보리 약요소법자 착아견 인견 중생견 수자견 즉어

此經, 不能聽受讀誦, 爲人解說.
차경 불능청수독송 위인해설

須菩提! 在在處處, 若有此經, 一切世間, 天人阿修羅, 所應
수보리 재재처처 약유차경 일체세간 천인아수라 소응

供養. 當知, 此處, 卽爲是塔, 皆應恭敬, 作禮圍繞, 以諸華香,
공양 당지 차처 즉위시탑 개응공경 작례위요 이제화향

而散其處.
이산기처

復次, 須菩提! 善男子, 善女人, 受持讀誦此經, 若爲人輕賤,
부차 수보리 선남자 선여인 수지독송차경 약위인경천

是人, 先世罪業, 應墮惡道. 以今世人, 輕賤故, 先世罪業,
시인 선세죄업 응타악도 이금세인 경천고 선세죄업

卽爲消滅, 當得阿耨多羅三藐三菩提.
즉위소멸 당득아누다라삼먁삼보리

須菩提! 我念過去, 無量阿僧祇劫, 於燃燈佛前, 得値
수보리 아념과거 무량아승지겁 어연등불전 득치

八百四千萬億, 那由他諸佛, 悉皆供養承事, 無空過者.
팔백사천만억   나유타제불   실개공양승사   무공과자

若復有人, 於後末世, 能受持讀誦此經, 所得功德, 於我所供
약부유인   어후말세   능수지독송차경   소득공덕   어아소공

養, 諸佛功德, 百分不及一, 千萬億分, 乃至, 算數譬喩,
양   제불공덕   백분불급일   천만억분   내지   산수비유

所不能及.
소불능급

須菩提! 若善男子, 善女人, 於後末世, 有受持讀誦此經,
수보리   약선남자   선여인   어후말세   유수지독송차경

所得功德, 我若具說者, 或有人聞, 心卽狂亂, 狐疑不信.
소득공덕   아약구설자   혹유인문   심즉광란   호의불신

須菩提! 當知, 是經, 義, 不可思議, 果報, 亦不可思議.”
수보리   당지   시경   의   불가사의   과보   역불가사의

爾時, 須菩提, 白佛言: “世尊! 善男子, 善女人, 發阿耨多羅
이시   수보리   백불언   세존   선남자   선여인   발아누다라

三藐三菩提, 云何應住, 云何降伏其心?”
삼먁삼보리   운하응주   운하항복기심

佛告須菩提: “若善男子, 善女人, 發阿耨多羅三藐三菩提心
불고수보리   약선남자   선여인   발아누다라삼먁삼보리심

者, 當生如是心, ‘我應滅度, 一切衆生. 滅度一切衆生已, 而
자   당생여시심   아응멸도   일체중생   멸도일체중생이   이

無有一衆生, 實滅度者.’ 何以故?
무유일중생   실멸도자   하이고

須菩提! 若菩薩, 有我相 人相, 衆生相, 壽者相, 卽非菩薩.
수보리   약보살   유아상   인상   중생상   수자상   즉비보살

所以者何? 須菩提! 實無有法, 發阿耨多羅三藐三菩提心者.”
소이자하   수보리   실무유법   발아누다라삼먁삼보리심자

20장

"須菩提! 於意云何? 如來, 於燃燈佛所, 有法得, 阿耨多羅
　수보리　어의운하　여래　어연등불소　유법득　아누다라
三藐三菩提不?"
삼먁삼보리부

"不也, 世尊! 如我解佛所說義, 佛於燃燈佛所, 無有法得, 阿
　불야　세존　여아해불소설의　불어연등불소　무유법득　아
耨多羅三藐三菩提."
누다라삼먁삼보리

佛言: "如是如是. 須菩提! 實無有法, 如來得, 阿耨多羅三藐
불언　여시여시　수보리　실무유법　여래득　아누다라삼먁
三菩提. 須菩提! 若有法, 如來得, 阿耨多羅三藐三菩提者,
삼보리　수보리　약유법　여래득　아누다라삼먁삼보리자
燃燈佛, 卽不與我授記, '汝於來世, 當得作佛, 號釋迦牟尼.'
연등불　즉불여아수기　여어래세　당득작불　호석가모니
以實無有法得, 阿耨多羅三藐三菩提, 是故, 燃燈佛, 如我授
이실무유법득　아누다라삼먁삼보리　시고　연등불　여아수
記, 作是言, '汝於來世, 當得作佛, 號釋迦牟尼.'"
기　작시언　여어래세　당득작불　호석가모니

21장

"何以故, 如來者, 卽諸法如義. 若有人言, '如來得, 阿耨多
　하이고　여래자　즉제법여의　약유인언　여래득　아누다
羅三藐三菩提.' 須菩提! 實無有法, 佛得, 阿耨多羅三藐三
라삼먁삼보리　수보리　실무유법　불득　아누다라삼먁삼

菩提.
보리

須菩提! 如來所得, 阿耨多羅三藐三菩提, 於是中, 無實無
수보리　여래소득　아누다라삼먁삼보리　어시중　무실무

虛. 是故, 如來說, 一切法, 皆是佛法.
허　시고　여래설　일체법　개시불법

須菩提! 所言一切法者, 卽非一切法, 是故, 名一切法.
수보리　소언일체법자　즉비일체법　시고　명일체법

須菩提! 譬如人身長大."
수보리　비여인신장대

須菩提言："世尊, 如來說, 人身長大, 卽爲非大身, 是名大身."
수보리언　　세존　여래설　인신장대　즉위비대신　시명대신

22장

"須菩提! 菩薩亦如是, 若作是言, '我當滅度, 無量衆生.'
수보리　보살역여시　약작시언　　아당멸도　무량중생

卽不名菩薩. 何以故? 須菩提! 實無有法, 名爲菩薩. 是故,
즉불명보살　하이고　수보리　실무유법　명위보살　시고

佛說, 一切法, 無我, 無人, 無衆生, 無壽者.
불설　일체법　무아　무인　무중생　무수자

須菩提! 若菩薩, 作是言, '我當莊嚴佛土.' 是不名菩薩.
수보리　약보살　작시언　　아당장엄불토　시불명보살

何以故? 如來說, 莊嚴佛土者, 卽非莊嚴, 是名莊嚴.
하이고　여래설　장엄불토자　즉비장엄　시명장엄

須菩提! 若菩薩, 通達無我法者, 如來說名, 眞是菩薩."
수보리　약보살　통달무아법자　여래설명　진시보살

23장

"須菩提! 於意云何? 如來, 有肉眼不?"
　수보리　어의운하　여래　유육안부

"如是, 世尊! 如來, 有肉眼."
　여시　세존　여래　유육안

"須菩提! 於意云何? 如來, 有天眼不?"
　수보리　어의운하　여래　유천안부

"如是, 世尊! 如來, 有天眼."
　여시　세존　여래　유천안

"須菩提! 於意云何? 如來, 有慧眼不?"
　수보리　어의운하　여래　유혜안부

"如是, 世尊! 如來, 有慧眼."
　여시　세존　여래　유혜안

"須菩提! 於意云何? 如來, 有法眼不?"
　수보리　어의운하　여래　유법안부

"如是, 世尊! 如來, 有法眼."
　여시　세존　여래　유법안

"須菩提! 於意云何? 如來, 有佛眼不?"
　수보리　어의운하　여래　유불안부

"如是, 世尊! 如來, 有佛眼."
　여시　세존　여래　유불안

"須菩提! 於意云何? 如恒河中, 所有沙, 佛說是沙不?"
　수보리　어의운하　여항하중　소유사　불설시사부

"如是, 世尊! 如來說是沙."
　여시　세존　여래설시사

"須菩提! 於意云何? 如一恒河中, 所有沙, 有如是沙等恒河,
　수보리　어의운하　여일항하중　소유사　유여시사등항하
是諸恒河, 所有沙數, 佛世界, 如是寧爲多不?"
시제항하　소유사수　불세계　여시영위다부

"甚多, 世尊!"
　심다　세존

佛告須菩提: "爾所國土中, 所有衆生, 若干種心, 如來悉知.
불고수보리　이소국토중　소유중생　약간종심　여래실지
何以故? 如來說, 諸心, 皆爲非心, 是名爲心. 所以者何?
하이고　여래설　제심　개위비심　시명위심　소이자하
須菩提! 過去心, 不可得, 現在心, 不可得, 未來心, 不可得."
수보리　과거심　불가득　현재심　불가득　미래심　불가득

24장

"須菩提! 於意云何? 若有人, 滿三千大千世界七寶, 以用布
수보리 어의운하 약유인 만삼천대천세계칠보 이용보
施, 是人, 以是因緣, 得福多不?"
시 시인 이시인연 득복다부

"如是, 世尊! 此人, 以是因緣, 得福甚多."
여시 세존 차인 이시인연 득복심다

"須菩提! 若福德, 有實, 如來不說, 得福德多. 以福德, 無
수보리 약복덕 유실 여래불설 득복덕다 이복덕 무
故, 如來說, 得福德多."
고 여래설 득복덕다

25장

"須菩提! 於意云何? 佛可以具足色身, 見不?"
수보리 어의운하 불가이구족색신 견부

"不也, 世尊! 如來, 不應以具足色身, 見. 何以故?
불야 세존 여래 불응이구족색신 견 하이고
如來說, 具足色身, 即非具足色身, 是名具足色身."
여래설 구족색신 즉비구족색신 시명구족색신

"須菩提! 於意云何? 如來, 可以具足諸相, 見不?"
수보리 어의운하 여래 가이구족제상 견부

"不也, 世尊! 如來, 不應以具足諸相, 見. 何以故?
불야　세존　여래　불응이구족제상　견　하이고

如來說, 諸相具足, 卽非具足, 是名諸相具足."
여래설　제상구족　즉비구족　시명제상구족

26장

"須菩提! 汝勿謂, 如來作是念, '我當有所說法.' 莫作是念.
수보리　여물위　여래작시념　아당유소설법　막작시념

何以故? 若人言, '如來, 有所說法.' 卽爲謗佛, 不能解我所
하이고　약인언　여래　유소설법　즉위방불　불능해아소

說故.
설고

須菩提! 說法者, 無法可說, 是名說法."
수보리　설법자　무법가설　시명설법

27장

爾時, 慧命須菩提, 白佛言: "世尊! 頗有衆生, 於未來世, 聞
이시　혜명수보리　백불언　세존　파유중생　어미래세　문

說是法, 生信心不?"
설시법　생신심부

佛言: "須菩提! 彼非衆生, 非不衆生. 何以故?
불언　수보리　피비중생　비불중생　하이고

須菩提! 衆生衆生者, 如來說, 非衆生, 是名衆生."
수보리　중생중생자　여래설　비중생　시명중생

28장

須菩提, 白佛言:"世尊, 佛得, 阿耨多羅三藐三菩提, 爲無所得
수보리 백불언 세존 불득 아누다라삼먁삼보리 위무소득
耶?"
야

佛言:"如是如是. 須菩提! 我於阿耨多羅三藐三菩提, 乃至,
불언 여시여시 수보리 아어아누다라삼먁삼보리 내지

無有小法可得, 是名阿耨多羅三藐三菩提. 復次, 須菩提! 是
무유소법가득 시명아누다라삼먁삼보리 부차 수보리 시

法平等, 無有高下, 是名阿耨多羅三藐三菩提.
법평등 무유고하 시명아누다라삼먁삼보리

以無我, 無人, 無衆生, 無壽者, 修一切善法, 卽得阿耨多羅
이무아 무인 무중생 무수자 수일체선법 즉득아누다라

三藐三菩提. 須菩提! 所言善法者, 如來說, 卽非善法, 是名
삼먁삼보리 수보리 소언선법자 여래설 즉비선법 시명

善法."
선법

29장

"須菩提! 若三千大千世界中, 所有諸須彌山王, 如是等七寶
수보리 약삼천대천세계중 소유제수미산왕 여시등칠보

聚, 有人, 持用布施. 若人, 以此般若波羅蜜經, 乃至, 四句偈
취 유인 지용보시 약인 이차반야바라밀경 내지 사구게

等, 受持讀誦, 爲他人說, 於前福德, 百分不及一,
등 수지독송 위타인설 어전복덕 백분불급일

百千萬億分, 乃至, 算數譬喩, 所不能及."
백천만억분 내지 산수비유 소불능급

30장

"須菩提！於意云何？ 汝等, 勿謂如來, 作是念, '我當度衆
　수보리　어의운하　여등　물위여래　작시념　아당도중

生.' 須菩提！莫作是念. 何以故？ 實無有衆生, 如來度者. 若
생　수보리　막작시념　하이고　실무유중생　여래도자　약

有衆生, 如來度者, 如來, 卽有我人, 衆生壽者.
유중생　여래도자　여래　즉유아인　중생수자

須菩提！如來說, 有我者, 卽非有我, 而凡夫之人, 以爲有我.
수보리　여래설　유아자　즉비유아　이범부지인　이위유아

須菩提, 凡夫者, 如來說, 卽非凡夫, 是名凡夫."
수보리　범부자　여래설　즉비범부　시명범부

31장

"須菩提！於意云何？ 可以三十二相, 觀如來不？"
　수보리　어의운하　가이삼십이상　관여래부

須菩提言："如是如是. 以三十二相, 觀如來."
수보리언　여시여시　이삼십이상　관여래

佛言："須菩提！若以三十二相, 觀如來者, 轉輪聖王, 卽是如
불언　수보리　약이삼십이상　관여래자　전륜성왕　즉시여

來."
래

須菩提, 白佛言："世尊！如我解佛所說義, 不應以三十二相,
수보리　백불언　세존　여아해불소설의　불응이삼십이상

觀如來."
관여래

爾時, 世尊, 而說偈言: "若以色見我, 以音聲求我, 是人行邪
이시 세존 이설게언 약이색견아 이음성구아 시인행사

道, 不能見如來."
도 불능견여래

32장

"須菩提! 汝若作是念, '如來, 不以具足相故, 得阿耨多羅三
수보리 여약작시념 여래 불이구족상고 득아누다라삼

藐三菩提.' 須菩提! 莫作是念. '如來, 不以具足相故, 得阿
먁삼보리 수보리 막작시념 여래 불이구족상고 득아

耨多羅三藐三菩提.'
누다라삼먁삼보리

須菩提! 汝若作是念, '發阿耨多羅三藐三菩提心者, 說諸法
수보리 여약작시념 발아누다라삼먁삼보리심자 설제법

斷滅.' 莫作是念. 何以故? 發阿耨多羅三藐三菩提心者, 於
단멸 막작시념 하이고 발아누다라삼먁삼보리심자 어

法, 不說斷滅相.
법 불설단멸상

須菩提! 若菩薩, 以滿恒河沙等, 世界七寶, 持用布施. 若復
수보리 약보살 이만항하사등 세계칠보 지용보시 약부

有人, 知一切法無我, 得成於忍, 此菩薩, 勝前菩薩, 所得功
유인 지일체법무아 득성어인 차보살 승전보살 소득공

德. 何以故? 須菩提! 以諸菩薩, 不受福德故."
덕 하이고 수보리 이제보살 불수복덕고

須菩提, 白佛言: "世尊! 云何菩薩, 不受福德?"
수보리　백불언　세존　운하보살　불수복덕

"須菩提! 菩薩, 所作福德, 不應貪着, 是故, 說不受福德."
수보리　보살　소작복덕　불응탐착　시고　설불수복덕

33장

"須菩提! 若有人言, 如來, 若來若去, 若坐若臥, 是人, 不解
수보리　약유인언　여래　약래약거　약좌약와　시인　불해

我所說義. 何以故? 如來者, 無所從來, 亦無所去, 故名如來.
아소설의　하이고　여래자　무소종래　역무소거　고명여래

須菩提! 若善男子, 善女人, 以三千大千世界, 碎爲微塵,
수보리　약선남자　선여인　이삼천대천세계　쇄위미진

於意云何? 是微塵衆, 寧爲多不?"
어의운하　시미진중　영위다부

須菩提言: "甚多, 世尊! 何以故? 若是微塵衆, 實有者, 佛
수보리언　심다　세존　하이고　약시미진중　실유자　불

卽不說, 是微塵衆. 所以者何? 佛說, 微塵衆, 卽非微塵衆,
즉불설　시미진중　소이자하　불설　미진중　즉비미진중

是名微塵衆.
시명미진중

世尊! 如來所說, 三千大千世界, 卽非世界, 是名世界. 何以
세존　여래소설　삼천대천세계　즉비세계　시명세계　하이

故? 若世界, 實有者, 卽是一合相. 如來說, 一合相, 卽非一
고　약세계　실유자　즉시일합상　여래설　일합상　즉비일

合相, 是名一合相."
합상　시명일합상

"須菩提, 一合相者, 卽是不可說, 但凡夫之人, 貪着其事."
수보리 일합상자 즉시불가설 단범부지인 탐착기사

34장

"須菩提! 若人言, '佛說, 我見, 人見, 衆生見, 壽者見.'
수보리 약인언 불설 아견 인견 중생견 수자견

須菩提! 於意云何? 是人, 解我所說義不?"
수보리 어의운하 시인 해아소설의부

"不也, 世尊! 是人, 不解如來所說義. 何以故? 世尊說, 我
불야 세존 시인 불해여래소설의 하이고 세존설 아

見, 人見, 衆生見, 壽者見, 卽非我見, 人見, 衆生見, 壽者
견 인견 중생견 수자견 즉비아견 인견 중생견 수자

見, 是名我見, 人見, 衆生見, 壽者見."
견 시명아견 인견 중생견 수자견

"須菩提! 發阿耨多羅三藐三菩提心者, 於一切法, 應如是知,
수보리 발아누다라삼먁삼보리심자 어일체법 응여시지

如是見, 如是信解, 不生法相. 須菩提! 所言法相者, 如來說,
여시견 여시신해 불생법상 수보리 소언법상자 여래설

卽非法相, 是名法相."
즉비법상 시명법상

35장

"須菩提! 若有人, 以滿無量阿僧祇, 世界七寶, 持用布施.
수보리 약유인 이만무량아승지 세계칠보 지용보시

若有善男子, 善女人, 發菩提心者, 持於此經, 乃至, 四句偈
약유선남자　선여인　발보리심자　지어차경　내지　사구게

等, 受持讀誦, 爲人演說, 其福勝彼.
등　수지독송　위인연설　기복승피

云何爲人演說? 不取於相, 如如不動."
운하위인연설　불취어상　여여부동

36장

"何以故?
하이고

一切有爲法, 如夢幻泡影, 如露亦如電, 應作如是觀."
일체유위법　여몽환포영　여로역여전　응작여시관

佛說是經已, 長老須菩提, 及諸比丘, 比丘尼, 優婆塞, 優婆
불설시경이　장로수보리　급제비구　비구니　우바새　우바

夷, 一切世間, 天人阿修羅, 聞佛所說, 皆大歡喜, 信受奉行.
이　일체세간　천인아수라　문불소설　개대환희　신수봉행

🌀 찾아보기

10가지 선(十善) 156
10대 제자 56, 80
12인연(十二因緣) 116
27가지 의심 8, 12, 53, 74
32가지 청정행 200, 220
32상(三十二相) 34, 60, 64-65, 111,
    146-147, 177, 199, 201, 215-217,
    219, 252, 264-265
3가지 몸(三身) 66, 222-223, 225-
    226, 232-233
3계(三界) 39, 87, 94, 99, 125, 138,
    162, 174
3학(三學) 79
4가지 성스런 진리(四聖諦) 38, 58,
    122
4구게(四句偈) 21-22, 28, 118-121,
    137, 139, 147-148 210-211, 233-
    234, 246, 250, 252, 264, 268
4대(四大) 106, 110
4생(四生) 91, 96

4제(四諦) 116
5가지 눈(五眼) 63, 191, 193, 195,
    200
6가지 세계(六道) 171
6가지 대상 경계(六境) 98-99
6도만행(六道萬行) 116-117, 209
6바라밀(六波羅蜜) 79, 200
5백 생(五百生) 155, 157, 253
6조(六祖) 36, 84, 134
80종호(八十種好) 201
ātman 93, 95,
dharma 98, 111, 229
jiva 93, 95
pudgala 93, 95
sattva 82, 93, 95

|ㄱ|
가관(假觀) 67, 235
가리왕(歌利王) 32, 155-156
가사(袈裟) 77, 241

가섭(迦葉) 51, 72, 78

감산(憨山) 6-9, 11-13, 42-43, 51-52, 55, 81, 178,

감촉(感觸) 35, 38-39, 98, 100, 122, 131, 155, 184, 243, 247, 249

갠지스강 60, 136-139, 147-148, 154, 161, 166-167, 173, 192, 194-195, 250, 252, 255, 260

걸식(乞食) 55, 76-79, 241

겁(劫) 47, 167, 184, 201, 284

게송(偈頌) 21, 37, 105-106, 163, 215-217, 235, 244, 265

견성성불(見性成佛) 47

결가부좌(結跏趺坐) 78-79

경계(境界) 61, 66, 71, 79, 98, 113, 116, 123, 125-127, 142, 144, 159-160, 202, 208, 233-234, 236, 247-248

계율(戒律) 79, 94, 108, 112, 245

계합(契合) 48, 53, 57-58, 61-62, 66, 74, 107-108, 112-113, 116, 118, 120, 136, 139-140, 141, 147, 150-151, 159, 162, 166-169, 177, 185, 189-190, 202, 214, 218, 220, 223, 226-227, 229-230, 237, 267

고통(苦痛) 94, 111, 126, 133

공(空) 7, 19-20, 23, 40, 51-52, 56-57, 61, 67, 72-73, 80, 82, 85, 101, 104-105, 112-113, 126, 134, 136, 141, 144, 147, 157, 159-162, 204, 232, 235

　참된 ~(眞空) 67, 84-85, 144, 159, 235-236

　　실상으로서의 ~(實相眞空) 84

　　반야의 ~(般若眞空) 235-236

　치우친 ~(偏空) 84

공덕(功德) 21-22, 54, 60, 78, 83, 104, 148, 154, 166-170, 172-174, 178, 210, 221, 233, 252, 255-256, 264, 268

공안(公案) 46

공양(供養) 22, 47, 55, 76-77, 79, 132, 138, 170-173, 241, 256

공적(空寂) 67, 141, 144, 161, 185, 204, 234-235

과보(果報) 22, 38-40, 58-59, 61, 63-64, 85, 95, 99, 122-123, 125-131, 133, 138, 141, 160-161, 170, 172-175, 177, 179, 183, 198-199, 201, 209, 225, 228, 247-248, 256

　형상에서 벗어난 ~(無相之果) 57, 107-108, 112

　형상 있는 ~(有相之果) 57, 105, 112

관념(觀念) 111, 229-230

관법(觀法) 236

교화(教化) 47, 51, 54, 57, 71, 84-85, 89, 95-96, 105, 116, 151

구도자(求道者) 152, 168, 255

구마라집(鳩摩羅什) 6-7, 21, 41-42,

78, 93-95, 99-100, 110, 120, 132, 188, 204, 213, 229

국토 아닌 국토(非土之土) 136

국토(國土) 29, 63-64, 131, 133, 147, 177, 191, 193-194, 197, 199

근기(根機) 12, 112, 116, 153, 170, 233

금강(金剛) 11, 13, 71, 73, 141, 145, 151

《금강경》(金剛經) 5-9, 12, 19-25, 28, 30, 32-33, 35-39, 42-43, 46-49, 52-53, 55-56, 73-77, 80-81, 84

금강반야(金剛般若) 12, 108, 126, 245

《금강반야바라밀경》(金剛般若波羅密經) 71, 73, 139-140, 251

금강심(金剛心) 51, 71-72

긍정 6, 37, 42, 46, 99, 198, 202, 206, 235

기수급고독원(祇樹給孤獨園) 76, 241

기원정사(祇園精舍) 194

기타 태자(祇陀太子) 76

깨달음

　부처의 ~ 45-46, 59, 62-63, 128-129, 170, 180, 186

　최상의 올바른 ~ 41, 56, 80, 83, 87, 111, 114-115, 118, 155, 157, 167, 170-171, 174-176, 179-180, 189, 204, 207-208, 218-220, 225, 227, 229, 242, 246-247, 254, 256-258, 263, 265, 267

|ㄴ|

나까무라 하지메(中村元) 19

나유타(那由他) 172-173, 256

난생(卵生) 90-91, 96, 242, 270

《난후시여경》 21

남방 불교 77

냄새 35, 38, 98, 100, 122, 131, 155, 184, 243, 247, 249, 254

《능가경》(楞伽經) 86

|ㄷ|

다툼 39, 125-126

다툼 없는 삼매(無諍三昧) 38, 40, 123, 126, 128, 248

단멸(斷滅) 54, 59, 66, 143-144, 186, 218, 220-221, 265

달마(達磨) 85-86

《대반야경》(大般若經) 157

대상 98-99, 115, 122, 136, 144, 159, 163, 188, 195, 232

　의식의 ~ 35, 38-39, 98-100, 122, 131-132, 155, 162, 184, 243, 247, 249, 254

대승 경전(大乘經典) 20-21, 138

대승법(大乘法) 168-169, 255

대승불교(大乘佛敎) 19-20, 93

대신(大身) 73

대천세계(大千世界) 138, 224
《대품반야경》(大品般若經) 21
덕산(德山) 47, 49
도신(道信) 86
독송(讀誦) 5, 19, 22, 137-138, 166-174, 210, 233, 250, 255-256, 264, 268
돈오(頓悟) 12

|ㅁ|
마구니 152, 161
마왕(魔王) 72
마음
　~과 경계(心境) 113, 126
　~의 근본(心印) 12, 86
　부처님 ~ 51, 62, 71, 73, 84-88, 141, 150-152, 158, 166-167, 169, 194-195, 237
　어디에도 집착함이 없는 ~ 132-134, 159-160, 162-163, 166, 184, 207, 249, 254, 263
　중생의 ~ 34, 192-195, 231, 261
　청정한 ~ 131, 133-134, 141, 150, 189, 194, 249
　허망한 ~ 116, 157-158, 194
　형상에 집착하는 ~(無住生心) 131-133, 155, 159-160, 162-163, 249, 254
마하살(摩訶薩) 89, 131, 157, 242, 249, 277
말법(末法) 시대 22, 108, 110, 148, 150, 152, 166-167, 172-174, 176, 245, 253, 255-256
말세(末世) ☞ 말법 시대
맛 35, 38-39, 98, 100, 122, 131, 155, 184, 243, 247, 249, 254
망상(妄想) 56, 96, 98, 104, 107, 112, 117, 159, 172, 177, 179, 232
멸도(滅道) 91, 176, 187
명상(冥想) 78
모래 60, 136-137, 139, 147-148, 154, 161, 166-167, 173, 192, 194-195, 218, 221, 250, 252, 255, 260, 265
몸 아닌 몸(非身之身) 136
《몽산법어》(蒙山法語) 79
무념(無念) 36
무득(無得) 28, 115, 130
무루업(無漏業) 39, 124
무명(無明) 163, 213
무법(無法) 63, 87, 189-190, 203, 259
무법상(無法相) 110-111, 229
무비(無比) 29
무사(無死) 45
무상(無上) 83, 87
무상(無相) 28, 77
무소득(無所得) 130, 231
무아(無我) 54, 63, 77, 93-94, 96-97, 104, 187, 189-190, 217-218, 220-221, 259, 266
무아론(無我論) 93-94

무여열반(無餘涅槃)　91-92, 97, 174,
　242
무위(無爲)　54
무정(無情)　160
무주(無住)　28, 77, 158, 231
무착(無着)　20-21
물질　54, 157
미래　41, 47-48, 59, 64, 119, 129,
　160, 180, 186, 192, 194-196,
　205-206, 257-258, 261, 263
미얀마　77-78
미혹(迷惑)　6, 42-44, 65-66, 94, 96-
　97, 99, 113, 132, 140, 143, 150,
　162, 185, 193, 198, 200-202,
　204, 206, 209, 212-214, 216,
　222, 225-228, 231-232
　3가지 ~(三毒)　201, 206, 224
믿음　11, 41, 52-53, 73, 108, 112,
　148, 151-152, 161, 168-169, 205,
　237, 244-245, 252, 263

|ㅂ|
바라밀(波羅蜜)　71, 174
바리때　77, 79, 241
반야(般若)　11, 23, 44, 46, 51, 61-
　63, 65, 67, 71, 73-74, 119-121,
　126, 136, 139-140, 145, 162-164,
　166-168, 170-172, 174-175, 178,
　180, 183, 194, 206, 210-211,
　214, 232, 235-236
　~ 경전　19-21, 39, 44, 46, 80
　~ 논리　44
　~ 사상　8, 43, 52
　~의 가르침　63, 126, 183
　~의 공덕　174, 210
　~의 공적　67, 235
　~의 원리　136
　~의 이치　23, 67, 211, 232, 235
　~의 지혜　74, 79, 120, 126, 161,
　　177-178, 218, 220, 228, 266
　~의 진리　151-153, 167
반야바라밀(般若波羅蜜)　33, 43, 87,
　106, 111, 119, 139-140
　최상으로 청정한 ~(無上淸淨般若
　　波羅密)　87
〈반야심경〉(般若心經)　19, 119
반야진공(般若眞空)　☞ 반야의 참된
　공
발심(發心)　62-63, 85, 88, 95, 151,
　165, 169-170, 175, 177, 179, 187
발우(鉢盂)　☞ 바리때
밝음　126, 163, 194
방편(方便)　11, 83, 89, 96, 103, 116,
　120, 132, 151, 169, 188, 208, 233
번뇌(煩惱)　33, 39, 71, 73, 75, 79,
　82, 84, 92, 125, 127, 144, 157,
　188, 210, 228, 231, 234-235
　4가지 ~(四相)　25, 33, 35, 40,
　　66, 78, 91-95, 97, 103, 108-
　　113, 123, 147, 150, 152, 157-
　　159, 170, 175, 177, 181, 187,
　　207-209, 212-213, 227-230,

243, 245, 248, 259, 263, 267
　거친 ~(四相) 39, 55, 62, 71,
　　165, 170, 174, 178
　미세한 ~(四見) 55, 62, 75, 165,
　　170, 174, 178, 194
범부(凡夫) 11, 24, 35, 44, 78, 90,
　94, 99, 106, 112, 174, 177-178,
　203-204, 212-214, 224-226, 228,
　232, 264
법(法) 38, 61, 82, 98-100, 111-112,
　116, 132-133, 140-141, 154, 160,
　170, 176-177, 189, 229, 254, 257
　~에 대한 애착(法執) 62, 65,
　　154, 165, 174-178, 189
법계(法界) 54
법공(法空) 147
법상(法相) ☞ 진리에 대한 집착
법신(法身) 52, 59-60, 63-67, 73,
　106-107, 112, 136, 139, 141-148,
　152, 171, 183, 185, 189, 194,
　200-202, 205-207, 209, 214-215
법아(法我) 188
법집(法執) ☞ 법에 대한 애착
《법화경》(法華經) 39
법회(法會) 75-76, 80, 162, 235
보리수(菩提樹) 45, 78
보리심(菩提心) 56, 80, 83-84, 87,
　142, 233, 242, 268
보림사(寶林寺) 8, 43
보살(菩薩) 7, 11, 25-27, 29, 36-37,
　56, 61-63, 71-72, 81-82, 84, 87-

89, 91, 93, 95-104, 113, 116,
　131-133, 148, 151, 154-155, 157-
　159, 162-163, 165, 175-179, 189-
　191, 218, 220-221, 242, 244,
　249, 254, 257-259, 265-266
《보살영락경》(菩薩瓔珞經) 184
보살행(菩薩行) 59, 131, 174
보시(布施)
　보배 ~ 22, 198, 210-211, 233,
　　264, 268
　　7가지 ~(七寶) 22, 58, 60,
　　　118-121, 133, 137-139,
　　　154, 158, 198, 210-211,
　　　220-221, 233, 246, 250,
　　　264, 268
　법 ~ 158
　생명 ~ 60, 147-148, 154, 158,
　　166-167, 252, 255
　형상에서 벗어난 ~(無相布施) 60,
　　99, 112, 154, 159, 162, 243-
　　244, 254
　재물 ~ 21, 60, 137, 139, 154,
　　158, 250
보신(報身) 52, 59, 66, 135-136,
　141, 147, 201-202, 204, 218, 231
복덕(福德) 21, 26-27, 30, 34, 40-
　41, 54, 56-58, 60, 63-64, 66, 78,
　94, 102-103, 105, 108, 112-113,
　118-121, 136-139, 147, 154, 171,
　174, 177, 197-199, 211, 218,
　220-222, 231, 233-234, 243, 246,

250, 252, 255, 261, 266

　형상에서 벗어난 ~(無相之福)
　　120, 148, 154, 198

복 아닌 복(無福之福)　64, 197-198

본각(本覺)　126

본성(本性)　12, 144, 169, 194, 204,
　206, 213

부정　7, 25-26, 31, 35, 37-38, 42,
　44, 46, 52, 58, 99, 116, 122, 126,
　130, 142, 158, 188, 198, 202-
　204, 206, 235

부처

　~의 눈(佛眼)　191-192, 194, 260

　~의 지혜(佛知見)　11, 51, 71,
　　111, 151, 166-168, 185, 255

부촉(付囑)　8, 43, 81-83, 87-88,
　148, 242

분노(瞋)　39, 201, 206, 213, 224

분별(分別)　11-12, 33, 38, 40, 58,
　100, 116, 122-123, 157-158, 172,
　178-179, 181, 188-189, 206, 214,
　223, 227-228, 231-232, 234, 248,
　267

　생각에 의한 ~(意言分別)　86, 117

불가사의(不可思議)　22, 44, 104,
　141-142, 168, 170, 173-174, 255-
　256

불공(不空)　52, 73

불국토(佛國土)　26-27, 29-30, 32-
　34, 54, 59, 131-132, 135-136,
　141, 187-189, 201, 231, 249, 259

불립문자(不立文字)　36

불법(佛法)　98-99, 120, 162

불사(不死)　45

불상(佛像)　100, 200-201

불생(佛生)　45-46

불생불멸(不生不滅)　228

불성(佛性)　11, 87, 103, 119, 143,
　157, 160, 193, 228

불지견(佛知見)　☞ 부처의 지혜

브라만교　93

비구(比丘)　76, 78, 236, 241, 268

비구니(比丘尼)　236, 268

비사(非死)　45

|ㅅ|

사경(寫經)　132, 166, 168, 255

사다함(斯陀含)　38-39, 122, 125,
　127, 247

사람

　~에 대한 견해(人見)　228

　~에 대한 집착/고정관념/환상(人
　　相)　65, 93, 96-97, 110, 163,
　　175, 212

사바세계(娑婆世界)　139, 151

사위국(舍衛國)　76, 241

사위성(舍衛城)　77-78, 241

사찰(寺刹)　22, 76, 137, 250

사찰 건립(寺刹建立)　132-133

산스크리트　6, 29-30, 45, 78, 83, 92-
　95, 111, 120

삶　11, 37, 45, 92, 126, 163, 235

삼백송반야경(三百頌般若經) 21

삼천대천세계(三千大千世界) 22, 35,
　85, 118-119, 137-139, 143-144,
　173, 189, 197, 210-211, 223-225,
　250-251, 261, 263, 266

상락아정(常樂我淨) 213

상법(像法) 110

상병(相病) 26, 78

상적광토(常寂光土) 189

상호(相好) 34, 199-202, 216, 218-
　221, 262, 265

색깔(色) 106, 217

색신(色身) 52, 73, 106, 135

생멸(生滅) 110, 116, 125-126, 140,
　195, 206, 213, 217, 229, 234

생멸심(生滅心) 140, 204

생명(生命) 90-92, 96, 125, 159, 242
　변화해서 태어나는 ~(化生) 90-
　　91, 96, 242
　생각이 없지도 않은 ~(非無想)
　　91-92, 96, 242
　생각이 없는 ~(無想) 90-92, 96,
　　242
　생각이 있는 ~(有想) 90, 92, 96,
　　242
　생각이 있지도 않은 ~(非有想)
　　91-92, 96, 242
　습한 데서 태어나는 ~(濕生) 90-
　　91, 96, 242
　알로 생겨나는 ~ ☞ 난생(卵生)
　태로 태어나는 ~(胎生) 90-91,

　96, 242
　형상이 없는 ~(無色) 90, 92, 96,
　　242
　형상이 있는 ~(有色) 90-91, 96,
　　242

생사(生死) 11, 39, 45, 111, 124-
　127, 195

서역(西域) 53, 71, 74

석진오 21, 29-30

선(禪) 9, 43, 47, 65, 79, 207-210

선(善) 54, 65, 207, 210-211, 263

선남자와 선여인 21-22, 83, 87, 137,
　147, 166-167, 171, 173-175, 179,
　223, 233, 242, 250, 252, 255-
　257, 266, 268

선문(禪門) 12, 86, 186, 214, 221

선법(善法) 35, 207, 209, 263

선불교(仙佛教) 5-8, 19, 21, 23-24,
　36, 43, 46-47, 79, 84, 195

선승(禪僧) 46

선정(禪定) 48, 77-79, 83, 132, 185,
　189, 200, 241
　바른 ~(正定) 83,

선종(禪宗) 36, 46-47, 79

선지식(善知識) 8, 24, 43

선풍(禪風) 8, 43

선현(善現) 80

설법(說法) 7, 12, 27, 38-39, 41, 48,
　51-54, 64, 66-67, 72-73, 77, 82,
　86, 109, 111, 114-117, 142, 150,
　194, 203-204, 221, 233-236, 245-

246, 251, 262, 268

성문(聲聞)　38, 58, 90, 116, 122,
　126, 162, 170, 174

성불(成佛)　11, 13, 47, 59, 63-64,
　83-85, 87, 95, 111, 129, 179-
　181, 183, 198-199, 210, 213,
　257-258

성인(聖人)　11, 114, 117, 174, 214,
　224, 232, 246

세간법(世間法)　208

세친(世親)　20-21

소리　28, 38-39, 98, 100, 122, 131,
　155, 184, 215, 217, 243, 247,
　249, 254, 265

소명 태자(昭明太子)　7-8, 53, 55, 89

소세계(小世界)　138

소승(小乘)　20, 39, 58, 84, 122, 126,
　151

소승법(小乘法)　168, 170, 255

소승부파불교　93

소신(小身)　52, 73

소천세계(小天世界)　138

송강　29

수기(授記)　26, 59, 62, 129-130,
　180-182, 248, 257-258

수다원(須陀洹)　38-39, 122, 124-
　125, 127, 247

수닐 깅사(須建反者)　76

수미산(須彌山)　22, 135, 210-211,
　249, 263

수자견(壽者見)　☞ 영혼에 대한 견해

수자상(壽者相)　☞ 영혼에 대한 집착/
　고정관념/환상

수행(修行)　11, 38, 58, 61, 63, 72,
　84, 87, 93, 110, 112, 122, 125-
　126, 144, 151, 156-157, 159-160,
　167, 170, 172-173, 175, 177-178,
　185, 197, 209-210

　~의 인(因)　57, 105

　무언가 흔적이 남아 있는 ~(有相
　之因)　111

　참선 ~　9, 43-45, 52

　형상에서 벗어난 ~(無相之因)　57,
　105, 107-108, 112, 144, 161

스리랑카　77

습기(習氣)　6, 85-86, 90-91, 125-
　126, 178, 195, 202, 242

승찬(僧璨)　134

시명(是名)　6, 23-24, 28, 31-33, 35-
　42, 46, 48, 99, 103, 106, 116,
　119-120, 132, 135, 140, 151,
　156-157, 185, 198, 200-202, 204,
　206, 208-209, 213, 222, 224-225,
　230-231, 235

실상(實相)　30, 34, 148, 150, 152,
　252

심인(心印)　☞ 마음의 근본

싯다르타　44

|ㅇ|

아견(我見)　☞ 자기에 대한 견해

아공(我空)　61, 154

아나함(阿那含) 38-39, 123, 125, 247-248

아난존자(阿難尊者) 48, 76, 78

아누다라삼막삼보리(阿耨多羅三貌三菩提) ☞ 최상의 올바른 깨달음

아라한(阿羅漢) 38-40, 92, 123, 125-128, 248

아란나행(阿蘭那行) 126

아므르따(Amrta) ☞ 불사(不死)

아사세(阿闍世) 72

아상(我相) ☞ 자기에 대한 집착/고정관념/환상

아수라(阿修羅) 22, 39, 72, 137, 170-171, 236, 250, 256, 268

아승지(阿僧祇) 173, 233, 268

아승지겁(阿僧祇劫) 172, 256

아집(我執) ☞ 자기에 대한 애착

《아함경》(阿含經) 20

악마 72

악업(惡業) 82, 160

어둠 126, 162

어리석음(癡) 44, 133, 201, 206, 216, 224

업(業) 54, 93

　　3계(三界)의 ~ 39, 125, 133, 138, 157, 221, 236

업장(業障) 172, 174

에드워드 콘즈(Edward Conze) 20

여여(如如) 96, 152, 186, 195, 206, 223, 230, 234

연각(緣覺) 90, 116, 170

연등불(燃燈佛) 59, 62, 129-130, 172, 180-181, 248-249, 256-258

열반(涅槃) 8, 25, 38, 43, 58, 90, 108, 122, 126, 128, 133, 169, 175-179, 187-188, 194, 245, 257-258

　　조금도 번뇌가 없는 ~ ☞ 무여열반(無餘涅槃)

　　번뇌가 아직 남아 있는 ~ ☞ 유여열반(有餘涅槃)

《열반경》(涅槃經) 39

영가 법문(靈駕法門) 106

영산회상(靈山會上)

영혼

　　~에 대한 견해(壽者見) 228

　　~에 대한 집착/고정관념/환상 92-94, 97, 110, 175

예토(穢土) 133

오염(汚染) 39, 106, 124, 133, 141, 150, 184

오온(五蘊) 61, 110, 154, 158-159, 175, 177-178, 231

외도(外道) 72, 161

욕계(欲界) 125, 127

욕심(慾心) 40, 79, 99, 123, 125, 127, 248

용담(龍潭) 49

우바새(優婆塞) 236, 268

우바이(優婆夷) 236, 268

원인(原因) 63, 183

원한(怨恨) 32-33, 61, 72, 154-155,

157, 159, 253

유(有) 7, 51-52, 72-73

유마(維摩) 거사 97

《유마경》(維摩經) 157, 204

유무(有無) 110

유여열반(有餘涅槃) 92

유정(有情) 87, 93, 160

육신(肉身) 8, 34, 43, 92, 132, 154,
　157, 159, 166, 173, 177, 199-
　201, 216, 231, 255, 261-262
　　～의 눈(肉眼) 48, 63, 106, 120,
　　191, 193-194, 201, 259
　　오온으로 구성된 ～ 61, 154, 175,
　　178

윤회(輪廻) 92-93

응신(應身) 54, 107, 147

의기(疑己) 52, 73

의법(疑法) 51, 73

의역(意譯) 80, 94

의인(疑人) 51, 73

이기영 19, 29

이치(理致) 6, 20, 22-24, 45, 54, 74,
　136, 139, 147, 158, 172-174,
　189-190, 232, 236, 256
　　반야의 ～ 23, 67, 211, 213, 232,
　　235
　　법신의 ～ 226, 230
　　형상에서 벗어난 ～(無相之理)
　　106, 112, 120, 139, 169, 181,
　　230

이타행(利他行) 169

인견(人見) ☞ 사람에 대한 견해

인과(因果) 63-64, 161, 183, 185,
　199

인상(人相) ☞ 사람에 대한 집착/고정
　관념, 환상

인연(因緣) 45-46, 106, 115, 134,
　175, 197, 206, 261

인욕(忍辱) 61, 79, 154, 156, 159

인욕바라밀(忍辱波羅蜜) 32-34, 155,
　157, 253

인욕선인(忍辱仙人) 33, 155-156,
　253

일체법(一切法) 30, 34, 97-99, 162,
　183, 185-187, 194, 221, 230,
　258-259

일체 유정(一切有情) 87

일체지(一切智) ☞ 일체를 아는 지혜

입멸(入滅) 110

입세간(入世間) 37

|ㅈ|

자기(自己)
　　～에 대한 견해(我見) 228
　　～에 대한 애착(我執) 32, 61-62,
　　65, 154, 174-175, 178, 189,
　　201, 208, 213
　　～에 대한 집착/고정관념/환상(我
　　相) 92-94, 96, 110-111, 148-
　　149, 158-159, 175, 229, 253
　　참된 ～(眞己) 214, 220, 231

자비(慈悲) 99, 132, 174, 224-225

자이나교 93

장로(長老) 80, 236, 241

장엄(莊嚴) 26-27, 29-30, 32-34, 54,
　　59, 63 64, 131-133, 135-136,
　　141, 187-189, 197, 199, 201,
　　231, 259

적멸(寂滅) 54, 67, 90, 96-97, 104,
　　144, 179, 195, 235

전다라(旃多羅) 157

전륜성왕(轉輪聖王) 215-217, 265

전재성 30

정관(正觀) 67, 235

정법(正法) 110

정진(精進) 45, 47, 79, 93, 157

정토(淨土) 133

정혜(定慧) 132, 185, 200

제바달다(提婆達多) 72

제법(諸法) 98-99

제석천왕(帝釋天王) 157

제일바라밀(第一波羅蜜) 34, 149-
　　151, 153, 253

조계산(曹溪山) 8, 12, 43

좌선(坐禪) 78-79

주관과 객관 94, 115, 119, 151, 169,
　　177, 185, 188-189, 194, 213,
　　220, 230, 232

주금강(周金剛) 47

죽음 8, 11, 43-46

중봉(中峰) 6, 23-24

중생(衆生)
　　～에 대한 견해(衆生見) 228

～에 대한 집착/고정관념/환상(衆
　　生相) 92-94, 97, 110, 175

중생견(衆生見) ☞ 중생에 대한 견해

중생 구제 ☞ 중생 제도(衆生濟度)

중생상(衆生相) ☞ 중생에 대한 집착/
　　고정관념/환상

중생 제도(衆生濟度) 24-25, 46, 54,
　　56, 63-65, 82, 92, 97, 133, 141,
　　169, 175, 177, 187-189, 191,
　　197, 199, 201, 212-214, 264

중음신(中陰身) 91

중천세계(中天世界) 138

즉비(卽非) 6, 8, 23-28, 31-33, 35-
　　42, 45-46, 48, 92, 99, 103, 106,
　　115-116, 119-120, 130, 132, 135,
　　140, 142, 151, 156-158, 184-185,
　　188, 194, 198, 200-206, 208-209,
　　213, 216, 220-222, 224-225, 230-
　　231, 235

즉비시명(卽非是名) 5-7, 9, 23-24,
　　28-33, 35-38, 41-43, 46, 48, 99-
　　100, 103, 106, 119-120, 132,
　　135, 140, 143-144, 146, 150,
　　156, 162-163, 185, 188, 194,
　　198, 200-201, 204-206, 208-209,
　　213, 222, 224-225, 230, 235

증득(證得) 38, 40, 61-62, 64-65,
　　85, 116, 122-123, 144, 160-161,
　　163-165, 169, 174-175, 178, 186,
　　194, 199, 204, 207-210, 228,
　　247-248

지각(知覺) 111, 229-230
지견(知見) 54
지계(持戒) 79
지수화풍(地水火風) 110
지옥 39, 125, 163, 236
지혜
　～의 눈(慧眼) 12, 48, 106, 120,
　　148, 191, 194, 201, 252, 259-
　　260
　근본 ～ 11, 167, 208, 231
　무루(無漏)의 ～ 228-229
　바른 ～(正慧) 83, 201
　일체를 아는 ～(一切智) 83, 87,
　　184
지혜 광명(智慧光明) 11, 163, 170,
　201
직지인심(直指人心) 47
진공(眞空) ☞ 참된 공
진리(法)
　～ 아닌 것(非法) 27, 108-114,
　　116, 229, 245-246
　～에 대한 집착(法相) 108, 110-
　　111, 229-230, 245
　～의 눈(法眼) 110, 191, 194, 260
　무생(無生)의 ～ 150
　최상의 ～ 22, 116, 137, 168-169,
　　250-255
　형상에서 벗어난 ～(無相之法)
　　112, 116, 120, 152, 174
진여(眞如) 145, 159, 175, 178, 183-
　184, 206, 258

|ㅊ|

차별 11, 116-117, 185, 188
차별법 116, 188-189, 194, 213,
　230, 232
찬탄(讚歎) 7, 51, 56, 72, 80-82, 85,
　87, 141, 148, 152, 171-174, 211
참된 자아(眞我) 66, 218
참선(參禪) 9, 43
《채근담》(菜根譚) 163
천도재(薦度齋) 5, 19
천룡팔부(天龍八部) 138
천안(天眼) ☞ 하늘의 눈
천친(天親) 8, 12, 53, 74
청정(淸淨) 54, 63, 87, 89, 106, 108,
　126, 132-133, 144, 148, 150,
　152, 169, 206, 209, 213, 217,
　224, 245, 252
청정심(淸淨心) 11, 54, 132-134,
　141, 150, 189, 191, 194, 249
초월(超越) 12, 59-60, 103, 136,
　143, 146, 163, 169-170
최상승(最上乘) 169
　～ 진리 168, 255
　～의 근기 12
《최승묘정경》(最勝妙定經) 189
축법호(竺法護) 21
축생(畜生) 39, 125
출가(出家) 44, 46-47
출세간법(出世間法) 208

|ㅌ|

탁발(托鉢) 78

탐욕(貪) 39, 103, 125, 127, 184,
  201, 206, 213, 224

탑(塔) 22, 137, 170-171, 250, 256

태국 77

태어남 39, 44-46, 125

티끌 33, 35, 84, 89, 103, 143-144,
  170, 173, 223-226, 234, 251, 266
  6가지 ~(六塵) 39, 60, 124, 127,
    133, 136, 154, 157, 177, 184,
    198, 231, 170,

통달(通達) 65, 79, 187, 189-190,
  210-211, 220, 259

|ㅍ|

팔만대장경(八萬大藏經) 48

《팔천송반야경》(八千頌般若經) 20-21

평등 65-66, 77, 106, 132, 157, 167,
  179, 195, 206-209, 212, 214,
  222, 226-227, 230, 263

피안(彼岸) 71, 140

|ㅎ|

하늘 22, 39, 72, 125, 137, 170-172,
  236, 250, 256, 268
  ~의 눈(天眼) 191, 194, 259

하심(下心) 77

한역(漢譯) 93-95, 99, 132, 188, 204

한역 경전 92, 100

한역본 95, 120

합장(合掌) 80, 241

항하(恒河) ☞ 갠지스강

행주좌와(行住坐臥) 222

향상일구(向上一句) 214

향상일로(向上一路) 221, 232

허공(虛空) 26, 84, 102-104, 106,
  126, 135, 144, 184, 198, 243-244

허구(虛構) 45

허깨비 57, 96, 105, 236

허망(虛妄) 37, 49, 67, 103, 105-
  106, 116, 125, 143-144, 150,
  152, 157-159, 172, 194, 213,
  224, 232, 235, 244

허물 6, 42, 66, 90, 94, 157, 177,
  185, 202, 204, 216, 218, 221,
  223, 230

현인(賢人) 114, 117, 246

현장 95

혜가(慧可) 85-86

혜능(慧能) 5, 8, 12, 36, 43, 46, 84,
  86, 94, 110, 134

혜명(慧命) 41, 205, 262

호념(護念) 82

홍인(弘忍) 5, 12, 19, 36, 86

화신(化身) 52, 54, 60, 66-67, 107,
  146-147, 177, 201, 217-218, 233-
  234

《화엄경》(華嚴經) 162

희유(希有) 56, 80-82, 85, 148, 150,
  152-153, 242, 252-253